예수께
진정한 복을
배우다

예수께 진정한 복을 배우다

역설의 진리, 팔복으로의 초대

초판 1쇄 인쇄 2025년 4월 7일
초판 1쇄 발행 2025년 4월 14일

지은이   김건우
발행인   강영란
사업총괄   이진호

발행처   샘솟는기쁨
주소   서울시 중구 수표로2길 9 예림빌딩 402 (04554)
대표전화   02-517-2045
팩스(주문)   02-517-5125
홈페이지   https://blog.naver.com/feelwithcom
전자우편   atfeel@hanmail.net

편집   박관용 권지연
디자인   트리니티
제작   아이캔
물류   신영북스

ⓒ 김건우, 2025
979-11-92794-57-0 (03200)

예수께
진정한 복을
배우다

역설의 진리
팔복으로의 초대

김건우 지음

샘솟는
기쁨

오늘 다시 묵상하는 팔복으로의 초대

예수님의 산상수훈 핵심인 팔복에 대한 묵상은 언제나 우리의 마음을 하늘로 인도한다. 하늘나라에 들어가기 위해서 지켜야 하는 법으로 주신 것이 아니라, 이 땅에 살지만 하늘나라에 이미 들어간 사람들에게서 나타나는 성품과 마음의 상태를 말씀한 것이다. '미래의 복을 현재도 누릴 수 있다'는 것이며 '하늘이 땅에서 열렸다'는 것이다. 김건우 목사님께서 펴내신 이 책은 팔복을 통해 하늘의 복을 누리고 나누는 중요한 통로가 되는 책이다. 복의 의미를 개인의 영역에서 공동체 영역으로 확대하여 예수님께 배우는 진정한 복의 의미를 우리의 삶에 적용시키고 있다. 이 책이 지상에서 천상의 복을 누리는 모든 성도에게 더욱 큰 확신과 비전을 선물해 줄 것을 믿는다.

이재훈 | 온누리교회 담임목사

이 책을 읽으며 여러 번 마음이 흔들렸습니다. 흔히 생각하는 복과 예수님이 말씀하시는 복이 얼마나 다른지 깨닫게 되었습니다. 우리가 쉽게 지나쳐버린 팔복 메시지를 담담하면서 따뜻한 시선으로 풀어낸 이 책을 읽다 보면 자신을 돌아보게 되고, 어느새 진정한 복이 어디에서 오는지 그 길을 찾게 됩니다. 내가 가진 것이 아니라 내 안에 비어 있는 공간이 오히려 축복이라는 역설의 진리를 발견하게 될 것입니다. 이 책이 주는 메시지와 질문 앞에 서며, 나와 공동체가 팔복의 복을 진정 누리는 곳으로 변화되는 그날을 꿈꾸게 됩니다. 삶에서 길을 잃거나 무엇이 복인지 헷갈리는 순간이 올 때마다 꺼내 보고 싶은 책입니다.

이지선 | 이화여대 사회복지학과 교수, 『지선아 사랑해』 『꽤 괜찮은 해피엔딩』 저자

모든 사람은 행복을 추구하며 살아갑니다. 그러나 참된 행복은 언제나 그리스도 안에 있습니다. 김건우 목사님의 팔복은 참된 복이 물질의 평안이나 성공이 아니라 그리스도를 닮아가는 인격에 있다고 말합니다. 세상적인 눈으로 보면 이해되지 않는 신비한 복이 여기 있습니다. 마음이 가난하고, 슬퍼하고, 섬김을 추구하는, 참된 목마름이 있는 인생으로 초대합니다. 스탠리 하우어스는 "인생이 변화되려면 행동이 아니라 개념을 바꾸어야 한다"고 했습니다. 이 책은 우리 마음의 욕망, 생각, 그리고 개념을 바꾸어 주고, 새로운 세계를 향해 눈을 열어줍니다. 참된 복은 무엇을 얻는 것, 무엇을 하는 것이 아니라, 어떤 사람이 되어야 하는지 존재의 문제입니다. 책을 읽으면서 "아! 진정한

복이 이미 우리에게 주어져 있구나" 하는 생각이 들었습니다. 그리스도를 소유하고, 그리스도를 닮아가는 제자의 삶이 가장 복된 삶입니다. 이 책은 참된 행복의 길로 우리를 인도하는 좋은 안내자입니다. "이스라엘이여 너는 행복한 사람이로다 여호와의 구원을 너 같이 얻은 백성이 누구냐" (신 33:29)

고상섭 | 그사랑교회 담임목사

2천여 년 전 가장 평범한 사람들에게 주어진 팔복이 오늘 나의 일상에 어떤 의미일까? 이 책은 그간 머릿속에 뭉게구름처럼 자리 잡고 있었던 팔복의 개념을 너무나 낯설고 신선한 표현들로, 그리고 마치 내가 경험한 것 같은 친근한 예화로 설명하고 있다. 특히 저자는 인간의 생각과 감정과 행동을 어쩌면 그토록 예리하게 파헤쳐서 현대 그리스도인의 마음을 꿰뚫어 보듯이 묘사하며 적용해 내고 있다. 이 책은 제자 훈련의 현장에 오랫동안 몸담아온 저자가 갖고 있는 묵상과 해석과 적용을 담고 있으며, 치열한 목회 현장 속에서 빚어진 탄탄한 목양적 실력의 결과물이다.

김은성 | 계산교회 담임목사

『예수께 진정한 복을 배우다』를 펼쳐 들었을 때, 앉은 자리에서 다 읽었습니다. 내용이 가볍고 쉬워서가 아니라 책을 읽는 내내 마음이 뜨거워졌기 때문입니다. 예수님이 가르친 팔복이 다름 아닌 예수님 자신에 대한 이야기라는 사실을 알게 되었습니다. 화가가 자화상을 그리듯 예수님은 팔복을 통해 자신에 대해 이야기하셨고, 그 복된 길로 초청하셨습니다.

예수님에 대한 사복음서 증언의 결이 전혀 다른 이유는 객관적인 진리가 서로 다른 인격을 통해 전해졌기 때문일 것입니다. 이 책은 팔복이라는 진리가 김건우 목사님 평생의 삶과 인격을 고스란히 투과해서 전해진 책입니다. 그것이 한 분 예수 그리스도를 더 또렷하게 드러내고 있습니다. 팔복에 관한 다른 어떤 저자의 책을 읽었을 때도 팔복이 예수님 자신의 이야기라는 생각을 하지 못했기 때문입니다.

이 책은 예수님을 더욱 사랑하고 경배하고 싶어지게 합니다. 동시에 예수님을 따르고 싶은, 조금이라도 닮고 싶은 깊은 마음을 갖게 합니다. 더 나아가 우리의 교회가 그런 교회가 되기를, 그 복을 누리며 또한 그 복을 흘려보내는 교회가 되기를 사모하며 기도하게 됩니다.

권철 | 서교동교회 담임목사

복은 예수님을 믿는 그리스도인들에게 영생의 인증서이자, 천국의 보고를 여는 열쇠입니다. 예수님이 가르치신 팔복을 소유한 사람은 차원이 다른 삶을 살게 됩니다. 저자는 이 매력적인 복으로 우리를 초대하며, 산 위에서 불어오는 바람을 타고 들려오는 예수님의 음성에 귀 기울여 보라고 권합니다. 그 말씀에서 흘러나오는 힘과 위로, 지혜와 기쁨에 흠뻑 취하게 하며, 그 복을 영혼에 담고 예수님을 닮아 가는 삶이 얼마나 행복한지 노래하게 합니다. 김건우 목사님의 책『예수께 진정한 복을 배우다』는 잊혀졌던 복의 진정한 의미를 회복시켜 주며, 우리가 얼마나 행복한 그리스도인인지 다시금 깨닫게 하는 참 복 있는 책입니다.

이강천 | 새한교회 담임목사

팔복은 예수님의 성품이라고 한다. 그분의 성품을 닮고 싶은 마음에 마태복음 5장을 쉼 없이 쓴 날도 있었다. 입으로 읊조리고 감성을 담아 팔복의 말씀을 쓰고, 그 의미를 곱씹으며 돌이켜 보게 되었다. 예전 광고 카피처럼 2% 부족한 나의 삶을 발견하곤 했다. 진정한 복에 대한 갈증에서 비롯되었을 것이다. 그러던 차에 존경하는 김건우 목사님으로부터 추천 글을 부탁받게 되었다. 너무나 공감되는 다양한 말씀과 예시로 단숨에 읽을 수 있었던 이 책은 나의 삶을 채워 주기에 충분했다.

『예수께 진정한 복을 배우다』는 혼탁한 시대에서 하나님 나라를 만들어 가는 기독교인에게 필요한 삶의 지침이다. 예수님 닮기를 소망하는 그리스도인이라면 꼭 읽어 보시기를 추천한다.

임동규 | 청현재이 말씀그라피선교회 회장

진정한 복이 필요한 시대

얼마 전 목회자 모임에 참석할 일이 있었습니다. 참여한 분들은 저마다 뜨거운 믿음을 가진 사역자였습니다. 각자 속한 교회 규모나 지역, 처한 상황은 달랐지만 성실하게 목회하는 귀한 분들이어서 보고 듣고 배운 바가 참 많았습니다.

모두 깊은 고민을 가지고 있었습니다. 교회의 현재 상황도 녹록지 않지만, 미래의 전망은 더 어둡다는 것이 공통된 의견이었습니다. 오직 하나님께 소망을 두고 주 예수께 받은 사명을 감당하려는 자세에는 흔들림이 없었지만, 지고 있는 짐이 이전보다 더 무겁게 다가왔습니다. 질문이 있으나 답을 찾지 못해 고민이 깊었지만, 바른 고민을 던지는 분들이 있어서 감사했습니다.

성도들을 만나면서도 비슷한 정서를 느낍니다. 살아 내야 할 삶의 무게도, 살아가야 할 이 시대의 혼돈과 어두움도, 더 짙어 가고 있습니다. 인생의 의미를 찾기 어렵고 바라보고 달려가야 할 푯대도 희미해져 버렸습니다. 이런저런 유희와 쉼을 추구해 보지만 마음의 헛헛함은 쉽게 채워지지 않습니다.

매년 한국 사회의 이슈를 전망하며 출간되는 『트렌드 코리아』라는 책이 있습니다. 이 책이 2018년에 선정한 키워드는 '소확행(작지만 확실한 행복)'이었는데, 2025년은 '아보하(아주 보통의 하루)'였습니다. 굳이 행복에 이르지 않더라도 무탈하고 평범한 일상이 소중한 시대라는 의미입니다. 복은 그야말로 언감생심(焉敢生心)인 것입니다.

목회자들을 통해 한국 교회의 상황을 전해 듣고, 또 성도들과 교제를 나누며 '하나님이 본질을 추구하고 붙잡을 수밖에 없는 상황을 만들고 계시구나. 우리에게 덕지덕지 붙어 있는 군더더기를 하나하나 제거하고, 반드시 있어야 할 가장 중요한 것만 남길 수 있는 기회를 주신 것이구나. 이 기회를 놓쳐서는 안 되겠다. 우리 주님 곧 다시 오실지도 모르겠다.' 이런 생각이 들었습니다.

지금 이 시대는 근본적이고 본질적인 대답이 필요합니다. 아보하의 삶을 넘어, 하나님이 뜻하신 복된 삶을 회복해야 합니다. 자연스레 예수님께서 가르쳐 주신 진정한 복, 팔복이 마음속에 떠올랐습니다. 그 어느 때보다 더 주님께서 친히 가르치신 진정한 복을 배워야 할 때이며, 다시 묵상해야 할 때라는 생각이 들었습니다.

내일 일을 모르기에 그저 허락된 하루의 삶과 모든 만남, 그리고 허락되는 모든 기회를 귀히 여기며 성실하게 걸어갈 뿐입니다. 이 책 역시 그렇게 걸어가는 한 걸음이며, 순종입니다.

첫 책『예수께 기도를 배우다』를 출간하고 많은 분의 격려를 받았습니다. 이 책도 도움이 되면 좋겠습니다. 샘솟는기쁨과의 만남에 감사드립니다.

2025년 3월
김건우

차
례

추천사   4

저자의 말   진정한 복이 필요한 시대   9

프롤로그
주께서 복을 말씀하시다   15

CHAPTER 1 — 가난의 복
마음에 빈자리가 있습니까?   29

CHAPTER 2 — 애통의 복 ①
애통하는 자는 복이 있나니   47

CHAPTER 3 — 애통의 복 ②
천국이 그들의 것임이요   65

CHAPTER 4 — 온유의 복 ①
온유한 자는 복이 있나니   83

CHAPTER 5 — 온유의 복 ②
땅을 기업으로 받을 것임이요   99

CHAPTER 6 — 주림의 복 ①
의에 주리고 목마른 자는 복이 있나니   115

CHAPTER 7 — 주림의 복 ②
배부를 것임이요   129

CHAPTER 8 — 긍휼의 복 ①
긍휼히 여기는 자는 복이 있나니   147

CHAPTER 9 — 긍휼의 복 ②
긍휼히 여김을 받을 것임이요   165

CHAPTER 10 — 청결의 복 ①
마음이 청결한 자는 복이 있나니   183

CHAPTER 11 — 청결의 복 ②
하나님을 볼 것임이요   195

CHAPTER 12 — 화평의 복 ①
화평하게 하는 자는 복이 있나니   213

CHAPTER 13 — 화평의 복 ②
하나님의 아들이라 일컬음을 받을 것임이요   231

CHAPTER 14 — 박해의 복 ①
의를 위하여 박해를 받은 자는 복이 있나니   247

CHAPTER 15 — 박해의 복 ②
천국이 그들의 것임이라   267

에필로그   팔복의 사람, 팔복의 교회   287
참고 도서   295

예수에 대해 들어 본 적이 있고,
그분의 가르침에 대해 조금이라도 아는 사람이라면
산상수훈 시작부에 나오는 팔복을 잘 알고 있을 것이다.
팔복의 단순함과 사상의 심오함은
모든 세대의 그리스도인과 많은 사람을 매혹시켜 왔다.
팔복에 함축된 깊은 의미는 탐구하면 할수록
더 탐구할 것이 많아지는 듯하다.
그 풍부함은 무궁무진하며 그 깊이는 헤아릴 수 없다.

존 스토트, 『산상수훈』 중에서

주께서 복을 말씀하시다

예수님이 제자들에게 남기신 산상수훈(山上說敎, 마 5:1~7:29)의 문을 열면, 가장 먼저 '팔복'이라 불리는 말씀을 만나게 됩니다. 존 맥아더(John MacArthur)는 팔복을 "예수께서 하신 가장 중요한 설교의 첫머리에 위치해 있으며, 하나님 나라의 기본 원리를 이야기한다. 이 원리들은 그 나라 백성 모두의 행동을 주관하는 도덕적, 윤리적, 영적 지침이기도 하다"라고 정의했습니다.

예수님이 제자들에게 주신 중요한 가르침, 산상수훈에서 가장 먼저 '복'에 관해 말씀하셨다는 것은 의외입니다. 마태복음 5장 3~11절에 "복이 있나니"라는 말씀이 무려 아홉 번이나 반복됩니다. 분명 기복신앙을 멀리해야 한다고 자주 들었는데, 정작 하나님 나라 백성에게 주어지는 도덕적, 윤리적, 영적 지침인 산상수훈이 온통 '복'이라는 단어가 가득한 가르침으로 그 문을 열고 있는 것입니다. 의외이지 않습니까?

그런데 조금만 더 생각해 보면 그리 놀라운 일은 아닙니다. 성경은, 하나님이 우리에게 복 주시고 은혜 베풀기를 원하시는 분이라고 말씀하고 있기 때문입니다.

13하나님이 아브라함에게 약속하실 때에 가리켜 맹세할 자가 자기보다 더 큰 이가 없으므로 자기를 가리켜 맹세하여 14이르시되 내가 반드시 너에게 복 주고 복 주며 너를 번성하게 하고 번성하게 하리라 하셨더니 히 6:13~14

24여호와는 네게 복을 주시고 너를 지키시기를 원하며 25여호와는 그의 얼굴을 네게 비추사 은혜 베푸시기를 원하며 26여호와는 그 얼굴을 네게로 향하여 드사 평강 주시기를 원하노라 할지니라 하라 민 6:24~26

그러니 예수님이 진정한 복을 말씀하시는 것은 자연스러운 일입니다. 예수님은 산에 올라가 앉으셨고, 많은 무리가 예수님의 가르침을 듣기 위해 집중하고 있었습니다. 예수님은 복에 대하여 말씀하시기 시작했습니다. 복은 모든 인간의 관심사입니다. 청중의 관심은 고조되었을 것이고, 집중력도 높아졌을 것입니다.

하지만 곧 실망하거나 경악했을 것입니다. 사람들이 복이라고 여기지 않을 뿐 아니라, 심지어 저주라고 생각하던 것들을 예수님은 '복'이라고 선포하셨기 때문입니다. 예수님은 복이 있는 사람의 면면이 이러하다고 말씀하셨습니다.

3심령이 가난한 자는 복이 있나니 천국이 그들의 것임이요 4애통하는 자는 복이 있나니 그들이 위로를 받을 것임이요 5온유한 자는 복이 있나니 그들이 땅을 기업으로 받을 것임이요 6의에 주리고 목마른 자는 복이 있나니 그들이 배부를 것임이요 7긍휼히 여기는 자는 복이 있나니 그들이 긍휼히 여김을 받을 것임이요 8마음이 청결한 자는 복이 있나니 그들이 하나님을 볼 것임이요 9화평하게 하는 자는 복이 있나니 그들이 하나님의 아들이라 일컬음을 받을 것임이요 10의를 위하여 박해를 받은 자는 복이 있나니 천국이 그들의 것임이라 마 5:3~10

이것이 정말 복인가요? 이들이 복되다고 자신 있게 말할 수 있을까요? '박복하다'라는 표현이 있는데, 이들은 오히려 박복한 사람들이 아닐까요? 예수님이 말씀하신 복들을 우리는 정말 받아 누리길 원하고 있을까요?

거듭났다고 하는 그리스도인 상당수가 여전히 복에 대한 기준은 세상적입니다. 복에 대한 가치관과 기준은 옛사람을 벗고 새사람을 입은 이후도 크게 변하지 않습니다. 그래서 잘나가는 사람 앞에서 기가 죽고 부러워하며, 질투하고 시기합니다. 이렇듯 복에 대한 잘못된 생각은 인생의 방향을 엉뚱한 곳으로 향하게 합니다. 결코 가벼이 여길 일이 아닙니다.

기복신앙은 복(福)을 바라는(祈) 신앙 행태를 가리키는 말입니다. 기복신앙이 추구하는 복이란 현세에서 이득을 얻는 것을 의미합니다. 단순히 재물을 많이 얻는 것만이 아니라 무엇이든 잘되는 것을 의미합니다. 가난하고 어렵던 시절, 기복신앙은 기독교가 한국 땅에 자리 잡고 부흥하는 데 일조했습니다. 동시에 교회를 타락시키고 냄새나게 만드는 결정적인 역할을 하기도 했습니다.

기복신앙은 내가 원하는 세상의 복을 누리기 위해 하나님을 믿는 것입니다. 하나님을 수단으로 삼으니 윤리나 도덕, 신앙 성숙 같은 것이 있을 리 없습니다. 그 신앙은 정화수를 떠 놓고 머리를 조아리며 정성을 드리는 것과 다르지 않습니다. 내가 원하는 응답을 얻을 때는 하나님을 부르다가도 얻지 못할 때는 원망을 쏟아 낼 뿐입니다.

이 같은 신앙이 상당수 교회와 그리스도인의 종교적 세계관으로 남게 된 데는 영적 지도자들의 잘못이 적지 않습니다. 세상의 복과 하나님의 복의 차이를 제대로 가르치지 못한 잘못입니다. 자기 십자가를 지고 예수님을 따르는 제자가 되어, 사람들을 예수 제자로 세우라는 주님의 명령을 제대로 지키지 못한 잘못입니다. 여기에서 저도 자유롭지 않습니다.

2000년대 초에 "여러분, 부자 되세요!"라는 광고 카피가 유행했습니다. 자본주의 사회에서 부유하게 살고 싶다는 인간의 심리를 이용한 단순하고 직관적인 카드 광고였습니다. 얼마나 사람들의 마음에 가닿았던지 당시 상당한 성과를 거두었던 광고로 기억합니다.

부유함이 복이라면, 부자 되는 것이 복된 인생의 결정적인 기준이라면, 그것을 인생의 목표로 삼고 전력을 다해야 합니다. 부자가 아니라면 실패한 인생, 박복한 인생이라는 생각으로 기죽어 살다가 죽게 될 것입니다. 가진 사람들을 원망하고 질투하며, 부정적이고 삐뚤어진 시선으로 살지도 모릅니다.

그러나 모든 사람이 부를 가질 수는 없습니다. 또 얼마나 소유해야 복을 받은 자의 반열에 오를지 그 기준도 모호합니다. 정부가 정해 줄 수 없습니다. 물질적인 부유함이 복의 유일한 기준이라면 대부분 박복할 수밖에 없을 것입니다. 무엇을 얼마나 소유했는지가 복의 기준이라면 누구나 복된 자가 될 수는 없습니다.

초기 그리스도인 중 다수는 가난하고 소외된 약자였습니다. 노예도 많았습니다. 사회에서 천대받고 인권조차 없던 그들이었으나 예수님은 그들을 품고 사랑하셨습니다. 그래서 그들은 복음을 듣고 거듭났으며 천국 소망을 가진 하나님의 자녀가 되었습니다.

그들의 사회적 신분이 바뀐 것은 아니었습니다. 여전히 노예로 살아야 했고, 때로는 악한 주인 아래 핍박당해야 했습니다. 그리스도인이라는 이유로 더 큰 고난을 당하기도 했습니다. 그렇다고 그들이 박복했다고 말할 수 있을까요? 가난하고 천한 신분의 그들은 복 있는 자가 될 수 없는 걸까요?

제가 아는 집사님 이야기입니다. 집안에서 예수 믿는 사람이 자기뿐인데, 본인 가정이 가장 가난하다고 했습니다. 명절에 가족이 모이면 예수 믿는다면서 너무 가난해서 가족 볼 면목이 없었습니다. 사업이 잘 풀리고, 돈도 잘 벌어야 예수님을 자신 있게 증거할 수 있을 텐데, 그러지 못해 기가 죽는다면서 안타까워했습니다.

그 심정이 충분히 이해가 됩니다. 그럼에도 그런 이유로 기가 죽고 움츠러든다면 하나님의 자녀답지 않습니다. 이 세상의 기준으로 볼 때 부자나 권력자가 되지 못하고 성공하지 못했다면, 당당하게 예수님을 증거할 수 없는 것일까요? 부유할 때만 예수님을 제대로 자랑할 수 있을까요?

안타깝게도 복에 대한 우리 생각은 오염되고 어그러져 있습니다. 매일 매 순간 세상의 가치관에 영향을 받고 세뇌되어 가기 때문입니다. 예수님의 말씀을 듣던 당시 유대인도 마찬가지였습니다. 그들은 하나님께서 사랑하고 축복하신다는 증거가 물질의 번영이나 건강, 형통 같은 것이라 배우고 믿어 왔습니다. 그런데 성경은 전혀 다르게 말씀합니다.

> 너희는 이 세대를 본받지 말고 오직 마음을 새롭게 함으로 변화를 받아 하나님의 선하시고 기뻐하시고 온전하신 뜻이 무엇인지 분별하도록 하라 **롬 12:2**

성경은 "이 세대를 본받지 말고 오직 마음을 새롭게 함으로 변화를” 받으라고 말씀합니다. 세상의 가치관과 풍조를 본받거나 따르지 말라는 것입니다. 팔복의 가르침은 세상의 가치관과 풍조에 절여진 우리에 대한 예수님의 교정 작업입니다. 세상에 살면서 오염되어 버린 복의 개념을 고쳐 주고자 하신 것입니다. 헬라어 마카리오스(μακάριος)는 최고의 복, 최상의 행복을 의미합니다. 예수님은 가짜 행복을 벗겨 버리고, 진정한 행복을 가르쳐 주고자 하셨습니다.

산상수훈은 예수님이 우리의 내면세계에 던지는 폭탄과 같습니다. 그중에서 ‘팔복’은 우리의 가치관과 인생관을 완전히 뒤집어 놓는 말씀입니다. 세상의 질서를 무너뜨리고 하늘의 질서를 우리에게 새겨 주시는 말씀입니다. 이 말씀은 우리를 불편하게 만들 수 있습니다. 주님의 가르침을 따르는 것이 우리 본성에 어긋나고, 시대의 흐름을 거스르는 일이기 때문입니다.

> 그러므로 하늘에 계신 너희 아버지의 온전하심과 같이 너희도 온전하라 마 5:48

이 말씀은 산상수훈의 핵심이며 결론입니다. 궁극적으로 산상수훈, 그리고 팔복은 예수님의 제자들에게 주시는 가르침(제자도)입니다. 예수님과 아무런 관계가 없다면 이 말씀을 무시해도 됩니다. 그러나 관계가 있는 사람이라면 절대 무시할 수 없습니다. 이 말씀은 열두 제자와 당시 그 산상에서 말씀을 듣고 있던 청중을 넘어 미래의 모든 그리스도인을 향한 말씀입니다.

예수님은 하늘나라의 질서와 원리, 제자도에 대해 말씀하시면서 먼저 복에 대한 우리 생각을 뒤집어 놓으려 하셨습니다. 이 팔복은 어떤 말씀입니까? 많은 설교자들이 팔복을 가리켜 '예수님을 따르는 제자들의 성품에 대한 가르침'이라고 했습니다. 예수님의 성품인 동시에 예수님을 따르는 제자들의 성품이라는 말입니다. "이 여덟 가지 예수님의 성품을 가진 자는 복이 있나니!" 이렇게 팔복을 바꿔 읽을 수 있는 것입니다.

이 성품은 태어날 때 가지고 나온 선천적 본성이 아닙니다. 예수님을 믿고 성령으로 거듭난 사람이 갖게 되는 새로운 성품, 변화된 성품입니다. 예수님은 이 성품을 가진 자가 진정으로 복된 자라고 말씀하십니다.

그리스도인은 세상이 말하는 복을 누리지 못하는 것을 불행으로 여겨서는 안 됩니다. 신앙생활을 하면서도 예수님의 성품을 닮지 못하는 것이야말로 진정 불행한 일입니다. 물론, 하늘의 복을 택한다고 해서 반드시 세상의 복이 따라오는 것은 아닙니다.

이에 보아스가 룻을 맞이하여 아내로 삼고 그에게 들어갔더니 여호와께서 그에게 임신하게 하시므로 그가 아들을 낳은지라 룻 4:13

여호와께서 욥의 말년에 욥에게 처음보다 더 복을 주시니 그가 양만 사천과 낙타 육천과 소 천 겨리와 암나귀 천을 두었고 욥 42:12

하나님 앞에 신실했던 룻과 욥, 두 사람은 세상의 복도 받았습니다. 시어머니의 하나님을 섬기고자 했던 이방 여인 룻은 부유한 보아스의 아내가 되었고, 끝까지 믿음을 지킨 욥은 잃은 것보다 더 많은 소유를 얻었습니다. 그야말로 해피 엔딩입니다. 그들의 믿음과 헌신은 세상의 복으로 돌아왔습니다. 이 이야기를 읽으며 많은 사람들은 이렇게 생각할 수 있습니다.

'역시 하나님을 믿는 자는 세상에서도 복을 받게 돼!'

무조건 그럴까요? 이 땅에서 세상의 복을 누리지 못한다면 해피 엔딩이 아닌 것일까요? 룻과 욥은 그러한 세상의 복을 받기 전에 이미 하나님 안에서 복된 사람들이었습니다. 하나님을 향한 믿음과 순종을 통해 이미 주 안에서 행복한 자들이었습니다. 그들에게 주어진 세상의 복은 철저히 덤이었습니다. 어쩌면 받은 복을 잘 사용하리라 믿으셨던 하나님께서 안심하고 그들에게 세상의 복을 주신 것은 아닐까요?

만약 하나님을 잘 믿으면 세상에서 만사형통할 수 있다고 해서 신앙생활을 하고 있다면, 선한 마음으로 살았기에 부자가 되었다는 흥부 놀부 이야기와 성경 속 믿음의 이야기가 무엇이 다를까요?

하나님을 바로 알면 알수록, 세상의 복에 대해 점점 자유로워진다고 저는 생각합니다. 육신을 가진 죄인인 우리가 이 세상으로부터 100% 자유로워질 수 없겠지만, 점점 더 자유로워지고 추구하는 바가 달라진다고 확신합니다. 그것이 흥부 놀부 이야기와 룻과 욥의 이야기 사이에 있는 차이가 아닐까요? 하나님은 사랑하는 자녀들에게 이 세상의 복도 얼마든지 주실 수 있고 주기도 하십니다. 하지만 하나님이 주시는 궁극적인 복은 영원한 하나님 나라의 복입니다. 팔복을 묵상하면 그러한 결론에 이르지 않을 수 없습니다.

이제 팔복을 함께 묵상하고자 합니다. 이 말씀이 우리의 소원이 되고, 목표가 되기를 바랍니다. 예수님의 가르침을 통해 우리의 생각과 삶을 바꾸는 경험을 할 수 있기를 바랍니다.

한 가지 첨언은 팔복이 단지 그리스도인 개개인이 갖추어야 할 성품에 그치지 않는다는 사실입니다. 교회는 건물이나 조직이 아니라 한 사람 한 사람이 모인 공동체이기에 제자들이 가져야 할 성품은 곧 교회가 지녀야 할 가치이기도 합니다. 팔복은 이 땅의 교회들이 지녀야 할 삶의 태도이며 존재 양식인 것입니다.

팔복은 개인이 누리고 추구해야 하는 복일 뿐 아니라, 교회가 추구하고 누리는 복이 되어야 합니다. 나 홀로 이 말씀을 두고 씨름하는 것이 아니라 공동체가 함께 이 말씀을 지키고 세워가야 합니다. 팔복을 함께 누리는 교회, 이것이 이 시대 교회의 비전이며 사명이 되기를 바랍니다.

사람들은 doing, 어떤 일을 하는 것을 비전이며 사명이라 여기는 경향이 있습니다. 그러나 진정한 비전은 being, 존재의 문제입니다. 하나님께서 모든 그리스도인에게, 모든 교회에게 주시는 궁극적인 비전은 being, 존재와 내면의 변화입니다. 언제나 그것이 먼저입니다. 새로워지지 않은 사람, 새로워지지 않은 공동체가 하는 일은 하나님의 영광을 가릴 수 있습니다. 때문에 저는 팔복을 이렇게 읽을 수 있다고 생각합니다.

> 심령이 가난한 교회는 복이 있나니
> 애통하는 교회는 복이 있나니
> 온유한 교회는 복이 있나니
> 의에 주리고 목마른 교회는 복이 있나니
> 긍휼히 여기는 교회는 복이 있나니
> 마음이 청결한 교회는 복이 있나니
> 화평하게 하는 교회는 복이 있나니
> 의를 위하여 박해를 받은 교회는 복이 있나니

이 복은 세상의 복이 아니라 하늘의 복입니다. 예수님은 세상의 복이 아니라 하늘의 복, 진정하고 영원한 복에 대해 가르쳐 주십니다. 이 복을 맛보고 누린다면 그 누구도 우리의 행복을 빼앗을 수 없습니다.

소유에서 행복을 찾는다면 그것을 잃는 순간 불행해질 것입니다. 그러나 심령이 가난함으로 복된 자가 된다면, 누가 그 행복을 빼앗을 수 있겠습니까? 이기고 빼앗는 데에서 행복을 찾는다면 경쟁에서 밀려날 때마다 불행해질 것입니다. 그러나 온유하게 양보하고 낮아져 복된 자가 된다면, 어떻게 그 행복을 빼앗을 수 있겠습니까? 편안할 때에만 행복을 느낀다면 고난이 찾아올 때 불행해질 것입니다. 그러나 의를 위하여 박해를 받는 것을 복으로 여긴다면, 누가 그 복을 빼앗을 수 있겠습니까?

마태복음 5장에서 팔복으로 시작된 예수님의 산상수훈은 7장에서 이렇게 마무리됩니다.

예수께서 이 말씀을 마치시매 무리들이 그의 가르치심에 놀라니
마 7:28

그 자리에 있던 모든 사람은 예수님의 가르침에 권세를 느끼고 놀랐습니다. 하지만 그 말씀을 그대로 받아들이고 그 말씀을 따라 산 자는 얼마나 되었을까요? 감동하여 고개를 끄덕이기는 했지만, 그 말씀에 실제로 순종한 자는 누구였을까요? 교회 역사는 그런 이들이 결코 많지 않았음을 보여 주고 있습니다.

오늘 우리의 현실이기도 합니다. 유튜브, TV 방송, 인터넷 등 다양한 통로를 통해 언제든 원하기만 하면 말씀을 읽고 들을 수 있는 시대입니다. 그렇다고 말씀을 따르는 자가 더 많아졌을까요? 그렇지 않습니다. 많은 그리스도인이 행복하지 못한 이유가 여기에 있는지도 모릅니다. 많은 교회가 행복하지 못한 이유도 여기에 있는지 모릅니다. 믿음의 길, 생명의 길이 정말 좁은 길이라는 생각이 듭니다.

분명한 것은 팔복이 하나님의 자녀로 거듭난 사람, 예수님을 따르는 제자들만이 누릴 수 있는 복이라는 사실입니다. 팔복은 우리가 닮아야 하고 소유해야 할 예수님의 성품입니다. 우리 모두 하나님께서 주시는 진정한 복을 누리는 사람이 되기를 바랍니다. 가짜 복, 세상의 복이 아니라 진정한 하늘의 복을 구해야

겠습니다. 우리 가정이, 우리 교회가 팔복의 은혜를 누릴 수 있기를 소원합니다.

CHAPTER 1

가난의
복

마음에 빈자리가 있습니까?

예수님이 산에 오르시자 많은 무리가 그분을 좇아왔습니다.
그들을 향해 시작된 예수님 설교의 첫마디는 이러했습니다.

심령이 가난한 자는 복이 있나니 천국이 그들의 것임이요 마 5:3

이 짧은 문장 안에는 함께 둘 수 없을 것 같은 두 단어가 함
께 있습니다. 가난과 복, 참으로 어울리지 않는 두 단어가 한 문
장 안에 동시에 등장합니다. 심지어 이 구절을 기록한 누가는
가난이라는 단어 앞에 있는 '심령'이라는 수식어조차 빼 버렸습
니다.

너희 가난한 자는 복이 있나니 하나님의 나라가 너희 것임이요
눅 6:20

산상수훈은 우리 내면을 뒤집어 놓는 영적 폭탄입니다. 예수님은 복에 대한 우리 생각을 근본적으로 바꾸어 놓으시려고 첫 번째 영적 폭탄을 던지셨습니다. 본문에서 '가난'으로 번역된 헬라어 프토코스(πτωχός)는 '거지, 빈민'이라는 말에서 유래된 단어입니다. 입에 풀칠할 것도 없는 사람, 전적으로 누군가에게 의존해야 하는 사람을 뜻합니다. 예수님은 복 있는 자를 묘사하시면서 조금 부족한 상태가 아니라 굽신대며 구걸해야 하는 거지, 부잣집 대문 밖에서 비참하게 죽었던 거지 나사로(눅 16:20) 같은 사람을 의미하는 가난이라는 단어를 사용하신 것입니다.

예수님이 심령이 부요한 자는 복이 있다거나 또는 많은 것을 소유한 자는 복이 있다고 말씀하셨다면 쉽게 동의할 수 있었을 것입니다. 그랬다면 많은 이들이 세상의 복을 받는 비결을 듣고 싶어 했을 것이기에, 예수님 가르침에 수강 인원이 넘쳐서 인원 제한을 걸거나 암표상이 등장했을지도 모를 일입니다. 그런데 예수님은 심령이 가난한 자가 복이 있다고 말씀하셨습니다. 심지어 누가는 그냥 가난한 자가 그렇다고 기록합니다.

이 말씀을 들은 무리는 술렁이기 시작했을 것입니다. 결핍과 가난을 복이라고 생각하지 않았기 때문입니다. 심령의 가난이든, 그냥 가난이든 말입니다. 예수님의 말씀은 그들이 듣고 싶었던 이야기가 아니었습니다. 대체 누가 이런 복을 구하겠습니까? 심령이 가난한 사람이 복된 자라니, 아무도 예상하지 못했을 것입니다.

심령은 헬라어 프뉴마(πνεῦμα)가 번역된 것인데 영혼 또는 속

사람을 뜻하며, 마음이라는 의미도 있습니다. 그래서 "마음이 가난한 자는 복이 있도다"라고 번역되기도 했습니다. 그렇다면 먼저 예수님께서 말씀하신 '심령의 가난'이란 무엇인지를 묵상해 보아야 합니다.

심령이 가난하다는 것은?

첫째, 심령이 가난하다는 것은 마음이 비어 있는 상태를 뜻합니다. 가난함 자체가 비어 있음, 채워지지 못함 등의 결핍을 의미하기 때문입니다. 마음이 비어 있는 것이 왜 복이 되는 것일까요? 가난한 마음에만 새로운 것을 담을 수 있기 때문입니다.

내용물이 꽉 찬 병과 빈 병이 있다고 생각해 보기 바랍니다. 우리에게 아주 귀중한 것이 생긴다면 어디에 담을 수 있습니까? 비어 있는 병에만 담을 수 있습니다. 새것을 담으려면 먼저 비워야 하는 것입니다. 이는 우리의 마음도 마찬가지입니다.

마음이 비어 있는 것은 중요한 일입니다. 우리의 마음이 이미 선한 것, 하늘의 것으로 가득 차 있다면 굳이 심령이 가난하고, 비어야 할 필요는 없을 것입니다. 그러나 죄인 된 인간의 마음은 선한 것으로 가득 차 있지 않습니다. 오히려 이 세상의 것, 썩어질 것, 더러운 것, 심지어 악한 것으로 가득합니다. 성경은 우리의 생각이 선하지 않다고 분명하게 말씀합니다(창 8:21).

하나님은 우리 마음에 새로운 것, 하늘의 것을 담고자 하십니다. 그러기 위해 심령이 가난해져야 하는 것입니다. 하나님이 우리 마음에 영원하고 새로운 것을 마음껏 담으시려면 빈자리가 있어야 하기 때문입니다. 세상적인 것, 인간적인 것, 나의 생각과 판단으로 이미 가득 차 빈자리가 없는 사람에게는 새것을 담을 공간이 없습니다. 그러므로 심령이 가난한 자만이 복된 자입니다.

하나님의 말씀은 심령이 가난한 자에게만 들어갈 수 있습니다. 아무리 말씀을 읽고 들어도, 심령이 가난하지 않으면 그 말씀은 침투하지 못하고, 담겨지지 못합니다. 어떻습니까? 지금 비어 있는 마음으로 말씀을 듣고 있습니까? 이 순간에도 하나님은 각 사람에게 필요한 것을 말씀하고 계십니다. 가난한 심령으로 들으면, 하나님의 말씀이 나의 심령에 침투하고 나를 바꿉니다. 그 말씀이 들립니까? 가난한 심령은 비어 있는 마음을 뜻합니다. 비어 있기에 새것으로 채워질 수 있는 마음을 가진 사람이 복된 사람입니다.

둘째, 심령이 가난하다는 것은 마음이 낮아진 겸손한 상태를 가리킵니다. '가난하다'로 번역되는 히브리어 아나빔(ﬠֲנָוִים)은 겸손하고 낮은 자세를 의미합니다. 따라서 가난한 심령이란 낮아지고 겸손한 마음, 즉 자신을 하나님 앞에서 은혜가 필요한 죄인으로 여기는 마음입니다.

겸손하고 낮은 마음은 게으르거나, 연약하거나, 수동적인 마음과는 다릅니다. 심령이 가난한 사람은 자신에게 스스로를 구원하거나 도울 능력이 없음을 인정하고, 오직 하나님께 도움을 청하는 사람입니다. 그는 자신을 구원받아야 할 죄인으로 여기기 때문에, 결코 자신을 의지하거나 자랑하지 않습니다. 그는 하나님 없이는 살 수 없다는 죄인의 마음을 지녔기에, 불쌍히 여겨 달라고 기도하며 은혜를 구하는 사람입니다.

예수님은 바리새인과 세리의 태도를 극명하게 대조하신 적이 있습니다.

> ¹¹바리새인은 서서 따로 기도하여 이르되 하나님이여 나는 다른 사람들 곧 토색, 불의, 간음을 하는 자들과 같지 아니하고 이 세리와도 같지 아니함을 감사하나이다 ¹²나는 이레에 두 번씩 금식하고 또 소득의 십일조를 드리나이다 하고 ¹³세리는 멀리 서서 감히 눈을 들어 하늘을 쳐다보지도 못하고 다만 가슴을 치며 이르되 하나님이여 불쌍히 여기소서 나는 죄인이로소이다 하였느니라 눅 18:11~13

예수님은 잘난 바리새인보다 고개 숙인 세리가 더 복된 자라고 말씀하셨습니다. 세리가 가난한 심령을 소유했기 때문입니다. 이 대조는 세상 모든 사람에게 동일하게 적용됩니다. 우리는 바리새인이든지 아니면 세리입니다. 많은 사람이 '나는 바리새인도 아닌 것 같고 세리도 아닌 것 같은데?'라고 생각하지만, 사실 중간은 없습니다. 나의 심령은 누구와 더 가깝다고 생각합니까?

하나님께서 누구를 바리새인으로 여기시고 누구를 세리로 여기시는지 사람은 알 수 없고 함부로 판단해서도 안 되지만,

성경은 교회 안에도 심령이 가난하지 못한 사람들이 적지 않음을 보여 줍니다. 교회에 속해 있지만 마음이 비워지지 않은 사람, 마음이 낮아지지 않은 사람들이 많은 것입니다. 하나님의 말씀을 듣고 변화되기 위해, 겸손하고 낮은 죄인의 마음으로 하나님 앞에 나오지 않는 사람들입니다. 자신을 죄인으로 여기지 않기에 자기를 드러내고, 남을 평가하고 판단하기를 좋아하는 사람들입니다. 낮아진 마음, 겸손한 마음이 없는 것입니다.

그런 마음에 하나님께서 들어가실 자리가 있을까요? 그럴 리 없습니다. 그래서 심령이 가난하지 않은 자는 복될 수가 없는 것입니다. 하나님이 없는 삶은 복된 삶이 될 수 없기 때문입니다. 하나님은 겸손하고 낮은 죄인의 마음에만 들어오실 수 있습니다. 교만하고 높은 마음, 자신이 하나님 되어 하나님이 필요 없는 마음에는 주님이 좌정하실 자리도 없습니다.

아무리 세상에서 많은 것을 소유하고 성공을 한다 하더라도, 하나님이 없는 인생은 복된 인생일 수 없습니다. 그러므로 심령이 가난한 자가 복된 자입니다. 자신을 낮추어 하나님을 온전히 의지하는 삶이 복된 삶입니다. 우리의 마음이 낮춰져 하나님께서 들어와 좌정하실 수 있는, 낮고 겸손한 죄인의 마음이기를 바랍니다.

셋째, 심령이 가난하다는 것은 영적인 배고픔과 갈망을 느끼는 상태를 말합니다. 시편은 그러한 마음을 목마른 사슴에 비유하여 이렇게 표현합니다.

하나님이여 사슴이 시냇물을 찾기에 갈급함 같이 내 영혼이 주를 찾기에 갈급하니이다 시 42:1

목마른 사람은 물을 찾습니다. 이는 본능입니다. 영적인 배고픔과 갈망도 마찬가지입니다. 심령이 가난한 사람은 하나님을 갈망합니다. 세상으로는 채워질 수 없는 필요, 오직 하나님만 채워 주실 수 있는 필요를 느끼기 때문입니다. 심령이 가난한 사람은 자신의 영적인 주림과 갈증을 채워 줄 영의 양식을 찾고 갈망하게 됩니다. 그래서 예배를 사모합니다. 말씀에 귀 기울입니다. 기도의 자리를 지킵니다. 기꺼이 십자가를 집니다. 그렇게 예수님을 따르게 됩니다.

보고 들을 게 많다는 사실이 축복만은 아닌 것 같습니다. 말씀을 가까이하지 못하고 말씀에 대해서는 무지하면서도, 굳이 알 필요가 없는 지구촌 구석구석의 소식은 잘 알고 있는 경우가 많기 때문입니다. 우리가 그런 것들을 보고 들으며 알아 가는 동안, 정말로 알아야 할 중요한 것들을 놓치고 있는 것은 아닐까요?

이민 목회를 할 때, 지역 연합 집회를 해도 예전만큼 모이지 않는다는 한탄을 들었습니다. 그 이유가 '볼 것이 너무 많아서'라고 했습니다. 옛 어르신들의 신앙생활에서 가장 재미있는 일이 부흥회였다고 했는데, 지금은 언제 어디서나 인터넷으로, OTT 서비스로, 실시간으로 볼 수 있는 재미있는 것들이 너무 많아졌습니다. 더 복된 시대는 언제일까요?

이 시대 사람들은 하나님을 갈망하지 않습니다. 그리스도인에게조차 "내 영혼이 주를 찾기에 갈급하니이다"라는 시인의 기도가 그리 와닿지 않습니다. 많은 사람이 영의 양식을 갈망하지 않습니다. 심령이 가난하지 않은 시대입니다. 그래서일까요? 예전보다 물질적으로는 풍요롭지만, 정신적으로는 더 빈곤하고 불행한 사람들이 많습니다. 참된 갈망을 잃었기 때문입니다. 우리에게 심령이 가난한 자가 느끼는 영적인 배고픔과 목마름이 있기를 바랍니다.

심령의 가난과 소유

가난한 심령이란 세상 것이 비워졌기에 하늘의 것을 담을 수 있는 마음입니다. 겸손히 낮아졌기에 하나님만 의지하는 마음입니다. 하나님만 갈망하기에 영적인 배고픔과 목마름을 느끼는 마음입니다. 이 심령의 가난과 세상의 부귀는 어떤 관계일까요? 가난한 심령으로 살기만 하면 반드시 룻처럼, 욥처럼 세상의 부귀도 누리게 되는 것일까요?

분명한 것은 심령의 가난과 세상의 부귀가 반드시 비례하는 것은 아니라는 사실입니다. 세상에서 가난하다고 해서 반드시 심령이 가난한 것은 아닙니다. 반대로 세상에서 부유하다고 해서 꼭 심령이 가난할 수 없는 것도 아닙니다. 부유하면서도 심령이 가난할 수 있고, 가난하면서도 심령은 가난하지 않을 수 있습니다.

하지만 이 땅에서 경험하는 가난과 고난은 우리를 기도하게 만들고, 하나님을 찾게 하는 귀한 은혜의 도구가 될 수 있습니다. 우리는 너무나 어리석어서 무엇인가 부족하고 어려워질 때에야 비로소 하늘을 바라보기 때문입니다. 그제야 영원한 것을 찾고, 삶의 의미를 고민하게 되는 까닭입니다.

> 나는 가난하고 궁핍하오나 주께서는 나를 생각하시오니 주는 나의 도움이시요 나를 건지시는 이시라 나의 하나님이여 지체하지 마소서 시 40:17

시편은 가난하고 고난당하는 자의 기도로 가득합니다. 많은 믿음의 선배들이 궁핍과 고통 가운데에서 하나님을 깊이 만났습니다. 믿음의 반석 위에 서게 되었습니다. 만약 우리의 가난과 고난이 우리의 심령을 가난하게 만들어 하나님을 찾고 갈망하게 만든다면, 그 가난과 고난은 저주가 아니라 복이 됩니다.

실제로 우리 주위에는 가난과 고난으로 인해 예수님을 믿게 된 사람들이 많습니다. 가난하기에 겸손해지고, 고난 때문에 마음을 비우게 된 이들이 많습니다. 수술하고 파산했기에, 또는 자녀 문제 때문에 주님 앞에 굴복한 사람이 많습니다. 그래서 누가는 심령이 가난한 자가 아니라 가난한 자가 복이 있다고 표현했는지도 모르겠습니다.

때때로 하나님은 우리의 심령을 가난하게 만들기 위해 가난과 고난을 허락하기도 하십니다. 세상에서 잠시 고통당하는 것이 천국의 복을 잃는 것보다 낫기 때문입니다. 그래서 하나님은 우리의 심령이 가난해질 수만 있다면 얼마든지 고난을 허용하십니다. 매를 드십니다. 세상의 복보다 하늘의 복을 받는 것이 훨씬 중요하기 때문입니다.

이처럼 세상에서의 가난은 심령의 가난함으로 이어져, 하나님을 찾고 구하게 만들 가능성이 높습니다. 하지만 반드시 그런 것은 아닙니다. 가난 때문에 마음이 더 좁아지고, 더 강퍅해지고, 더 사나워질 수도 있기 때문에 가난 그 자체가 복이라 할 수는 없습니다. 오직 우리의 심령을 가난하게 만드는 가난과 고난만이 우리에게 복이 됩니다. 부디 우리에게 찾아오는 가난과 고난이, 낮고 겸손한 죄인의 마음을 갖게 하는 복의 통로가 되기를 바라고 기도합니다.

언젠가 예수님은 이렇게 말씀하신 적이 있습니다.

23예수께서 제자들에게 이르시되 내가 진실로 너희에게 이르노니 부자는 천국에 들어가기가 어려우니라 24다시 너희에게 말하노니 낙타가 바늘귀로 들어가는 것이 부자가 하나님의 나라에 들어가는 것보다 쉬우니라 하시니 마 19:23~24

이 말씀은 특정한 그룹에 대한 예수님의 편애나 부자는 결코 천국에 들어갈 수 없다는 운명론을 보여 주는 것이 아닙니다. 예수님이 가난한 자만을 사랑했고, 부자를 미워했다는 증거는 성경 그 어느 곳에서도 찾을 수 없습니다. 오히려 부자들이 주님을 만나고 헌신하면 하나님께 쓰임받고 많은 일을 할 수 있음을 교회의 역사는 보여 주고 있습니다. 헌신된 부자가 되는 것은 귀한 일입니다.

동시에 부자는 천국에 들어가기 어려운 사람이 될 수도 있다는 예수님의 경고를 잊어서는 안 됩니다. 우리는 다 죄인이며 저마다 욕심을 가진 존재들이기 때문입니다. 세상의 복과 소유에 사로잡히고 마음을 빼앗기기가 쉽기 때문입니다. 많은 것을 가질수록 심령이 가난해지기가 어려워질 가능성이 높은 것입니다.

인간은 소유와 부에 대해 참으로 연약한 존재입니다. 인류 역사가 그것을 증명합니다. 그것만을 좇느라, 하나님을 갈망하며 하나님의 나라에 헌신하는 일을 소홀히 여길 위험이 얼마든지 있습니다. 때문에 세상의 부와 가난이 우리 심령의 가난을 결정하는 것은 아니지만, 큰 영향을 끼칠 수 있음을 잊지 말아야 합니다.

묵상을 통해 하나님이 얼마나 공평하신 분인지를 다시 한 번 깨닫게 됩니다. 가난한 자나 부유한 자나 모두에게 복 있는 자가 될 수 있는 기회가 열려 있기 때문입니다. 세상의 소유나 지위나 지식으로 복된 자인지 아닌지가 결정되는 것이 아니라, 오직 심령의 문제로 결정됩니다. 내가 복된 자로 살지 못하는 이유는 환경이나 상황 때문이 아닙니다. 육신의 질병이 내가 복된 자가 되는 것을 막지 못합니다. 가난이나 고통도 마찬가지입니다. 심령의 가난을 가질 수만 있다면 빈부귀천에 관계없이 누구라도 복된 자가 될 수 있습니다.

너무나 중요한 삶의 주제

심령이 가난한 사람들은 어떤 복을 누리게 될까요? 예수님은 천국이 그들의 것이라고 말씀하셨습니다. "그들의 것임이요"는 "그들만의 것임이요"라고 번역하는 것이 더 정확합니다. 바로 이것이 심령이 가난한 자가 누리는 복입니다.

천국은 장차 누리게 될 은혜입니다. 어떤 이는 이렇게 생각할지도 모릅니다. '내 현실이 이렇게 힘들고 고난으로 가득한데, 장차 누릴 은혜가 무슨 소용인가. 살아서 누리는 것이 아니라 죽어서 가는 천국이 무슨 소용인가.' 이는 지극히 인간적이고 세상적인 생각입니다. 우리가 이 세상에서 보내는 시간은 짧습니다. '100세 시대'라는 말이 유행하지만, 이는 천국에서 보낼 시간에 비하면 아무것도 아닙니다. 죽음 이후의 삶은 영원합니다. 이 땅에서의 시간, 그 이후에 우리가 보내게 될 시간은 상상할 수 없습니다. 그러므로 그 시간을 어디에서 보내는지는 너무나 중요한 주제입니다.

> 2내 아버지 집에 거할 곳이 많도다 그렇지 않으면 너희에게 일렀으리라 내가 너희를 위하여 거처를 예비하러 가노니 3가서 너희를 위하여 거처를 예비하면 내가 다시 와서 너희를 내게로 영접하여 나 있는 곳에 너희도 있게 하리라 요 14:2~3

장례식에서 자주 듣는 익숙한 이 말씀을, 얼마나 진지하게 여기고 있는지 모르겠습니다. 이 말씀은 가벼이 넘겨서는 안 되는 대단한 약속입니다. 놀라운 약속입니다.

혹시 입국이 거절되어 본 적이 있습니까? 잠시 한국을 방문했다가 재입국이 거절된 유학생을 본 적이 있습니다. 학위를 마치기 일보 직전인데, 가족을 두고 나갔는데, 입국이 거절된 것입니다. 어떤 심정이겠습니까?

내가 하나님의 나라에 들어갈 수 없다고 상상해 보십시오. 그 문 앞에서 입국이 거절된다고 상상해 보십시오. 이것은 가볍게 여길 일이 아닌 것입니다. 우리가 믿든 믿지 않든 죽음은 끝이 아닙니다. 우리 모두 영원을 결정하는 문 앞에 서게 될 것입니다.

강의를 하러 해외에 갔다가 일행 중 한 사람이 비자 문제로 입국하지 못하는 상황을 경험한 적이 있습니다. 입국 수속을 하는 바로 그 문 앞에서 운명이 갈라진 것입니다. 한 사람은 들어가고, 한 사람은 돌아서야 했습니다. 자비가 없었습니다. 감정적으로 호소한다고 될 일이 아니었습니다. 그러므로 천국은 죽음 그 이후의 문제이니 중요하지 않다, 이렇게 말해서는 안 됩니다. 이보다 중요한 문제가 없습니다. 그러니 심령이 가난한 자는 얼마나 복된 자입니까! 심령이 가난한 자에게 천국이 허락된다는 말씀은 실로 엄청난 것입니다.

복으로 향하는 첫걸음

"천국이 그들의 것임이요"라는 말씀은 궁극적으로는 종말에 완성될 구원을 의미합니다. 동시에 이 말씀은 이 땅에서 사는 날 동안 우리의 심령이 하나님의 다스림 안에 있는 것을 의미하기도 합니다. '하나님의 나라'라는 표현은 언제나 하나님의 통치를 의미하기 때문입니다. 하나님을 주인으로 모셨기에, 마음과 생각이 하나님의 다스림을 받는 사람은 이 땅에서도 하늘의 평화와 기쁨을 누리게 됩니다. 이 땅에서 천국을 누리며 산다는 의미입니다.

> 하나님의 나라는 먹고 마시는 것이 아니라 성령님 안에서 누리는 의와 평화와 기쁨입니다. 롬 14:17, 현대인의성경

모든 인간은 기쁨과 평강을 누리기 원합니다. 그런데 기쁨과 평강은 세상에서 많은 것을 가진다고 누릴 수 있는 것이 아닙니다. 넓은 집, 비싼 차, 명품 옷, 모두가 부러워하는 자리와 명예를 얻었다고 누릴 수 있는 것도 아닙니다. 아이러니하게도 어떤 사람들은 가진 것을 잃어버린 후에야 기쁨과 평강을 되찾기도 합니다.

종종 고위직에 있거나 많은 것을 가진 사람들이 스스로 목숨을 끊었다는 뉴스를 듣습니다. 그러한 상황에 이르기까지 그의 삶은 지옥이었을 것입니다. 많은 것을 가졌으나, 그 심령 안에 성령님을 통해 누리는 의와 평화와 기쁨은 없었을 것이라는 말입니다. 무엇이 진짜 복이겠습니까? 하나님의 다스림 안에 사는 것이 복입니다. 날마다 하늘의 기쁨과 평강을 누리며 사는 것이 복입니다.

맥스 루케이도(Max Lucado)는 가난한 심령에 대해, "하늘의 복이라는 보석은 부유한 심령이 아니라 곤궁에 처한 가난한 심령들에게 주어진다. 정복하는 자가 아니라 정복당한 자에게 주어진다. 그들은 어깨에 힘을 주고 으스대기보다는 은혜를 구걸하는 자들이다. 그러므로 하늘의 복으로 향하는 첫걸음은 자신을 도움이 필요한 자, 도덕적으로 영적으로 파산한 자로 여기는 것이다"라고 했습니다.

자신이 도움이 필요하다는 사실을 아는 자, 하나님 없이 살 수 없음을 아는 자는 복이 있습니다. 그렇게 심령이 가난함으로 천국을 허락받는 자는 복된 사람입니다. 살아서 천국을 맛보고, 죽어서 천국에 이르게 되는 인생은 복된 인생입니다. 그런 복된 인생을 살기 위해 네 가지를 제안해 봅니다.

하나, 가난의 복을 구하십시오. 하나님 앞에서 구해야 할 우선순위를 직시하고, 무엇보다 먼저 내 안에 가난한 심령이 자리할 수 있기를 간구하고 소망합시다.

둘, 일상에서 절제하십시오. 이 세상에서 누릴 수 있는 것들을 조금 덜 누리고 더 나누는 연습을 하며, 분주함이 아니라 조용함에 거하도록 훈련합시다.

셋, 은혜 안에 거하십시오. 이 세상의 것을 절제하는 대신 하늘의 양식을 먹으며 내 영혼을 돌보고, 선한 일에 나의 눈과 귀를 노출시킵시다.

넷, 좋은 사람들과 함께하십시오. 혼자서는 언제든 넘어질 수 있기에, 말씀을 나누고 함께 기도하며 진정한 복을 추구하는 선한 친구들과 함께합시다.

우리는 흔히 폭발적으로 임하는 은혜, 한 방에 전 존재를 뒤집어엎는 은혜를 원합니다. 이는 영적인 한탕주의입니다. 진짜 은혜는 조용하지만 꾸준하게 우리에게 임합니다. 가랑비에 옷이 젖듯 우리를 변화시킵니다. 그렇게 팔복의 말씀이 우리를 적시기를 원합니다. 그 말씀으로 날마다 변화되어 가기를 원합니다. 우리의 가치관과 인생관이 바뀌고, 우리의 성품이 예수님 닮기를 기도합니다. 심령이 가난한 자로 살아가는 누구에게나 그 복은 임할 것입니다.

CHAPTER 2

애통의
복 ①

애통하는 자는 복이 있나니

심령이 가난한 자가 복이 있다고 가르치신 예수님은, 애통하는 자가 복이 있다고 말씀하십니다. 우는 자, 슬퍼하는 자, 눈물을 흘리는 자가 복이 있다는 것입니다. 산 넘어 산이라는 느낌이 듭니다.

애통하는 자는 복이 있나니 그들이 위로를 받을 것임이요 마 5:4

'애통'으로 번역된 헬라어 펜데오(πενθέω)는 비통하다, 울부짖다 등의 의미를 가졌으며 극심한 슬픔을 표현하는 단어입니다. 대부분의 영어 성경이 이 단어를 'mourn'이라고 번역했는데, 이는 죽음과 관련된 슬픔을 의미합니다. 가장 큰 슬픔을 뜻하는 것입니다. 한자로도 애통은 슬플 애(哀) 아플 통(痛), 즉 아프도록 슬픈 것을 말합니다. 그러니 지금 예수님이 말씀하시는 애통이란 적당한 슬픔이나 실컷 울고 나면 속이 후련해지고 개운해 지는 그런 슬픔이 아닙니다. 극심한 슬픔이요 가슴 아픈 슬픔 입니다.

야곱은 이러한 애통이 어떤 것인지를 보여 줍니다.

33아버지가 그것을 알아보고 이르되 내 아들의 옷이라 악한 짐승 이 그를 잡아먹었도다 요셉이 분명히 찢겼도다 하고 34자기 옷을 찢고 굵은 베로 허리를 묶고 오래도록 그의 아들을 위하여 애통하 니 35그의 모든 자녀가 위로하되 그가 그 위로를 받지 아니하여 이 르되 내가 슬퍼하며 스올로 내려가 아들에게로 가리라 하고 그의 아버지가 그를 위하여 울었더라 창 37:33~35

야곱은 아들 요셉이 짐승에 의해 죽임을 당했다는 사실을 전 해 듣고 애통합니다. 요셉이 어떤 아들입니까? 그가 노년에 얻 은 사랑하는 아들입니다. 일찍 떠나 버린 아내 라헬을 기억나게 하는 아들, 가장 사랑했던 아내가 남긴 애틋한 아들입니다. 바 로 그 아들을 잃은 것입니다. 라헬이 막내 베냐민을 낳다가 산 고로 죽었기에 어머니의 사랑을 충분히 누리지 못했던 아들, 그 래서 야곱이 생명처럼 여기던 아들을 말입니다.

아버지 야곱은 옷을 찢고 굵은 베로 허리를 묶었습니다. 자 녀들의 위로를 거절하고, 자신도 "스올로 내려가" 아들을 따라 가겠다며 울었습니다. 바로 이러한 모습이 예수께서 우리에게 요청하시는 애통하는 자의 모습이 아닌가 생각합니다.

애통하는 자가 복이 있는 이유

슬픔은 우리 삶의 일부분입니다. 헬라어만 해도 슬픔을 표현하는 동사가 아홉 개나 되며, 성경에는 그 아홉 개가 모두 사용됩니다. 우리의 삶에서 슬픔이라는 감정은 떼려야 뗄 수 없다는 의미라고 생각합니다. 다양한 이유, 다양한 강도의 슬픔들이 우리의 삶에 존재한다는 뜻입니다. 그러므로 우리는 슬픔이라는 감정을 부정하거나 모른 척할 수 없습니다.

물론 애통과 슬픔은 인간이 좋아하는 감정은 아닙니다. 슬픔은 우리를 아프게 하며, 움츠러들게 만들기 때문입니다. 그래서 사람들은 일부러라도 재미있는 이야기를 듣고 싶어 합니다. 나를 살리는 소리는 재미있는 이야기가 아니라 선지자를 통해 주시는 하나님의 말씀인데도 말입니다.

생각해 보면 이곳저곳에 강사로 초청되는 설교자들은 보통 재미있는 분들이 많은 것 같습니다. 사람들이 울기보다는 웃기를 원하기 때문입니다. 슬픔을 가까이 두려 하지 않습니다. 회개를 촉구하는 선지자보다 웃음을 주고 마음을 즐겁게 해 주는 사람을 더 좋아합니다. 그래서 선지자는 환영받지 못하고 순교하는 것인지도 모르겠습니다.

그러나 예수님은 애통하는 자가 복이 있다고 분명하게 말씀하십니다. 적당한 슬픔이 아니라, 가슴을 치며 아파하는 슬픔을 가진 사람이 복이 있다고 말씀하십니다. 우리의 생명과 구원이 헛되고 허탄한 웃음 가운데 있는 것이 아니라, 애통함 속에 있기 때문입니다.

슬픔이 버겁더라도, 가까이하기 어렵더라도, 예수님이 선포하시는 이 팔복을 믿음으로 받아들여야 합니다. 복에 대한 기준은 사람이 정하는 것이 아니라, 하나님이 정하시는 것이기 때문입니다. 우리가 어떤 것을 복이라 생각하고 복이라 주장한다 해도, 하나님께서 인정하지 않으시면 그것은 복이 아닙니다. 그래서 저는 사람들에게 이렇게 자주 이야기합니다.

"어떤 것이 복된지 아닌지는 하나님께서 결정하시고 판단하신다!"

인생의 행불행을 판단하는 우리의 기준점은 이 자리여야 합니다. 세상의 논리와 우리가 배워 온 인간의 기준으로 볼 때 고개가 갸우뚱거려진다고 해도, 예수님이 복되다 하시는 것이 진정으로 복된 것임을 믿어야 합니다.

성경은 하나님이 누군가를 바라보며 인정해 주시고 기뻐하시는 상태, 그것이 복이라고 정의합니다(눅 1:48). 그러므로 예수께서 가르치신 팔복은 하나님께서 인정하시는 사람이 어떤 사람인지에 대한 말씀입니다. 하나님께서 이런 사람을 인정해 주신다고, 이런 사람이 하나님 앞에서 복된 사람이라고 말씀하신 것입니다.

이것은 우리가 알고 있는 복과는 다른 개념이기에, 예수님의 말씀이 우리를 혼란스럽게 만들 수도 있습니다. 하지만 말씀에 녹아들어 순종함으로 이끌림을 받게 되면 새로운 삶에 눈을 뜰 수 있습니다. 우리는 그런 은혜를 바라고 누려야 합니다. 또 우리에게는 많은 영혼을 그 진정한 복으로 인도해야 할 책임이 있습니다.

복이 되는 애통이란?

우리에게 복이 되는 애통이란 어떤 애통일까요? 어떤 사람은 실컷 울고 나면 감정이 풀어지고 속이 시원해지기도 해서 종종 우는 것이 건강에 좋다고 할지도 모르겠습니다. 감정적인 카타르시스라는 것이지요. 그러나 예수님이 말씀하시는 애통은 그런 것이 아닙니다. 이미 살펴본 바와 같이 적당한 슬픔이 아니라 극심한 슬픔, 가슴이 아픈 슬픔입니다.

무엇보다 중요한 것은 슬픔의 정도가 아니라 슬픔의 내용입니다. '우리는 무엇 때문에 슬퍼해야 하는가?' 이것이 중요한 것입니다. 예수님께서 말씀하시는 애통은 영적인 차원의 애통, 하나님 아버지의 마음을 아는 자의 애통입니다. 단지 사는 것이 힘들고 억울해서 우는 것이 아닙니다. 몸이 아프고, 일이 잘 풀리지 않아서 흘리는 눈물도 아닙니다. 지금 예수님이 말씀하시는 애통이 모든 종류의 슬픔을 말하는 것은 아니라는 뜻입니다.

개혁주의 신학자 아더 핑크(Arthur Pink)는 『산상수훈 강해』에서 "인간에게는 자연적인 애통, 죄로 말미암은 애통, 은혜로 말미암은 애통, 즉 경건한 슬픔이 있다"라고 했습니다. 분명 인간에게는 다양한 슬픔이 있고, 예수님은 그 모든 슬픔을 위로해 주십니다. 질병과 상처, 가난과 외로움 등 육신을 입고 험한 나그네 인생길을 걸어가며 당하는 우리의 모든 아픔과 슬픔을 이해하고 위로하는 좋으신 분입니다.

하지만 우리의 슬픔과 눈물이 육신과 세상의 차원에만 머물러 있다면 본문에서 말하는 하늘의 복을 누릴 수는 없습니다. 단지 이 세상에서 고난을 당하고, 가난하고, 병들었기 때문에 흘리는 눈물만이 우리가 슬퍼하고 애통하는 유일한 이유가 되어서는 안 된다는 말입니다. 그러한 슬픔과 애통함은 우리를 낙심시키며, 분노하게 만들지도 모릅니다. 세상의 가난이 우리의 심령을 가난하게 만들 때에만 복이 되는 것처럼, 육신의 슬픔과 세상의 상처 역시 영적인 애통함으로 나아가게 할 때만 진정으로 복이 될 수 있습니다.

그렇다고 예수님이 매일 엎어져 우는 울보가 되라고 말씀하신 것은 아닙니다. 장례식장에서 곡을 하는 사람처럼 슬픔을 주체하지 못하는 사람이 되라는 말씀도 아닙니다. 예수님은 지금 영적인 차원의 슬픔, 하나님의 마음을 아는 자의 애통함에 대해 말씀하고 계십니다. "영적으로 눈을 뜨게 되면, 하나님의 마음을 알게 되면, 그분의 자녀인 너희는 애통할 수밖에 없을 것이며, 그러한 눈물이 있는 사람이 진정 복되다"라고 말씀하신 것입니다. 그렇다면 우리는 무엇을 애통해야 합니까? 우리에게 어떤 애통함이 있어야 합니까?

자신을 보며 아파하라

무엇보다 먼저 나를 보며 애통해야 합니다. 자기 자신에 대한 애통함이 있어야 합니다. 왜 우리는 자신에 대해 애통해야 하는 것일까요? 우리가 죄인이기 때문입니다. 우리 안에 하나님께서 기뻐하지 않으시는 것들이 많이 있기 때문입니다. 그래서 우리는 웃기 전에 먼저 울어야 합니다. 창세기는 인간의 생각과 계획이 항상 악함을 보신 하나님이 근심하며 한탄하셨다고 기록합니다(창 6:5~6). 바울은 이러한 죄인의 실존에 대해 시편을 인용하여 이렇게 표현합니다.

> [10]기록된 바 의인은 없나니 하나도 없으며 [11]깨닫는 자도 없고 하나님을 찾는 자도 없고 [12]다 치우쳐 함께 무익하게 되고 선을 행하는 자는 없나니 하나도 없도다 [13]그들의 목구멍은 열린 무덤이요 그 혀로는 속임을 일삼으며 그 입술에는 독사의 독이 있고 [14]그 입에는 저주와 악독이 가득하고 [15]그 발은 피 흘리는 데 빠른지라 [16]파멸과 고생이 그 길에 있어 [17]평강의 길을 알지 못하였고 [18]그들의 눈 앞에 하나님을 두려워함이 없느니라 함과 같으니라
>
> 롬 3:10~18

혹시 가혹한 평가라고 생각하십니까? 스스로 성인군자를 자처할 수는 없겠지만, 그래도 그 정도로 악하지는 않다고 생각하십니까? 그러나 이것이 성경이 말하는 인간의 실상입니다.

하나님의 은혜가 우리를 지배하지 않으면 우리는 언제라도 독사의 독을 가진 사람이 될 수 있습니다. 우리의 죄성이 은혜로 다스려지지 않으면 '저 사람이 내가 알던 그 사람인가?' 싶을 정도의 독설과 악행을 저지를 수도 있는 죄인들이 바로 우리입니다. 우리는 하나님의 은혜 안에 거하지 못하면 무슨 짓을 저

지를지 모르는 죄인들입니다. 하나님의 은혜의 비가 그쳐 버리고, 우리의 심령이 갈라진 논바닥처럼 메말라 버리면, 우리의 생각은 결코 선한 방향으로 나아가지 않을 것입니다. 이를 알았던 바울은 이렇게 결론을 내립니다.

> 23모든 사람이 죄를 범하였으매 하나님의 영광에 이르지 못하더니 24그리스도 예수 안에 있는 속량으로 말미암아 하나님의 은혜로 값없이 의롭다 하심을 얻은 자 되었느니라 롬 3:23~24

죄로 더럽혀진 인간은 그 누구도 자신의 의로 하나님의 영광에 이를 수 없으며, 오직 그리스도의 십자가 그 대속의 은혜로만 구원을 받을 수 있다는 것입니다. 예수님께서 십자가에 달려 살을 찢으시고, 물과 피를 다 쏟지 않으셨다면 아무런 소망이 없는 죄인, 우리가 바로 그런 존재라는 의미입니다.

애통하는 자는 어떤 사람입니까? 그러한 자신의 실상에 대해 아파하고 눈물 흘리는 사람입니다. 예수님이 말씀하시는 애통함이란 무엇보다 자신의 죄인 됨, 자신의 악함에 대한 애통함인 것입니다. 우리의 애통은 바로 여기부터, 내 자신으로부터 시작되어야 합니다.

잊지 말아야 할 것은 이 애통이 우리가 처음 예수님을 만나 거듭나는 회심의 순간에 일어나는 최초의 애통만 의미하지 않는다는 사실입니다. 본문의 동사는 현재 분사 형태로 '애통했던 사람'이 아니라 '애통하고 있는 사람', 즉 현재의 계속적인 체험을 의미합니다. 따라서 두 가지 애통이 다 필요합니다. 처음 주님을 만날 때 애통함의 경험을 가지는 것도 중요하고, 날마다 삶에서 주님을 온전히 따르지 못하는 자신에 대해 애통하는 마음을 갖는 것도 중요합니다.

우리는 자신의 죄로 인해 가슴을 찢으며 울어 본 경험이 있는 사람입니까? 우리는 예배를 드리고, 말씀을 듣고, 기도하고 있음에도 불구하고 예수님을 제대로 따르지 못하고, 하나님의 자녀답게 살지 못하는 자신을 보며 속상해하고 아파하는 사람입니까? 우리는 자신의 죄 때문에 예수님께서 십자가에서 돌아가셨음을 큰 은혜로 알고, 죄송해하고, 감사할 뿐 아니라 애통하는 사람입니까? 그렇지 않다면 우리는 예수님이 말씀하시는 그 애통하는 자가 아닙니다.

물론 우리는 이미 예수님을 믿고 용서받은 사람들입니다. 그리스도의 십자가 보혈의 공로로 의롭다 칭함을 받은 사람들입니다. 그러나 동시에 우리는 여전히 죄 가운데에서 살고 있습니다. 예수님을 닮기 원하지만, 우리의 본성 깊은 곳에는 여전히 악하고 못된 습성들이 남아 있습니다. 못된 생각을 하고, 못된 행동을 하고, 하나님의 영광을 가릴 때가 적지 않습니다. 그런 모습을 버리기 원할 뿐만 아니라 눈물 흘리며 회개하고 십자가에 못 박아 버린 것 같은데, 어느새 고약한 나의 옛사람이 자꾸만 살아납니다. 예수님은 그것을 슬퍼하는 사람이 복이 있다는 것입니다. 그것을 애통해야 한다는 것입니다.

그리스도인은 뻔뻔한 사람이 되어서는 안 됩니다. 하나님께서 내 생각과 중심을 다 아시는데, 나의 겉과 속이 다름을 훤히 아시는데, 아닌 척 뻔뻔스러운 사람이 되면 안 됩니다. 자신의 죄에 대해서는 철저히 회개하고 아파해야 합니다. 믿음대로 살지 못하고, 누군가에게 상처를 주고, 잠시라도 악한 마음을 품었다면 하나님 앞에서 애통해야 하는 것입니다.

> 만일 우리가 죄가 없다고 말하면 스스로 속이고 또 진리가 우리 속에 있지 아니할 것이요 요일 1:8

만약 우리가 선한 존재라면 자신에 대해 심각히 애통할 필요도 없고, 억지로 애통할 이유도 없을 것입니다. 하지만 우리는 선하지 않습니다. 우리는 날마다 은혜를 필요로 하는 타락한 죄인들입니다. 사도 요한은 이 사실을 인정해야만 우리 속에 진리가 거할 수 있다고 말합니다. 우리에게는 자신에 대한 애통함과 슬픔이 있어야만 하는 것입니다.

애통함이 없는 이유 세 가지

애통이라는 잣대로 우리 영혼의 상태를 점검해 볼 수 있겠다는 생각이 들었습니다. 우리에게 자신에 대한 애통함이 없다면 그 이유는 무엇일까요? 무슨 문제가 있는 것일까요? 다양한 이유가 있겠지만, 우리에게 자신에 대한 애통함이 없는 이유 세 가지를 생각해 보았습니다.

첫째, 거듭나지 않았기 때문입니다. 영적인 애통함은 하나님의 거듭난 자녀들만 느낄 수 있는 감정입니다. 자신의 영혼과 자신의 죄악에 대한 슬픔은 십자가의 은혜를 아는 자에게만 있다는 말입니다. 그리스도를 만났고, 십자가의 은혜를 경험한 사람이라면 누구든 정도의 차이는 있겠지만 자신의 죄인 됨과 선하지 않음에 대한 슬픔과 애통, 안타까움이 있을 수밖에 없다고 확신합니다. 남을 비난하기보다는 먼저 자신을 겸손히 돌아보게 될 것이라고 확신합니다.

아아, 나는 얼마나 비참한 사람인가요! 누가 이 죽음의 몸에서 나를 구해 내겠습니까? 롬 7:24, 현대인의성경

사도 바울 정도 되는 사람도 이렇듯 자신에 대한 안타까움이 있었습니다. 내가 선하지 않은데도, 죄의 뿌리가 내 안에 남아 역사하고 있는데도 부끄럽지 않고, 아프지 않다면 그것은 내 안에 성령님이 계시지 않고 그리스도께서 계시지 않다는 것을 의미할 수 있습니다. 부끄러워해야 하는데 부끄럽지 않고, 회개해야 하는데 회개할 필요성을 전혀 느끼지 못한다면 하나님을 만난 적이 있는지를 진지하게 물어야 합니다. 애통함이 없는 사람은 예수님을 만나야 합니다. 십자가를 경험해야 합니다. 이것은 심각한 일입니다.

이 말씀이 우리 가슴에 울리기를 바랍니다. 진지하게 자신의 영혼을 돌아보십시오. 내가 하나님 안에서 거듭난 자녀인지 생각해 보십시오. 그리고 은혜를 구하십시오. 주님은 우리 마음의

문을 열고 들어오기를 원하십니다. 성령님의 도우심 가운데 예수 그리스도를 영접하여 자녀 되는 은혜를 누리기를 바랍니다. 그때 예수께서 말씀하시는 애통하는 자, 복된 자가 될 수 있습니다.

둘째, 영적 기준이 낮기 때문입니다. 만약 평소에 '남들도 다 이렇게 사는데, 나도 이만하면 됐지'라고 생각하며 살아왔다면 자신의 영혼과 죄로 인한 애통함은 없을 것입니다. 한편으로는 이런 생각을 하는 이들이 이해가 되기도 합니다. 세상이 너무나 악하고 엉망진창이 되어, 상식적으로만 살아도 존경받을 수 있는 상황이 되어 버렸기 때문입니다.

심지어 교회에서도 비상식적인 수준 이하의 일이 벌어집니다. 교회의 도덕성과 그리스도인들의 인격이 세상보다 더 나은지 의심받는 시대입니다. 상식적인 삶을 살고, 그 시대의 평균적인 기준만 충족시켜도 자신에 대해 애통하는 마음을 갖기가 쉽지 않습니다. 그 정도만 해도 주변에서 괜찮다고, 그만하면 되었다고 여기기 때문입니다. 그런 상식적인 사람, 그 정도 평균적인 사람도 찾기가 쉽지 않다는 의미입니다. 안타깝지만 그것이 우리의 현실입니다. 전체적인 기준이 낮아졌습니다.

아무리 현실이 그렇다 할지라도 우리의 절대적인 기준은 이 시대 사람들의 평균적인 생각이나, 도덕적 기준과 상식에 달린 것이 아닙니다. 우리의 기준은 하나님의 말씀이요, 그 말씀을 우리에게 주신 하나님 아버지이십니다. 예수님은 이렇게 말씀하셨습니다.

그러므로 하늘에 계신 너희 아버지의 온전하심과 같이 너희도 온
전하라 마 5:48

예수님의 제자, 사도 베드로는 이렇게 말했습니다.

15오직 너희를 부르신 거룩한 이처럼 너희도 모든 행실에 거룩한
자가 되라 16기록되었으되 내가 거룩하니 너희도 거룩할지어다 하
셨느니라 벧전 1:15~16

예수님의 기준, 그분을 따르는 제자의 기준은 세상과는 차원
이 다른 것입니다. 이런 기준을 가진 우리는 자신에 대해 애통
하고 회개하지 않을 수 없는 것입니다.

우리가 주변에 휩쓸리기 쉽다는 것은 우리의 일상만 보아도
쉽게 알 수 있습니다. 많은 운전자가 도로 옆에 붙어 있는 규정
속도 기준을 어기고 주변에 달리는 차들이 어느 정도로 달리고
있느냐를 기준으로 삼습니다. 표지판에 60km라고 쓰여져 있어
도 모두 100km로 달리면 그렇게 묻어간다는 말입니다. 심지어
모두가 속도를 내고 있는 도로에서 규정 속도를 지키면 눈총을
받거나 무시를 당하고, 때로는 위협을 당하기도 합니다.

무엇이 우리의 기준이 되어야 할까요? 달려가는 차들의 평
균 속도일까요? 아니면 분명하게 표시되어 있는 규정 속도일까

요? 법을 집행하는 사람은 무엇을 기준으로 범법자를 가리겠습니까? 이 시대의 풍조와 생각을 살피고 눈치 볼 필요가 없습니다. 다른 사람들이 어떻게 하는지 조사할 이유가 없습니다. 우리의 기준이 되는 하나님의 말씀에 비추어 나를 돌아보면 되는 것입니다. 그리할 때 애통하는 마음을 회복할 수 있을 것입니다. 거듭났다고 하면서 세상의 기준에 머물러 있다면, 이제 기준을 높여야 합니다. 자신을 평가하는 기준을 하나님의 말씀으로 옮겨야 하는 것입니다. 그때 예수께서 말씀하시는 애통하는 자, 복된 자가 될 수 있습니다.

셋째, 받은 은혜를 너무 값싸게 여기기 때문입니다. 은혜를 귀하게 여기는 자만이 애통할 수 있다고 확신합니다. 디트리히 본회퍼(Dietrich Bonhoeffer)는 나치 정권 아래 핍박받고 순교당한 독일의 신학자입니다. 대학 시절 그의 책들을 참으로 감명 깊게 읽었습니다. 특히 은혜를 하찮게 여기는 풍토에 대한 그의 묵상은 지금도 제 마음을 흔들어 놓습니다. 그는 은혜를 거저 받았다고 해서 값이 싼 싸구려로 여겨서는 안 된다고 주장합니다.

은혜를 값싸게 여기는 생각은 교회의 대 원수임을 알아야 한다. 오늘날 그리스도인들의 싸움은 은혜를 귀하게 얻으려는 싸움이다. (중략) 값싼 은혜는 회개 없이 죄의 용서가 가능하다는 설교이며, 죄의 고백 없이 베푸는 성만찬이요, 진실한 참회가 없는 구원의 확인과도 같다. 순종 없는 은혜, 십자가 없는 은혜, 십자가에 달리신 예수 그리스도를 무시한 은혜가 값싼 은혜인 것이다.

그는 계속해서 이렇게 말합니다.

은혜는 값비싸고 고귀하다. 귀한 은혜는 밭에 숨은 보물과도 같기에, 이 보물을 사려는 사람은 집에 돌아가 전 재산을 기쁨으로 팔아 대가로 지불한다. 은혜는 따라오라는 헌신을 요구하기 때문에 비싼 것이며, 예수 그리스도를 따라오라는 것이기에 은혜이다. 은혜는 인간에게 애통함과 생명을 요구하기 때문에 비싼 것이며, 인간에게 생명을 선사하기 때문에 은혜인 것이다. 은혜가 값비싼 이유는 무엇보다도 하나님 자신의 아들을 대가로 세운 하나님의 희생이기 때문이다. 하나님은 '내가 너희를 비싸게 샀다'라고 말씀하신다. 하나님께 비싼 것이 우리에게 쌀 리가 없는 것이다.

본회퍼, 『나를 따르라』 '값비싼 은혜' 중에서

우리는 값진 은혜를 받은 사람입니까? 예수께서 자신의 생명을 대가로 우리에게 은혜를 베푸셨다는 사실을 믿고 있습니까? 은혜를 귀하게 여기는 자는 자신의 죄에 대해 애통합니다. 진실로 은혜를 받은 자는 그 은혜 때문에 눈물을 흘리게 됩니다. 죄를 많이 탕감받은 자는 예수님께 향유를 붓고 눈물로 그 발을 씻기게 되는 것입니다(눅 7:47). 부디 우리가 십자가 은혜를 값지고 고귀하게 여기는 예수 제자들이 되기를 바랍니다. 그때에 예수께서 말씀하시는 애통하는 자가 될 수 있습니다.

신비한 은혜, 풍성한 위로

이런 이야기는 듣기에 편안하지 않은 말씀입니다. 동시에 오늘날 꼭 필요한 말씀이라는 확신이 듭니다. 우리는 우리의 영혼에 대해 보다 더 관심을 가져야 합니다.

예수님은 애통하는 자가 복이 있다고 말씀하십니다. 이 애통은 영적인 슬픔입니다. 자신의 죄인 됨과 악함, 그럼에도 불구하고 우리를 위해 자신을 내어 주신 그리스도의 사랑과 희생을 생각할 때 오는 아픈 슬픔입니다. 자신에 대한 애통이 복이 되는 이유는 우리를 생명에 이르게 하기 때문입니다. 하나님께서 그 눈물을 친히 닦아 주시기 때문입니다.

예수님은 우리가 애통할 때 위로를 받을 것이라고 하십니다. 슬픔이 슬픔으로 끝나지 않으며 아픔이 아픔으로 그치지 않는다는 말씀입니다. 자신의 죄를 아파하고 회개하는 자는, 용서의 은혜를 깨닫게 되며 참된 자유를 누리게 된다는 말씀입니다. 때문에 자신에 대해 애통하는 자는 복된 자입니다. 하늘의 위로가 우리를 자유롭게 하기 때문입니다. 이것은 애통하는 자만이 맛볼 수 있는 신비한 은혜입니다.

안타깝게도 이 시대의 교회는 이 애통함을 잊어버린 것 같습니다. 애통함이 없는 위로, 아파함이 없는 은혜, 회개함이 없는 자유는 불가능함을 성경이 분명히 말씀하고 있는데도, 교회는 우리의 죄로 인한 애통함과 통절한 회개를 가르치지 않는 것 같습니다. 어쩌면 그것이 우리의 영혼을 병들게 하고, 교회를 무너지게 만들고 있는지도 모릅니다.

이제 자신에 대한 애통함이 있는지를 돌아볼 시간입니다. 만약 없다면 애통함이 없는 세 가지 이유 중에 어떤 것 때문인지를 곰곰이 생각해 보기 바랍니다. 무엇보다 거짓 은혜, 값싼 은혜를 거부해야 합니다. 예수께서 십자가에서 이루신 값진 은혜 안에서 자신의 영혼을 바라보며 영적인 슬픔을 가진 사람은 주님이 주시는 풍성한 위로를 누리게 될 것입니다.

CHAPTER 3

애통의
복 ②

천국이 그들의 것임이요

주변을 한번 둘러봅시다. 이 시대는 그리스도인이 애통해야 할 이유가 많은 시대입니다. 죄, 회개, 애통. 이 같은 주제들은 예나 지금이나 불편하고 환영받지 못합니다. 인기 없는 주제를 다루는 것은 즐거운 일이 아니지만, 하나님께서는 이 문제를 어물쩍 넘어가지 않기를 바라신다는 생각이 들었습니다.

애통하는 자는 복이 있나니 그들이 위로를 받을 것임이요 마 5:4

앞에서 나눈 바와 같이, 예수님은 애통하는 자가 복이 있다고 말씀하셨습니다. 무엇에 대한 애통입니까? 먼저 자신에 대한 애통입니다. 복 있는 자의 애통함은 자신에 대한 애통함에서 출발합니다. 큰 은혜를 입었음에도 주님을 닮아 가지 못합니다. 모든 것을 맡기고 평안하라 하셨음에도 불신앙으로 염려하니다. 옛사람의 못된 생각과 말과 행동이 여전히 남아 있습니다. 감사할 이유를 찾기보다 불평할 이유를 찾고, 주님의 길보다 세상의 길 따르기를 좋아합니다. 그러므로 우리 자신에 대해 애통하지 않을 수 없는 것입니다.

이렇게 반문할지도 모르겠습니다. 성경은 항상 기뻐하라고 말씀하지 않습니까? 우리는 구원의 확신이 없어서, 항상 기뻐하라는 말씀을 몰라서 애통하는 것이 아닙니다. 거룩하신 하나님의 임재 안에서 벌거벗은 듯 드러나는 나의 죄와 악함과 불신앙을 보게 되면 저절로 그렇게 되는 것입니다. 은혜 안에서 느끼는 죄의식과 애통함이 진정한 하나님의 자녀들에게는 존재한다는 것입니다. 그것이 정상이라는 것입니다.

조나단 에드워즈(Jonathan Edwards)는 〈진노하시는 하나님의 손안에 든 죄인〉이라는 설교로 18세기 대각성운동의 불을 지폈습니다. 1741년 7월 8일에 선포된 이 설교는 하나님을 믿지 않는 사람들과 교회 안에 있으면서도 영적으로는 어두워 자신의 악함에 대해 회개하지 않고 애통하지 않는 사람들을 향해 무섭게 경고하고 있습니다. 하나님은 언제든지 죄인들을 심판하실 수 있으며, 오직 하나님의 사랑과 선하심만이 죄인을 구원하고 지킬 수 있다는 것입니다. 우리는 울어야 하고 회개해야 한다는 것입니다. 하나님께로 돌아와야 한다는 것입니다.

진노하시는 하나님으로부터 방어해 줄 산성은 없습니다. 악인들은 폭풍 앞에 가벼운 겨와 같습니다. 거센 불길 앞에 있는 마른 밀 짚에 불과합니다. 기어다니는 벌레를 밟는 것은 아주 쉬운 일입니다. 거미줄을 끊어 버리는 것은 너무도 쉬운 일입니다. 하나님께서 원하시면 원수를 지옥에 던져 넣는 것은 그와 같이 쉬운 일인 것입니다. 여러분, 그 하나님 앞에서 어떠한 존재입니까? 어느 편에 서 있습니까? (중략)

당신은 지금 산자의 땅에 있습니다. 그리고 하나님의 집안에 있습니다. 또한 구원을 얻을 기회를 가지고 있습니다. 지금 당신이 가지고 있는 기회는 그들에게도 주어졌었습니다! 지금 당신은 놀라운 기회를 가지고 있습니다. 오늘은 그리스도께서 긍휼의 문을 넓게 열어 놓고 계십니다. 그리고 밖에 서서 당신을 부르고 계십니다. 불쌍한 죄인을 큰소리로 부르십니다.

조나단 에드워즈의 설교 〈진노하시는 하나님의 손안에 든 죄인〉 중에서

조나단 에드워즈의 설교가 얼마나 강력했던지, 이 메시지를 듣는 이마다 하나님 앞에서 죄를 자복하고 회개했다고 합니다. 심지어 어떤 목회자가 이 설교의 원고를 어두운 불빛 아래 더듬더듬 읽었는데, 그곳에서 회개의 역사가 일어났다는 전설이 남아 있습니다. 그의 설교에 성령님이 역사하신 것입니다.

안타깝게도 지금은 그런 설교를 듣기가 힘든 시대입니다. 영혼을 살리고 하늘의 복을 선물하는 메시지가 아니라, 쉽고 감정을 자극하는 재미있는 이야기를 듣고 싶어 하는 시대이기 때문입니다. 하지만 우리는 내 영혼의 상태와 죄인 됨에 대해 깨

닫게 하는 말씀, 그리하여 하나님을 찾고 구하게 만드는 말씀을 달게 들어야 합니다. 눈물을 회복해야 합니다. 그래야만 하나님의 위로를 알게 되기 때문입니다. 진정한 위로는 허탈한 웃음이 아니라, 가슴을 찢는 눈물을 통해 주어지기 때문입니다.

똑바로 직시하라

해마다 '법의 날(4월 25일)'이 되면 통계청에서는 자신과 타인의 준법 수준 이해에 관한 조사 결과를 발표합니다. 그 결과는 매년 거의 비슷한데, 지난 2010년 조사에 의하면 다음과 같습니다.

	타인	자신
불법 성향	26.4%	2.9%
준법 성향	34.3%	65.3%

조사에 의하면 다른 사람이 법을 잘 안 지킨다고 생각하는 사람은 26.4%나 되었지만, 자신이 법을 잘 안 지킨다고 생각하는 사람은 겨우 2.9%에 불과했습니다. 또한 다른 사람이 법을 잘 지킨다고 생각한 사람은 34.3%였지만, 자기가 법을 잘 지킨다고 생각하는 사람은 무려 65.3%였습니다. 2023년 한국법제연구소의 조사에 의하면 85%까지 올라갔으니 그 격차는 더 벌어졌습니다.

이 조사 결과는 많은 사람이 다른 사람들에게는 야박하고 비판적이지만, 자신에게는 후하다는 것을 보여 줍니다. 타인과 자신을 다른 기준으로 판단하고 있는 것입니다. 그런 선입관 속에서 남들은 법을 잘 지키지 않지만, 자신은 법을 잘 지키고 있다고 생각하며 우리는 살고 있는 것입니다.

이렇듯 인간은 자신에 대해 애통하기보다 다른 사람들을 평가하고 판단하기를 즐겨합니다. 자신에게는 후하고 너그러우나 남에게는 야박하고 높은 기준을 제시합니다. 자신을 돌아볼 줄 모른 채 남을 정죄하기 바쁩니다. 손가락이 남을 향해 있을 뿐 자기를 향해 있지 않은 것입니다.

그러니 자신에 대한 애통함이 있을 리가 없습니다. 이는 죄 아래 있는 사람의 중요한 특징 중 하나입니다. 남을 손가락질하는 사람은 죄의 영향력 안에 사는 사람이요, 자신의 영혼을 위해 애통하는 사람은 은혜의 능력 안에서 사는 사람입니다. 나의 손가락은 어디를 향해 있습니까?

> 1비판을 받지 아니하려거든 비판하지 말라 5외식하는 자여 먼저 네 눈 속에서 들보를 빼어라 그 후에야 밝히 보고 형제의 눈 속에서 티를 빼리라 마 5:1, 5

예수님은 산상수훈에서 남을 손가락질하기 전에 자기 자신부터 똑바로 직시하라고 분명하게 말씀하셨습니다. 자신 안에 있는 들보를 볼 줄 모르는 자는 다른 사람 눈의 티를 비판하는 인생을 살게 된다고 하신 것입니다. 그런 사람은 자신에 대한 애통함이 없는 사람입니다. 예수님은 그런 자들을 향해 복 있는 자가 아닌 외식하는 자라고 선언하셨습니다.

무엇보다 먼저 자신을 들여다보아야 합니다. 그 실체를 보고 자신에 대해 애통해야 합니다. 하나님의 진노를 쌓고 있는 나의 죄 된 모습을 아파해야 합니다. 내 과거의 죄와 현재의 죄에 직면해야 합니다. 대충 넘어가면 그 죄에 얽어매여 믿음의 경주를 할 수 없습니다. 성경은 '모든 무거운 것과 얽매이기 쉬운 죄를 벗어 버리라'(히 12:1)고 분명히 말하지 않습니까? 그러므로 자신에 대한 애통함을 가진 사람이 진정으로 복된 자입니다.

예루살렘을 보고 우시다

자신에 대해 애통할 수 있는 사람은, 세상을 바라보면서도 애통합니다. 세상이 하나님의 뜻과 멀어져 있기 때문입니다. 세상은 우리가 추구해야 할 대상이 아니라, 우리가 눈물을 흘리며 기도해야 할 대상입니다.

우리가 세상의 복이 아닌 하늘의 복을 구하는 사람인지 아닌지는 세상을 대하는 우리의 태도를 보면 알 수 있습니다. 만약 우리가 세상을 부러워한다면 하늘의 복을 구하는 사람이 아닐 가능성이 높습니다. 세상에서의 성공과 형통함이 우리 인생의 유일한 목적이라면 하나님이 주시는 하늘의 복을 받아 복된 자로 살기는 어렵습니다. 잠언은 이렇게 말합니다.

너는 악인의 형통함을 부러워하지 말며 그와 함께 있으려고 하지도 말지어다 잠 24:1

사도 바울 역시 이렇게 말합니다.

너희는 이 세대를 본받지 말고 오직 마음을 새롭게 함으로 변화를
받아 하나님의 선하시고 기뻐하시고 온전하신 뜻이 무엇인지 분
별하도록 하라 롬 12:2

성경은 우리를 향해 악인의 형통을 부러워하지 말며 이 세
대를 본받지 말라고 명령합니다. 세상을 추구하지 말고, 하늘의
것을 구하라는 것입니다. 그럼에도 불구하고 아무 생각 없이 세
상의 풍조와 가치관을 그대로 따르고 있다면, 하늘의 복을 누릴
수 없습니다.

무엇이 진정한 복인가에 대한 부모의 생각은 자녀의 인생에
큰 영향을 끼칩니다. 세상은 하버드나 서울대 같은 소위 명문대
입학을 성공의 척도라고 여기기에, 많은 부모들이 그 성공을 이
루기 위해 자녀에게 투자하고 가르칩니다. 그렇다면 정말로 명
문대 입학이 인생 성공의 척도입니까? 가지 못하면 실패한 인생
입니까?

그게 진실이라면 우리 중 대다수는 실패한 인생입니다. 대부
분 명문대를 졸업하지 않았기 때문입니다. 저 역시 하버드에 가
본 적은 있지만 다니지 않았습니다. 가지 말라는 이야기가 아닙
니다. 그 학교 출신이 아니라고 심술부리는 것도 아닙니다. 갈
수 있으면 가는 것이 좋은 일입니다만, 그것이 인생 성공의 척도
는 아니라는 것입니다.

세상을 대하는 태도는 우리가 무엇을 복으로 여기며 사는지를 보여 줍니다. 남들을 부러워하는 것도, 세상의 풍조를 따라가는 것도 올바른 태도는 아닙니다. 하늘의 복을 구하는 사람은 세상을 보며 애통하고, 긍휼한 마음을 갖게 될 것이라고 생각합니다. '저 길이 생명으로 가는 길이 아닌데' 혹은 '저것이 진정한 복이 아닌데'라고 여기며 안타까워할 것입니다. 그 마음이 바로 세상을 향한 애통함입니다. 세상을 향한 애통함은 세상을 위한 기도이기도 합니다. 하나님을 알지 못하는 세상, 어디로 가고 있는지를 모르는 세상을 바라보며 대신 울어 주는 것입니다.

> 41가까이 오사 성을 보시고 우시며 42이르시되 너도 오늘 평화에 관한 일을 알았더라면 좋을 뻔하였거니와 지금 네 눈에 숨겨졌도다 눅 19:41~42

예수님은 예루살렘을 보고 우셨습니다. 그 성이 결국 파괴되고 멸망할 것을 보셨기 때문입니다. 그로부터 약 40여 년 후인 주후 70년경 실제로 예루살렘은 무너졌습니다. 로마 황제 티투스(Titus)에 의해 이루어진 예루살렘 포위와 함락은 참으로 처참했습니다. 유대 역사가 플라비우스 요세푸스(Flavius Josephus)의 기록에 의하면 당시 사망자는 110만 명에 이르고, 유대인 포로는 9만 7천여 명에 이르렀다고 합니다.

예수님 당시 예루살렘에 눈에 띄는 큰 문제가 있었을까요? 아닐 것입니다. 그저 일상적인 하루하루가 이루어지고 있었을 것입니다. 결혼, 장례, 여행뿐 아니라 사고파는 일과 먹고 마시는 일들이 이루어지는 평범한 하루하루였을 것입니다. 그러니 누가 예루살렘을 보고 울었겠습니까? 누가 임박한 하나님의 심판을 느끼며 애통했겠습니까? 아무도 그러지 않았을 것입니다.

예레미야가 심판을 선포하며 울었을 때도 백성들은 울지 않았습니다. 오히려 "모든 것이 정상적이고 아무런 문제가 없는데 너는 왜 우느냐?"라고 말하며 선지자를 조롱했습니다(렘 20:7). 그러나 예수님은 예루살렘의 영적인 상태와 다가올 미래를 보며 우셨습니다. 바로 이것이 세상을 보며 애통해야 하는 이유입니다. 이 시대도 하나님 보시기에 바르지 않기 때문입니다.

> 그들이 주의 법을 지키지 아니하므로 내 눈물이 시냇물같이 흐르나이다 시 119:136

시인은 하나님의 말씀이 지켜지지 않고 업신여김을 당하는 것을 보고 울었습니다. 나는 하나님의 이름이 무시당하고, 말씀이 업신여김을 당하는 것으로 인해 마음을 아파합니까? 내 자존심 상하는 것은 참지 못하면서도, 하나님의 이름이 조롱당하는 상황에는 아무 생각이 없는 것은 아닙니까?

세상으로 인하여 애통해야 합니다. 이 사회가 하나님을 거역하고 대적하는 것을 보고 눈물을 흘려야 합니다. 하나님의 창조 질서와 하나님께서 세우신 가정의 질서가 무너지고, 동성애뿐 아니라 성적 타락이 만연한 것을 슬퍼해야 합니다. 온갖 악들이 정치 경제적인 논리로 허용되는 현실을 가슴 아파해야 합니다.

최근 회자되는 뉴스를 보면 인터넷에 던져진 한 줄의 글 때문에, 딥페이크 영상 때문에, 누군가가 자살하거나 누군가의 인생이 망가지기도 합니다. 그 범인을 잡고 보면 초등학생이나 중고등학생, 겉보기에 멀쩡한 어른들이기도 합니다. 사회 전반에 은밀한 폭력이 만연합니다. 더 이상 마약도 남의 나라 일이 아닙니다.

이 모든 것이 모른 척할 수 있는 남의 일인가요? 하나님이 우리를 이 사회 가운데 두셨습니다. 우리는 이 사회가 악으로 치닫는 것을 보고 애통해야 합니다. 우리의 자녀 세대가 그런 세상에서 살아가야 하고, 날마다 그러한 세상의 가치관에 노출되어야 한다는 사실 앞에서 우리는 울어야 하는 것입니다.

내가 여러 번 너희에게 말하였거니와 이제도 눈물을 흘리며 말하노니 여러 사람들이 그리스도의 십자가의 원수로 행하느니라
빌 3:18

사도 바울은 믿음 안에서 살지 않는 사람들을 보고 울었습니다. 십자가의 원수가 되고, 인생의 목표가 어긋난 사람들을 보고 애통했습니다. 그들의 영혼을 불쌍히 여기는 마음 때문이었습니다.

우리도 이 세상을 보며 울어야 합니다. 이 세상을 위해서 울어야 합니다. 세상은 악하고, 많은 영혼이 멸망을 향해 달려가

고 있기 때문입니다. 우리의 자녀들이 그런 세상에서 살고 있기 때문입니다. 저는 자녀 세대를 생각하면 기도가 절로 나옵니다. 기도하면 눈물이 나옵니다. 세상을 향해 이런 심정을 갖게 되면 결단코 세상을 부러워하지 않을 것입니다. 이 세대의 풍조를 따르려 하지도 않을 것입니다. 도리어 세상을 위해 애통하게 될 것입니다. 기도하게 될 것입니다.

눈물로 세워지는 교회

우리는 자신과 세상에 대해 애통할 뿐만 아니라 교회를 보며 애통해야 합니다. 교회는 여전히 구원의 방주입니다. 하나님은 힘없고 보잘것없는 교회를 사랑하십니다. 지금도 교회를 통해 하나님의 뜻을 이 땅에 이루고 계십니다. 우리는 교회를 소중히 여기고 건강히 세워 가야 합니다.

오늘 우리가 교회를 위해 울어야 하는 시대를 살고 있다는 사실을 부인할 수 없습니다. 교회가 자기 역할을 제대로 감당하고 있지 못하기 때문입니다. 도리어 세상이 교회를 걱정하고 있는 지경에 이르렀는지도 모르겠습니다. 생각해 보십시오. 하나님은 악한 세상에만 심판을 내리실까요? 교회는 하나님의 심판으로부터 자유로울 수 있을까요?

> ¹³좁은 문으로 들어가라 멸망으로 인도하는 문은 크고 그 길이 넓어 그리로 들어가는 자가 많고 ¹⁴생명으로 인도하는 문은 좁고 길이 협착하여 찾는 자가 적음이라 마 7:13~14

하루는 아내와 대화를 나누다가 '구원에 이르는 길이 좁다'는 말씀의 의미를 조금 다른 차원에서 생각하게 되었습니다. 길이 좁다는 것은 어려운 길이라는 의미도 있겠지만, 애초에 넓을 필요가 없을 수도 있겠다는 엉뚱한 생각이 들었습니다. 이 길은 많은 사람이 좋아하는 길이 아닙니다. 소수의 사람만 그 길을 걸어간다면 굳이 넓어야 할 필요가 있겠습니까? 많은 차들이 오가는 길이라면 8차선, 16차선, 32차선 하는 식으로 넓어야겠지만, 고작 몇 대의 차만 통과하는 길이라면 한두 차선이면 충분하지 않겠습니까?

성경은 그리스도께서 세상을 사랑하사 세상을 위하여 죽으셨다고 말씀하고 있습니다(요 3:16). 그러나 교회라는 공동체에 속한 모든 사람이 그 사랑 덕분에 다 구원을 받는 것일까요? 우리는 모두 그 좁은 길을 통과할 수 있을까요? 타임스퀘어교회 카터 콘론(Cater Conlon) 목사님의 기도를 읽었습니다. 가슴에 와닿는 간절한 기도였습니다.

> 하나님, 저는 이 세상에 하나님의 심판이 임하는 것은 알았습니다. 그러나 하나님의 교회에 하나님의 심판이 임하는 것은 깨닫지 못했습니다. 하나님, 하나님의 교회를 지켜 주세요. 하나님의 교회를 정화시켜 주세요. 하나님, 하나님의 교회를 새롭게 해 주세요.
>
> 카터 콘론의 기도문

일이 이렇게까지 된 것에 대해, 세상이나 다른 누군가를 손가락질해서는 안 됩니다. 우리 모두의 책임입니다. 교회는 건물이 아니라, 바로 '우리'이기 때문입니다. 목사인 저부터 울어야 하고, 직분자들이 울어야 하고, 온 성도가 울어야 합니다. 이 시대 교회의 문제는 나의 책임이라는 마음으로, 우리 모두가 애통해야 하는 것입니다. 그러한 눈물만이 소망이 됩니다.

앞서 잠시 설명했던 것처럼 교회가 교회답게 서는 유일한 방법은 그리스도인이 예수님의 성품, 이 팔복의 성품을 가진 사람이 되는 길밖에 없다고 확신합니다. 하늘의 복을 구하는 교회가되는 것이 유일한 해결책이라고 생각합니다. 그래서 팔복을 묵상하고 있는 것입니다.

지나온 세월, 예수님의 성품을 무시하고 팔복을 모른 척하고 외형적인 교회를 세우기에 급급했습니다. 크고 화려한 건물을 짓고, 성장을 위한 세미나를 하고, 새로운 프로그램을 도입하고, 해마다 비전을 선포했지만, 속사람이 썩어 가는데 무슨 역사가 일어나겠습니까? 먼저 우리 자신부터 세워야 합니다. 예배자가 되고, 제자가 되고, 성숙해지고, 예수님 닮아야 합니다. 그렇게 교회를 바로 세워야 합니다.

교회를 위해 애통하기 바랍니다. 교회가 교회 되어야만 세상에 소망이 있기에 우리는 교회를 위해 울어야 합니다. 교회를 향해 손가락질하지 말고, 교회를 포기하지 말고, 교회를 위해 울어 주어야 합니다. 어려운 시대마다 교회를 위해 우는 기도의 사람들이 있었습니다. 차가운 마룻바닥을 눈물로 적시며 가슴을 찢는 사람들이 있었습니다. 그들의 눈물이 교회를 살리고 지킨 것입니다. 우리의 눈물이 교회를 지킬 수 있기를 바랍니다.

완전한 위로, 완벽한 평화

그렇다면 애통하는 자는 왜 복된 것입니까? 자신을 보며 애통하고, 세상을 보며 아파하고, 교회를 보며 눈물 흘리는 이가 왜 복된 사람입니까? "그들이 위로를 받을 것임이요" 하나님이 그들의 위로자가 되어 주시기 때문입니다.

세상 일로 가슴 치며 우는 사람은 언젠가 지쳐 쓰러지고 맙니다. 그러나 영적인 애통은 다릅니다. 우리가 애통하면서도 지치고 넘어지지 않는 이유는 하나님의 위로 때문입니다. 하나님의 위로는 우리를 치유하고 새롭게 합니다. 하나님의 위로는 우리를 생명으로 인도합니다.

이것은 역설입니다. 애통하는 사람은 하나님의 위로를 얻어 기뻐할 수 있는 데 반해 애통함이 없는 사람은 죄에 매여 살아가다 결국 슬픈 결말을 맞이하기 때문입니다. 거짓된 위로, 죄에 대한 위선은 우리를 병들게 하지만 애통함은 우리를 생명으로 인도하는 것입니다. 이 은혜를 누려야 합니다. 지금 애통하는 자는 장차 위로를 받게 되지만, 지금 애통하지 않는 자는 훗날 애통하게 될 것입니다.

애통하는 자에게 위로가 허락된다는 말씀은 큰 은혜입니다. 슬퍼하고 아파하는 자에게 가장 필요한 은혜가 무엇일까요? 바로 위로일 것입니다. 하나님은 가장 필요한 은혜를 주겠다고 약속하신 것입니다. 하나님은 불필요한 은혜를 주지 않으십니다.

하나님의 은혜는 적시에 적절하게 주어집니다.

때때로 이런 질문이 생길 수 있습니다. "하나님이 왜 이런 것을 주시나요? 왜 이런 일을 허락하셨나요?" 우리에게 필요하고, 우리에게 유익하기 때문이라고 믿습니다. "하나님은 왜 이런 질병을, 왜 이런 고난을 허락하셨나요?" 그 고난이 우리를 천국으로 인도하며, 그 아픔이 우리로 하여금 말씀을 붙들고 살게 한다고 믿습니다. 너무 부유하면, 아무 고난이 없으면 우리는 하늘을 바라보지 않기 때문에 그런 일들을 통해 영원한 복을 사모하게 하시려는 아버지의 자비인지도 모릅니다.

하나님은 우리에게 필요한 은혜를 주시는 분이십니다. 주님이 주신 모든 것은 좋은 것임을 믿어야 합니다. 하나님은 애통하는 자에게 가장 필요한 은혜, 하늘의 위로를 주십니다. 사람은 위로를 받아야 살 수 있는 존재입니다. 여호수아, 엘리야, 바울과 같은 믿음의 사람들도 위로와 격려가 필요했습니다. 그래서 하나님은 애통하는 자를 위로하십니다. 구체적으로 어떤 위로입니까?

하나, 용서의 위로입니다. 애통하는 자는 용서받게 됩니다. 또한 이미 받은 용서의 의미를 깨닫게 됩니다. 애통함이 없으면 과거에 매여 살게 됩니다. 그러나 죄를 고백하고 슬퍼하는 자는 죄에서 자유롭게 되고, 새사람이 되는 것입니다.

둘, 동행의 위로입니다. 보혜사 성령님이 날마다 우리와 함께하며 위로하십니다. 어제의 위로로 살 필요가 없습니다. 날마다 새로운 하나님의 위로가 허락됩니다. 매일 넘어지고 매일 슬퍼해도 날마다의 위로가 주어집니다. 우는 자는 웃을 수 있게 됩니다. 날마다 하늘의 위로하심을 경험하게 되기 때문입니다.

셋, 응답의 위로입니다. 눈물로 씨를 뿌리면 기쁨으로 단을 거두게 됩니다(시 126:6). 그러므로 눈물로 드리는 기도는 응답될 것입니다. 세상을 위한 기도, 교회를 위한 기도는 반드시 응답됩니다. 교회의 역사가 그것을 증거합니다. 비판하고 손가락질하기는 쉽습니다. 그러나 역사는 울며 기도하는 자들에 의해 쓰여져 왔습니다. 울며 기도하는 자는 복된 자입니다.

넷, 천국의 위로입니다. 이는 위로의 최고봉입니다. 누가복음 16장에는 천국에 간 거지 나사로의 이야기가 나옵니다. 부자는 고통당하는데 나사로는 위로를 받습니다.

> 아브라함이 이르되 얘 너는 살았을 때에 좋은 것을 받았고 나사로는 고난을 받았으니 이것을 기억하라 이제 그는 여기서 위로를 받고 너는 괴로움을 받느니라 눅 16:25

비록 이 땅에서는 힘들었을지라도, 영원한 주님의 나라에서 영원한 위로를 받는 것입니다. 우리는 천국에 이르러 아버지의 따뜻한 품에 안길 때 완전한 위로, 완벽한 평화를 누리게 될 것입니다. 그날에 인생의 모든 슬픔과 한숨이 사라질 것입니다. 천국은 애통하는 자에게 허락되는 최고의 위로요 가장 큰 선물입니다.

하나님의 위로는 사랑의 손길이요, 따뜻한 어루만지심입니다. 하나님의 손길이 닿는 누구의 인생이든 치유가 일어납니다. 회복이 일어납니다. 생명의 역사가 일어납니다. 모든 것이 새로워집니다. 부디 우리가 이 은혜를 누릴 수 있기를 바랍니다.

이를 위해 애통하는 그리스도인이 되어야 합니다. 애통하는 교회가 되어야 합니다. 이 시대가 아무리 어두워도 애통하는 자가 남아 있다면 아직은 소망이 있습니다.

이 시대는 너무 가벼운 시대입니다. 진지함을 회복해야 합니다. 그때 애통하는 마음이 생깁니다. 애통하는 자가 되라는 말씀은 매일 울며 지내라는 말이 아닙니다. 울어야 할 때 울고, 아파해야 할 때는 아파해야 합니다. 주님께서 그 마음을 원하십니다.

우리의 눈물이 마르지 않기를 바랍니다. 아무나 붙잡고 울 필요는 없습니다. 하나님 앞에서 우는 사람이 되십시오. 냉랭한 사람이 되지 마십시오. 죄에 무딘 사람, 세상의 악에 무관심한 사람이 되지 마십시오. 교회들이 겪고 있는 아픔이 나의 아픔이 되어야 합니다. 영적인 슬픔, 경건한 슬픔이 있는 자는 복됩니다. 그들은 하늘의 위로를 받게 될 것입니다.

CHAPTER 4

온유의
복 ①

온유한 자는 복이 있나니

팔복을 묵상하는 저에게 두 가지 마음이 있습니다. 하나는 묵상에서 오는 기쁨이요, 다른 하나는 실천에서 오는 부담입니다. 한 절 한 절, 팔복을 묵상하면 할수록 깨닫는 기쁨과 은혜가 크지만, 저의 삶이 팔복과 가깝지 않다는 생각도 들기 때문입니다. 제 삶과 관계없이 어떤 주제에 대해 강연하는 것이라면 편하겠는데, 팔복은 먼저 저에게 주어진 말씀이기에 때로는 묵상의 자리를 피하고 싶은 마음까지 생깁니다. 설교하는 일은 더 큰 부담입니다. 아마 이 말씀을 온전히 이루신 예수님 한 분 외에 모두 저 같은 마음이리라 생각됩니다.

온유한 자는 복이 있나니 그들이 땅을 기업으로 받을 것임이요
마 5:5

예수님은 온유한 자가 복이 있다고 말씀하십니다. 심령이 가난한 자나 애통하는 자가 되라는 말씀보다 조금 덜 부담스럽게 들릴지도 모르겠습니다. 살짝 만만해 보이기도 하고, '온유한 것은 좋지. 온유해서 나쁠 것 없지'라는 생각이 들 수도 있습니다. 하지만 조금만 더 깊이 고민해 보면 온유함 역시 만만치 않은 높은 산임을 깨닫게 됩니다. 사실 저에게는 온유한 자가 복이 있다는 말씀이 가난한 심령이나 애통하는 마음보다 더 무겁고 부담스럽게 다가왔습니다.

대체로 사람들은 온유함에 대해 이중적인 잣대를 가지고 있는 것 같습니다. 사람들은 온유한 사람을 좋아하고, 다른 사람이 자신을 온유하게 대해 주기를 바랍니다. 온유함을 악한 것이나 나쁜 것이라고 생각하는 사람은 없을 것입니다. 하지만 스스로 온유한 자가 되기 위해 얼마나 노력하는지는 잘 모르겠습니다. 자신을 온유함으로 대해 주는 사람을 좋아하기는 하지만, 자신이 다른 사람을 온유하게 대하기 위해 노력하는 사람은 드문 것 같습니다.

온유한 사람을 좋아하면서도, 한편 '이 험한 세상에서 온유하게만 살아서는 성공할 수 없다'는 생각을 가진 사람들도 많아 보입니다. 온유하면 경쟁에서 뒤쳐지고, 내게 있는 것을 지키기는커녕 오히려 빼앗길 수 있다고 여기는 것입니다. 치열한 경쟁 사회를 살아가려면, 원하는 것을 쟁취하려면, 온유하기보다는 독하고 강해야 할 것 같습니다. 온유한 사람이 성공하기에는 세상이 너무나 치열하고 빡빡하기 때문입니다.

많은 사람들이 온유함에 이런저런 약점이 있다고 생각하는 것 같습니다. 그래서 남에게는 온유함을 기대하고 요구하면서도, 정작 자신은 적극적으로 온유함을 추구하지 않는 것인지도 모르겠습니다. '온유함이 좋은 것 같기는 하지만, 온유한 사람이 되는 것이 나에게 유익하고 좋은 일일까? 온유함을 반드시 추구해야 하는 것일까? 온유함을 놓고 적극적으로 기도해야 할까?' 이렇게 온유함 앞에서 헷갈리는 사람이 적지 않습니다.

예수님은 선명하게 정리해 주셨습니다.

"헷갈릴 이유가 전혀 없다. 온유함은 나의 성품이다. 온유한 자는 내가 인정하는 복된 사람이다. 너는 온유한 사람이 되어야 한다!"

막을 수 없는 변화

일반적으로 '온유한 사람' 하면 어떤 이미지가 떠오를까요? 사납지 않고 거칠지 않은 모습이 연상될 것입니다. 온유함은 혈기를 부리는 다혈질적인 것과는 거리가 먼 모습, 부드럽고 친절한 사람의 모습을 떠올리게 합니다. 언어가 거칠지 않고, 지혜롭게 말하는 사람의 모습이 떠오릅니다. 맞습니다. 그것이 온유한 자의 모습입니다. 본문에서 '온유하다'로 번역된 헬라어 프라우스(πραΰς)는 유순하다, 온화하다, 부드럽다 등의 뜻을 가지고 있습니다. 온유한 사람은 따뜻하고, 다정하며, 인내심이 있는 순종적인 사람입니다.

한 가지 명심할 것은 겉이 아니라 속이 그래야 한다는 것입니다. 온유한 척 미소로 겉사람을 포장하고 있지만, 그 속이 거칠고 악한 사람은 정말 위험한 사람입니다. 마주할 때는 천사의 얼굴로 부드러운 말을 하지만, 돌아서서 독설을 내뱉는 사람은 사단의 도구가 되기 쉽습니다. 하나님의 자녀들은 절대 그런 인생을 살아서는 안 됩니다.

겉과 속이 다른 것보다 차라리 겉과 속이 다 사나운 사람이 낫습니다. 그렇다고 너무 크게 "아멘!" 하지는 마십시오. 이중적인 것보다 겉과 속이 같은 것이 낫지만, 궁극적인 우리의 목표는 겉과 속이 모두 예수님을 닮는 것, 속사람과 겉사람이 온유한 사람으로 변화되는 것인 까닭입니다.

아무리 철저히 가장한다고 해도 속사람이 온유하지 않으면 언젠가는 드러나게 됩니다. 진정한 온유함이란 겉으로 보여지는 처세술의 문제가 아니라 속사람의 문제, 내적인 성품의 문제입니다. 예수님이 말씀하신 팔복은 언제나 내면의 변화에서 시작되어 밖으로 나옵니다. 온유함은 겉으로만 가장할 수 있는 것이 아니며 세미나를 통해 배울 수 있는 처세술도 아닙니다.

그리스도인이 변화된 존재라는 사실을 아주 잘 보여 주는 것 중 하나가 온유함이라고 생각합니다. 우리 내면에 참된 신앙이 들어오고 예수님이 좌정하시면, 속사람이 부드러워지고 선해지고 넉넉해지기 때문입니다. 그러한 내면의 변화는 반드시 겉으로도 드러나게 됩니다. 향기 나는 물건을 아무리 감싸고 감추어도 그 향기가 포장지를 뚫고 나와 주변에 퍼지는 것과 같은 이치입니다. 악취든 향기든 우리 내면의 것은 밖으로 드러나게 됩니다.

따라서 사납고 거친 그리스도인, 혈기 있는 그리스도인, 함부로 말하고 뒷담화를 하는 그리스도인 등과 같은 표현은 하나님의 자녀에게는 전혀 어울리지 않는 것들입니다. 애초에 성립이 불가능한 수식어입니다. 혹 이렇게 말할지도 모릅니다.

"제가 살아온 이야기를 들어 보면 이해가 될 겁니다. 제 삶은 참 거칠었습니다. 저 같은 사람이 온유한 자가 되기는 쉽지 않습니다."

그렇지 않습니다. 우리 안에 계신 성령 하나님을 무시하는 태도이며, 하나님의 능력을 제한하는 발언입니다. 하나님은 언제든 우리를 새롭게 하고, 변화시킬 수 있으십니다. 그것이 불가능하다면 전지전능하신 하나님이라 말할 수 있을까요? 예수님을 마음에 모시고 말씀 앞에 내 마음을 열면, 하나님께서는 우리를 온유한 사람으로 만들어 버리십니다. 내가 할 수 없어도 하나님이 그렇게 하십니다.

그래도 믿어지지 않는다면, 성경과 기독교 역사에 그렇게 변화된 사람이 얼마나 많은지 찾아보십시오. 변화된 삶의 이야기가 너무나 많습니다. '저런 사람이 변화되어 주님의 도구로 쓰임 받을 줄이야! 저토록 사납고 거친 사람이 사랑과 온유의 사람이 될 줄이야' 하며 놀라게 될 것입니다.

그러므로 '천지가 개벽해도 나는 안 돼'라는 생각은 버려야 합니다. 그것은 믿음의 생각도, 성령의 생각도 아닙니다. 그 생각은 우리의 변화와 새로운 삶을 방해합니다. 어떠한 삶을 살아왔건, 어떤 잘못을 했건, 하나님은 우리를 새롭게 하시고 예수님 닮은 사람으로 빚어내심을 믿어야 합니다. 소원해야 합니다.

시온의 딸에게 말하여라. 보아라, 네 임금이 네게로 오신다. 그는 온유하시어, 나귀를 타셨으니, 어린 나귀, 곧 멍에 메는 짐승의 새 끼다. 마 21:5, 새번역

성경은 예수님이 온유한 분이심을 증거합니다. 때문에 그분을 믿고 따르는 하나님의 자녀에게 온유함은 선택 사항, 옵션이 아닙니다. 예수님을 만나 거듭나게 되면, 주님의 DNA가 우리 안에 심겨지기 때문입니다.

다시 이야기하지만 온유함은 '성품'입니다. 팔복을 두고 "이 여덟 가지 예수님의 성품을 가진 자는 복이 있나니"라고 바꿔 읽을 수 있다고 이야기했습니다. 많은 이들이 이 온유함을 타고나는 성품이라고 생각하는 것 같습니다. 그런데 온유함은 선천적으로 타고나는 성품이 아니라, 성령 하나님께서 거듭난 자녀에게 주시는 새로운 성품이요 변화된 성품입니다. 죄로 망가진 우리가 그리스도로 말미암아 갖게 되는 후천적인 성품입니다.

이 변화의 과정은 마치 야생마를 길들이는 것과 같습니다. 죄는 우리는 사납고 거친 야생마로 만들었지만, 주님은 우리를 온유한 사람으로 다시 빚어내십니다. 거칠게 날뛰던 야생마들이 주님의 손길을 통해 믿음의 경주를 하는 경주마로 거듭나는 것입니다. 그런 의미에서 우리 모두, 예수님의 온유함을 배우는

훈련생입니다. 부디 잘 빚어지기를 바랍니다. 죄성의 지배를 받는 거친 야생마가 아니라 온유하신 주님의 손에서 멋지게 길들여진 믿음의 경주마로 살기를 소원합니다.

온유와 겸손

온유란 무엇일까요? 많은 사람이 온유에 대한 어떤 느낌은 갖고 있지만, 막상 한마디로 정의하지는 못합니다. 제 생각에는 그래서 더 온유를 오해하게 되는 것 같습니다. 성경이 말하는 온유, 우리가 가져야 할 온유란 무엇일까요? 그 온유함에는 어떤 특징이 있을까요?

존 맥아더는 『팔복』에서 온유함과 상한 심령의 차이를 설명했습니다. 상한 심령은 나의 죄에 초점을 맞추기에 애통함으로 이어지고, 온유함은 하나님의 거룩하심에 초점을 맞추기에 하나님의 의를 구하고 이루는 삶으로 이어지게 된다는 것입니다.

이렇듯 예수님이 가르치신 여덟 가지 복은 따로 떨어져 있는 것이 아니라 서로 긴밀히 연결되어 있습니다. 팔복은 전체를 주목하고 함께 이해할 때 그 퍼즐이 완성됩니다. 저에게 아더 핑크의 『산상수훈 강해』는 온유함을 이해하는 데 실제적인 도움이 되었습니다. 그의 이야기를 마중물 삼아 온유를 깊이 묵상해 봅니다.

먼저 온유는 '겸손'으로 나타납니다.

나는 마음이 온유하고 겸손하니 나의 멍에를 메고 내게 배우라 그

리하면 너희 마음이 쉼을 얻으리니 마 11:29

¹그러므로 주 안에서 갇힌 내가 너희를 권하노니 너희가 부르심을 받은 일에 합당하게 행하여 ²모든 겸손과 온유로 하고 오래 참음으로 사랑 가운데서 서로 용납하고 엡 4:1~2

우리는 성경 여러 곳에서 온유와 겸손이 한 몸처럼 붙어 있는 구절들을 볼 수 있습니다. 실제로도 온유를 뜻하는 헬라어 프라우스는 '겸손한'이라는 의미도 담겨 있습니다. 생각해 보면 절로 고개가 끄덕여질 것입니다. 교만한 사람이 온유한 것을 본 적이 있습니까? 교만은 자기 의가 있는 마음, 다른 사람을 비판하고 정죄하는 마음입니다. 그런 마음이 온유할 수 있을까요? 교만과 온유는 절대 함께할 수 없습니다.

온유와 겸손은 언제나 함께합니다. 한 몸과 같습니다. 겸손은 온유의 뿌리이며, 온유는 겸손이라는 옷을 입고 있습니다. 그 진리를 마음이 온유하고 겸손하신 예수님을 통해 확인할 수 있습니다. '아, 온유란 저런 모습이구나!' 하고 말입니다.

온유와 겸손이 떼려야 뗄 수 없는 관계라는 사실은 온유에 대한 우리의 오해를 깨뜨립니다. 온유한 사람이 나약하다는 생각은 우리가 온유함에 대해 가지고 있는 가장 일반적인 편견이요 오해입니다. 그러나 나약한 사람은 겸손할 수 없습니다. 오직 성숙한 사람만이 겸손할 수 있습니다.

온유함은 나약함이 아니라 성숙함입니다. 나약하고 힘이 없

는 자가 아니라 성숙한 사람만이 겸손할 수 있고, 그래서 온유
할 수 있습니다. 때문에 온유하지 못함은 성숙하지 못함과 연결
됩니다. 예수님이 말씀하시는 온유한 사람은 하나님과 사람 앞
에서 자기를 낮추는 겸손한 사람이요, 성숙한 사람입니다.

너그럽고 넉넉하고

너희를 대면하면 유순하고 떠나 있으면 너희에 대하여 담대한 나
바울은 이제 그리스도의 온유와 관용으로 친히 너희를 권하고
고후 10:1

아무도 비방하지 말며 다투지 말며 관용하며 범사에 온유함을 모
든 사람에게 나타낼 것을 기억하게 하라 딛 3:2

또한 온유는 '관용'으로 나타납니다. 성경의 많은 곳에서 온
유와 관용은 함께 묶여 있습니다. 특히 사도 바울은 "그리스도
의 온유와 관용"이라는 표현으로 이 두 가지가 연결된 그리스도
의 성품임을 가르쳐 줍니다. 그뿐만 아니라 이런 말씀도 남겼습
니다.

너희 관용을 모든 사람에게 알게 하라 주께서 가까우시니라 빌 4:5

주님의 임박한 재림을 관용과 연결시킬 만큼 하나님의 자녀

에게 관용의 태도는 중요하다는 것을 알 수 있습니다. 관용은 다른 사람의 잘못을 너그럽게 받아들이고, 용서하는 마음입니다. 따라서 온유함이란 다른 사람을 너그럽게 대하고, 또한 받아들이는 관용의 성품인 것입니다.

관용과 연결되는 온유함은 다른 사람을 내 기준으로 판단하고 바꾸려는 마음이 아니라 있는 그대로 받아들이는 마음입니다. 항상 자기주장만 하고 다른 사람들의 말을 귀 기울여 듣지 않는 사람, 배우려고 하지 않고 남을 가르치려고만 하는 사람, 상대방의 입장을 무시하고 헤아리지 않는 사람은 온유한 사람이 아닙니다. 자신에게 이런 질문을 던져 볼 필요가 있습니다. '나는 다른 사람을 이해하려고 노력하는 사람인가? 다른 사람을 판단하지 않고 있는 그대로 받아들이려고 노력하는 사람인가?'

점점 온유함의 실체가 선명해지는 것 같지 않습니까? 이런 관용이 가능하려면 먼저 은혜를 받아야 합니다. 은혜받지 못한 마음은 좁고 강퍅하기 때문입니다. 관용이 없는 마음은 복음의 마음이 아닌 율법주의적인 마음입니다. 한 개인만이 아니라, 교회도 마찬가지입니다. 은혜가 있는 교회는 품이 넓고 온유합니다. 그러나 은혜가 메마른 교회는 사납고 그 품이 좁습니다. 지금 우리는 복음의 은혜로 너그럽고 넉넉한지 살펴야 합니다.

온유가 겸손과 관용으로 이어지는 것을 보며, 우리는 온유함이 관계적인 성품이라는 사실을 깨닫게 됩니다. 두 가지 차원에서 생각해 볼 수 있습니다.

먼저 생각해 볼 것은 '하나님과의 관계'입니다. 온유한 자는 하나님 앞에서 자신을 낮추는 사람입니다. 가난한 심령으로, 애통하는 마음으로 하나님을 대하는 사람이 온유한 자입니다. 그는 하나님의 권위를 인정하고 순종하는 믿음의 사람이며, 날마다 하나님과 동행하는 은혜의 사람입니다. 그런 믿음의 삶이 온유함의 뿌리요 자양분이 되는 것입니다.

언젠가 "하나님께서 나를 어떻게 인도하시든, 내가 원하는 길로 인도하시든 하지 않으시든, 감사함으로 받고 하나님의 주권을 인정하고 순종하는 마음이 온유다"라는 글을 읽은 기억이 납니다. 그 문장이 저로 하여금 온유의 새로운 차원을 배우게 했습니다. 성령의 열매인 온유, 하나님의 처분을 순종과 감사로 받아들이는 것이 '온유함'일 것입니다.

모세의 온유, 요셉의 온유

또 하나 '사람과의 관계'입니다. 온유한 자는 자기의 감정과 혈기로 사람을 대하지 않습니다. 심지어 자신을 비난하고 공격하는 사람 앞에서도 온유함의 태도를 잃지 않습니다. 성경은 모세가 그런 온유한 자였다고 기록하고 있습니다.

> 이 사람 모세는 온유함이 지면의 모든 사람보다 더하더라 민 12:3

모세는 4백여 년 동안 이집트 노예로 살던 이스라엘 백성을 해방시켜 시내산까지 인도한 위대한 지도자였습니다. 그런데 형 아론과 누이 미리암이 백성들을 충동질하여 모세에 대한 인신공격을 가했습니다(민 12:1). 뒤에서 충동질하는 것은 사단의 일인데, 형과 누이가 비겁하고 악한 일을 한 것입니다. 그들이 문제 삼은 일은 이것이었습니다.

"어떻게 이스라엘의 지도자가 구스 여자를 아내로 맞을 수 있는가!"

모세의 아내 십보라를 두고 한 이야기입니다. 이미 오래전에 아내로 맞이했고, 하나님도 문제 삼지 않으신 일을 들추어내어 비방한 것입니다. 참으로 비열한 행동이었습니다. 그런데 이런 일을 인간은 행합니다. 하나님이 문제 삼지 않으신 것을 인간은 문제 삼습니다. 온유하신 하나님의 품은 크고 넉넉하지만 우리는 그렇지 않습니다. 하나님은 선하고 자비하시지만, 우리는 그렇지 못한 죄인들이기 때문입니다.

모세는 분노하며 그들을 심판할 수 있었습니다. 하나님은 모세의 편이셨습니다. 그러나 그는 잠잠했습니다. 사람과 다투지 않았습니다. 자신의 힘과 권력을 그들을 처벌하는 일에 사용하지 않았습니다. 하나님께 그 일을 맡기고, 하나님께서 일하시기를 기다렸습니다. 하나님은 그러한 모세의 태도를 온유함이라고 정의해 주십니다.

하나님께서 그 문제를 친히 해결해 주셨습니다. 모세의 변호인이 되어 주셨고, 권위를 회복시켜 주셨고, 아론과 미리암에게 진노하셨습니다(민 12:8~9). 그 진노는 미리암에게 문둥병으로 임했습니다. 그러자 모세가 그녀를 위해 기도합니다.

모세가 여호와께 부르짖어 이르되 하나님이여 원하건대 그를 고쳐 주옵소서 민 12:13

이것이 온유함입니다. 대적까지도 품는 넉넉함, 하나님께 맡기고 기다리는 믿음의 인내가 온유함입니다. 저는 나이가 들수록 더 온유해지기를 기도합니다. 오늘보다 내일이 더 나은 사람이 되면 좋겠습니다. 연륜이 있는 어르신들의 온유한 모습은 참 멋집니다.

모세뿐만이 아닙니다. 요셉에게서도 온유를 발견합니다. 어린 나이에 엄청난 고난을 겪었음에도 불구하고, 요셉은 하나님을 원망하지 않았을 뿐만 아니라 형제들을 용서했습니다. 어떻게 그토록 온유할 수 있었을까요? 적어도 두 가지 이유 때문이라고 저는 생각합니다. 은혜를 경험한 사람이었고, 또한 하나님의 뜻을 깨달은 사람이었기 때문입니다.

고난 중에 있었지만, 요셉은 어디를 가든지 하나님의 은혜를 입었고 그 은혜가 요셉을 치유하고 넉넉하게 만들었습니다. 요셉이 한 맺힌 서늘한 사람이 되지 않은 것은 하나님의 은혜 덕분이었습니다. 은혜가 요셉을 부드럽게 녹인 것입니다. 은혜가 예수님의 온유를 닮게 한 것입니다.

또한 요셉은 하나님의 뜻을 깨달았기에 온유할 수 있었습니다. 비록 자신을 팔아넘긴 것은 형제들이었지만, 그 뒤에는 이 일을 통해 자기 백성들을 구원하고자 하시는 하나님의 뜻이 있음을 요셉은 알았습니다. 때문에 그는 복수와 폭력의 사람이 아니라 온유의 사람으로 형제들을 대할 수 있었던 것입니다.

은혜와 사랑이 우리를 온유하게 만듭니다. 율법이 아닌 복음이 우리를 온유하게 만듭니다. 인간의 뜻보다 더 큰 하나님의 뜻을 깨달은 자만이 온유한 자가 될 수 있습니다. 하나님의 섭리를 이해할 때 비로소 원수도 사랑할 수 있습니다. 형제에 의해 팔려 노예가 되고 죄수가 된 사람이 온유할 수 있었다면, 우리에게도 그런 일은 얼마든지 일어날 수 있습니다. 예수님은 이렇게 온유한 자에게 하늘의 복을 약속하십니다.

온유한 자는 복이 있나니 그들이 땅을 기업으로 받을 것임이요
마 5:5

온유한 자는 빼앗기는 자가 아니라 얻는 자가 된다는 말씀입니다. 우리가 생각하기에는 온유하면 빼앗기고, 손해 보고, 잃어버릴 것 같습니다. 그러나 예수님은 온유한 자가 땅을 얻게 된다고 말씀하십니다. 온유한 자가 되는 것은 우리에게 좋은 일입니다. 하늘의 복을 누리게 되기 때문입니다. 아버지께서는 자녀 중 단 한 사람도 이 복을 놓치지 않기를 원하십니다.

CHAPTER 5

온유의
복 ②

땅을 기업으로 받을 것임이요

온유함을 묵상하면 묵상할수록 온유가 우리의 신앙에 얼마나 중요한 성품인지를 깨닫게 됩니다. 앞에서 우리는 온유가 겸손, 관용과 이어져 있음을 살펴보았습니다. 온유와 이어지는 두 가지 특징을 더 묵상해 보겠습니다.

성령의 열매인 온유는 '절제(self-control)'로 나타납니다(갈 5:22~23).

19내 사랑하는 형제들아 너희가 알지니 사람마다 듣기는 속히 하고 말하기는 더디 하며 성내기도 더디 하라 20사람이 성내는 것이 하나님의 의를 이루지 못함이라 21그러므로 모든 더러운 것과 넘치는 악을 내버리고 너희 영혼을 능히 구원할 바 마음에 심어진 말씀을 온유함으로 받으라 약 1:19~21

야고보는 성내는 것이 하나님의 의를 이루지 못한다고 말하면서, 온유함으로 하나님의 말씀을 받으라고 권면합니다. 성내고 혈기를 부리는 것은 온유함과는 반대편에 있는 일이라는 것입니다. 20절을 헬라어로 보면 "사람의 성내는 것은 결코 하나님의 의를 이루지 못한다"라는 강한 부정문입니다. 야고보서만이 아닙니다. 성경은 성내고 분노하는 것을 성령의 일로 보지 않으며 버려야 할 어린아이의 일이라고 교훈합니다.

나를 다스리는 실력, 온유

여기서 온유함에 대해 중요한 한 가지를 발견합니다. 온유함은 '다스리는 실력'입니다. 누가 온유한 사람입니까? 자신을 다스릴 수 있는 사람입니다. 많은 사람이 온유를 약한 것으로 생각하지만, 저는 온유한 사람이 진정으로 강한 사람이라고 생각합니다. 자기를 다스리지 못하고 쉽게 성내는 사람과 자기를 다스리는 온유한 사람 중에 누가 강한 사람일까요? 답은 어렵지 않습니다.

온유함과 성냄의 차이는 '자신을 다스릴 수 있느냐 없느냐'에 있습니다. 온유한 사람은 전혀 화내지 않는 사람이 아니라, 화를 다스릴 수 있는 사람입니다. 분노해야 할 때에만 분노할 수 있는 사람입니다.

예수님도 때로는 노하셨습니다. 외식하는 자들과 하나님을 대적하는 자들을 향해 "독사의 자식들"(마 12:34)이라는 직격탄을 날리셨으며, 장사꾼들의 상을 엎고 성전에서 몰아내기도 하셨습니다. 그러나 항상 화가 나 계시거나, 느닷없이 노하시는 분이 아니셨습니다. 혹시라도 상처받을까 봐 가까이 다가갈 수 없는 분이 아니셨습니다.

예수님은 자신을 다스리는 온유한 분이셨습니다. 때문에 예수님이 어떤 것에 분노하셨다면 분명 정당한 이유가 있을 것이라고 확신할 수 있습니다. 누군가가 화를 냈을 때, '그 사람 원래 그래'가 아니라, '그 사람이 화냈다면 뭔가 잘못된 것이 분명해' 라고 평가받는 사람이 온유한 사람인 것입니다.

온유하신 예수님은 사람들의 말에 쉽게 흔들리지 않는 심지가 견고한 분이셨습니다. 마치 높은 산과 같고, 깊은 바다와 같은 분이셨다는 뜻입니다. 온유함이란 아무런 생각이 없는 사람처럼 이래도 좋고 저래도 좋은 것과는 다릅니다. 진정으로 온유한 사람은 그 내면이 깊고 심지가 견고하기에 자신의 감정과 말과 행동을 다스릴 수 있는 사람입니다. 아무 때나 혈기를 부리거나 쉽게 성내지 않고, 때를 분별하며 자신을 다스리는 성숙함이 온유인 것입니다. 그러므로 온유한 자는 결코 약한 자가 아닙니다.

노하기를 더디 하는 자는 용사보다 낫고 자기의 마음을 다스리는 자는 성을 빼앗는 자보다 나으니라 잠 16:32

이 말씀에 의하면 누가 용사입니까? 노하기를 더디 하는 사람입니다. 누가 크고 강한 자입니까? 자기 마음을 다스리는 사람입니다. 하나님은 온유한 자를 미성숙한 아이가 아닌 성숙한 어른으로, 약한 사람이 아닌 강한 용사로 보시는 것입니다. 분노와 성냄, 자기감정을 다스리지 못하는 것은 약한 것이요, 어린아이와 같은 미성숙한 모습이라는 것입니다.

〈타임지〉의 수석 기자이며 교육 전문 칼럼니스트인 아만다 리플리(Amanda Ripley)는 『무엇이 이 나라 학생들을 똑똑하게 만드는가』에서 한국, 핀란드, 폴란드, 미국 등 이른바 교육 강국들을 3년 동안 취재한 결과를 소개합니다. 그녀는 말합니다.

> 인지 능력만큼 혹은 그보다 더 중요한 것은 자기제어 능력이다. 자녀의 성공은 자기제어 능력이 있느냐 없느냐에 달려 있다.

세상의 교육 전문가도 자기제어 능력, 즉 다스림의 능력을 전인 교육의 핵심 요소로 꼽고 있다는 사실이 무엇을 말해 줍니까? 우리는 자녀를 양육할 때 자신을 다스리는 자기제어 능력을 기르는 일에 얼마나 큰 관심을 두고 있습니까? 혹여 성적만으로 결과만으로 자녀를 판단하고 있지 않습니까?

우리 자신은 어떻습니까? 자신을 돌아볼 수 있기를 바랍니다. 우리는 자신을 다스릴 수 있는 사람입니까? 일단 말하고 보는 사람은 아닙니까? 내 감정을 급히 드러내는 사람은 아닙니까?

화는 잘 내도 뒤끝은 없다고 말할지도 모릅니다. 그렇다면 다행입니다. 하지만 온유한 것은 더 좋은 일이 아니겠습니까? 할 수만 있다면 처음부터 자신을 다스리는 것이 더 좋습니다.

제가 아는 어떤 분도 본인은 뒤끝이 없음을 강조합니다. 그런데 가족과 주변 사람들에게는 많은 상처와 흔적이 남아 있습니다. 우리는 더 좋은 편을 택해야 합니다. 온유함을 선택하는 것은 지혜일 뿐 아니라 용기라고 저는 생각합니다.

온유함은 자기를 다스리는 능력이기 때문에 성내는 것과 함께할 수 없다고 성경은 말합니다. 그런데 이 다스림은 인간의 의지와 노력으로 되는 것이 아닙니다. 자신을 다스리는 능력은 말씀 안에서 살고, 성령 하나님의 임재 안에 있는 사람에게만 주어지는 하늘의 능력입니다. 성령의 열매입니다. 내 힘만으로는 안 되는 일이므로 이 은혜를 구해야 합니다. 성령께서 도와주시기를 기도해야 합니다.

온유한 자가 쓰임받는다

앞에서 이야기한 것처럼 온유함은 관계적인 성품입니다. 특히 부모, 교사, 직분자, 사역자 등 리더에게 더욱 필요한 성품이 온유입니다.

> 형제들아 사람이 만일 무슨 범죄한 일이 드러나거든 신령한 너희는 온유한 심령으로 그러한 자를 바로잡고 너 자신을 살펴보아 너도 시험을 받을까 두려워하라 갈 6:1

사도 바울은 가정이나 교회 공동체에서 어떤 문제가 생겨서 그것을 해결해야 할 때 온유한 심령으로 하라고 권면합니다. 왜 이런 이야기를 한 것일까요?

하나, 온유한 사람이 주어진 문제를 해결할 수 있기 때문입니다. 큰 문제일수록 더욱 그렇습니다. 지혜로운 사람, 성숙한 사람이 아니라 자기 자신의 감정과 생각조차도 다스리지 못하는 사람이 문제를 다루면 일이 더 커질 수 있는 것입니다.

가정과 공동체에서 문제를 다루는 사람은 먼저 '지금 내 심령이 온유한가'부터 살펴야 합니다. 문제를 다룰 때는 평소보다 몇 배는 기도해야 하며, 하나님의 다스리심과 인도하심을 구해야 합니다. 온유한 심령이 준비되지 않으면 문제를 다루지 않는 것이 지혜입니다. 온유한 심령을 가진 사람이 가정에서 가장이 되고, 공동체에서 리더가 되어야 합니다. 리더를 세울 때는 이러한 내면의 성품을 가장 중요하게 여겨야 합니다. 다른 것만 보고 리더를 세우면 훗날 문제가 생깁니다. 중요한 일입니다.

둘, 온유한 사람은 생명을 살리고 공동체를 세우고자 하기 때문입니다. 문제가 생겼을 때 어떤 태도로 접근하는지에 따라 그 결과는 달라집니다. 밝혀내어 처벌하겠다는 마음이 아니라 공동체를 살리고 사람도 살리겠다는 마음이 온유한 심령입니다. 물론 온유한 심령으로 살리고자 했으나 상대가 거부하면 하나님께서 처리하십니다. 그것은 주님의 몫입니다. 그러한 하나님의 주권을 믿을 때 우리는 온유할 수 있습니다.

셋, 온유한 사람은 다른 사람의 분노를 잠재울 수 있기 때문입니다. 인간은 누구든 감정적이며, 미성숙한 면이 존재합니다. 쉽게 흥분하고, 쉽게 악해지곤 합니다. 그래서 민감한 문제를

예수께 진정한 복을 배우다

다룰 때에는 더욱 조심해야 합니다. 어떤 사람에게 일을 맡기면 일을 더 크게 만드는데, 어떤 사람에게 일을 맡기면 큰 파도도 잠잠하게 만드는 경우를 봅니다. 그 차이는 온유한 심령이 있는가 없는가의 차이입니다. 때문에 주님의 일을 할 때에는 온유한 심령으로 해야 하는 것입니다.

"너 자신을 살펴보아 너도 시험을 받을까 두려워하라"라는 말씀도 놓쳐서는 안 됩니다. 앞에서 온유와 겸손이 연결되어 있음을 이미 살펴보았습니다. 온유한 사람은 다른 사람의 죄와 공동체의 문제를 처리할 때 먼저 자신부터 돌아볼 줄 아는 사람입니다. "저 사람이 잘못했다" 혹은 "저 사람이 문제이다"가 아니라 언제든 나도 넘어질 수 있고, 실수할 수 있음을 인정하는 것입니다. 이러한 태도는 문제와 갈등을 건강하게 해결하는 데 큰 도움이 됩니다.

부디 우리의 가정과 공동체가 어떤 문제에 부딪쳤을 때 온유한 사람이 되길 바랍니다. 온유한 심령으로 해결할 수 있기를 바랍니다. 그리할 때에 문제가 오히려 복이 되고 선이 될 것입니다. 그 문제를 해결하는 과정을 통해서 자신도 공동체도 더 성숙해지고, 든든히 세워질 것입니다.

순종으로 나타나는 온유

온유한 자를 정의로 지도하심이여 온유한 자에게 그의 도를 가르치시리로다 _시 25:9_

또한 온유는 '순종'으로 나타납니다. 시편은 온유한 사람이 하나님의 뜻을 깨닫게 되고, 말씀으로 인도를 받는다고 말씀합니다. 하나님은 온유한 자를 공의로 지도하시며, 바른길을 가르쳐 주겠다고 약속하셨습니다. 그런 의미에서 하나님의 뜻이 어디 있는지 찾을 필요가 없습니다. 우리가 온유한 자가 되면 저절로 하나님의 뜻을 알게 되고, 그 뜻대로 살 수 있습니다.

이 사실은 우리에게 중요한 통찰을 줍니다. 온유한 자는 자신의 뜻이 분명하지 않은 생각 없는 사람이 아니라는 것입니다. 그저 욕만 먹지 않으면 된다는 생각으로 사는 사람을 온유한 자라고 생각해서는 안 됩니다. 그런 생각 역시 온유함에 대한 큰 오해 중 하나입니다.

사람들이 흔히 하는 말 중에 무골호인(無骨好人)이라는 이야기가 있습니다. 한자를 풀자면 '뼈가 없는 좋은 사람'이라는 뜻으로, 사전을 보니 '줏대가 없이 두루뭉술하고 순하여 남의 비위를 다 맞추는 사람'이라고 설명되어 있습니다. 이런 무골호인을 온유한 사람으로 착각하는 경우가 더러 있습니다.

그러나 온유한 자는 무골호인이 아닙니다. 온유한 자는 줏대가 있으며, 분명한 기준을 가지고 살아갑니다. 그 삶의 기준은 시편에 기록된 대로 하나님의 공의이며, 하나님의 말씀입니다. 온유한 자는 사람에게 잘 보이려고 비위를 맞추는 사람이 아니라, 하나님의 말씀을 귀히 여기고 하나님의 뜻을 생각하는 사람입니다. 사람을 두려워하기보다는 하나님을 두려워하는 사람입니다. 하나님께만 온전히 순종하는 사람인 것입니다.

저는 줏대가 있고 인생철학이 굳건한 사람이 다른 사람에 대해 넉넉할 수 있다고 믿고 있습니다. 주관이 뚜렷한 사람은 품이 좁을 것 같지요? 아닙니다. 제 경험으로는 반대입니다. 개똥철학을 가진 사람, 자신의 생각을 전부로 아는 사람은 품이 좁고 고집스럽지만, 말씀을 삶의 기준으로 삼은 사람은 도리어 품이 넓고 너그럽습니다.

제가 존경하는 한 목사님은 깐깐하고 목회철학이 선명했지만 품이 좁지는 않으셨습니다. 자기와 생각이 맞지 않는 사람의 말도 잘 들어 주고, 서운한 일도 마음에 담아 두지 않고 잘 털어 버리셨습니다. 실수한 사람에게도 다시 일을 맡기셨습니다. 말이 많아도 쉽게 흔들리지 않으셨습니다. 저는 그 이유가 그분의 목회철학이 선명하고, 말씀을 자기 삶의 기준으로 확고히 세워 두었기 때문이라고 생각합니다.

지금까지 우리는 예수님의 말씀을 듣고 온유함에 대해 생각해 보았습니다. 온유는 겸손으로, 관용으로, 절제로, 순종으로 나타납니다. 어떤 것에 대해 정의를 내리는 일은 중요하지만, 그것을 실제로 어떻게 살아 내야 하는가 하는 적용도 중요합니다. 우리는 온유함에 대해 파악하기 위해서가 아니라 그렇게 살기 위해 이 이야기를 나누고 있습니다. 우리의 목표는 학자가 되는 것이 아니라 배우고 깨달은 대로 살아 내는 것입니다.

그렇다면 우리는 어떻게 온유한 자가 될 수 있을까요? 우리 삶에 어떤 훈련이 필요한 것일까요? 몇 가지 구체적인 훈련 주제를 제시해 봅니다.

하나, 언제나 은혜 안에 거하십시오. 요셉의 이야기와 같이 은혜가 우리를 치유하고 넉넉하게 만듭니다. 그러므로 어떻게 하면 은혜 안에 거할 수 있는지 방법을 찾으십시오. 말씀 묵상, 기도, 예배, 교제, 훈련, 독서, 산책 등 무엇이든 좋습니다. 나를 은혜 안에 거하게 만드는 나만의 방법을 찾아야 합니다.

둘, 입술에 파수꾼을 세우십시오. 온유함의 훈련은 입술의 훈련입니다. 부드럽게 말하고, 한 번 더 생각하고 말하는 연습을 해야 합니다. 중요한 일일수록 하나님 앞에서 충분히 기도한 후 입을 여는 것이 좋습니다. 특히 사실이든 아니든 남에 대한 말은 삼가는 것이 좋습니다. 하나님은 우리가 소문의 진원지가 아니라 복음의 진원지가 되기를 바라십니다.

셋, 상대의 입장을 먼저 헤아리십시오. 우리는 본능적으로 내 입장에 밝고, 내 입장대로 말하고 행동합니다. 온유함을 배우려면 그런 태도를 내려놓고 상대방의 입장을 헤아리는 훈련을 해야 합니다.

강연에서 들은 이야기입니다. 김치찌개가 먹고 싶다는 남편의 전화를 받은 아내가 맛있는 김치찌개를 준비합니다. 기대에 찬 남편이 집에 왔는데 김치찌개에 돼지고기가 빠져 있었습니다. 돼지고기 없는 김치찌개를 어떻게 먹느냐며 남편이 짜증을 냅니다. 아내는 돼지고기가 없어서 참치를 넣었으니 일단 먹어 보라고 말합니다. 남편은 나랑 산 게 얼만데 내 식성도 모르냐고 역정을 냅니다. 아내는 살짝 화가 났지만 마음을 다스리며 오늘은 그냥 먹으라고 말합니다. 그때 남편이 결정적으로 하지 말아야 할 말을 합니다.

"우리 엄마는 항상 돼지고기를 넣어 주었어!"

마침내 마음의 평정을 잃어버린 아내도 이렇게 응수합니다.

"그럼 니네 엄마한테 가서 해 달라 그래!"

이게 다 돼지고기 하나 때문에 벌어진 일입니다. 준비한 아내의 마음을 헤아렸다면 결론은 다르게 쓰였을 것입니다. 말하고 행동하기 전에 상대방의 입장을 생각해야 합니다. 그러면 온유함에 가까이 가게 될 것입니다.

넷, 나의 약점을 찾으십시오. 죄의 쓴 뿌리가 남아 있는 우리에게는 저마다 약한 부분이 있습니다. 온유하기 어려운 이슈가 있다는 말입니다. 어떤 문제는 쉽게 용서되고 이해도 되는데, 어떤 부분은 도저히 용서가 안 되는 영역이 있습니다. 사단은 바로 그곳을 공격합니다. 그러므로 평소 내가 어떤 부분에 연약한지 생각해 보고 그것을 잘 대비해야 합니다.

사람이 머무는 은혜

온유한 사람들에게 예수님은 복을 약속하셨습니다. 그것은 어떤 복입니까? "그들이 땅을 기업으로 받을 것임이요" 온유하면 빼앗기고 손해 보고 잃어버릴 것 같은데, 예수님은 도리어 땅을 얻게 된다고 말씀하셨습니다. 빼앗기는 자가 아니라 얻는 자가 된다는 것입니다. 이 얼마나 대단한 축복입니까? 어쩌면 부동산(땅)을 선망하는 사람들이 이 복을 듣고 번쩍 귀가 열릴지도 모르겠습니다.

예수님은 땅을 얻는 비결을 가르쳐 주십니다. 땅은 싸워서 빼앗는 것이 아니라 온유를 통해 얻게 된다는 것입니다. 땅의 주인이신 하나님께서 자녀에게 땅을 기업으로 주시기 때문입니다. '기업으로 받다'로 번역된 헬라어 클레로노메오(κληρονομέω)는 '상속자로서 자기 몫을 받는다'라는 의미를 지니고 있습니다. 부모의 유산은 자녀가 거저 받는 것이지, 법정 투쟁을 해서 받아 내는 것이 아닙니다. 온유는 우리가 하나님의 자녀라는 중요한 증거 중 하나입니다. 유전자 검사를 해 보면 모든 하나님의 자녀에게서 '온유'라는 성품이 나오는 것입니다.

온유한 자가 누릴 복을 생각하니 온유의 사람 이삭이 생각났습니다. 이삭의 풍요로움을 시기한 블레셋 사람들은 그가 판 우물을 막아 버렸습니다(창 26:14~15). 그럼에도 이삭은 그들과 다투지 않고 거처를 옮겼습니다. 그러자 하나님께서 이삭이 우물을 파는 곳마다 물이 나오게 하셨습니다. 그로 하여금 더 풍족해지게 하신 것입니다.

프랑스 제국의 황제 나폴레옹(Napoléon)은 "정복하지 않는 사람은 정복당한다"라는 유명한 말을 남겼습니다. 세상은 먼저 차지하는 것이 임자라고 가르칩니다. 다투고 싸워 쟁취하라고 가르칩니다. 그러나 예수님은 온유한 자가 땅을 기업으로 받을 것이라고 말씀하십니다. 예수님은 온유와 섬김의 십자가로 세상을 이기셨습니다. 하나님의 뜻을 다 이루셨습니다. 지는 것 같앉고 실패하는 것 같았지만 그렇지 않았습니다.

얼마나 통쾌한 역설입니까? 예수님 당시 영원할 것 같았던 로마 제국은 동서로 분열되었고, 서로마는 주후 476년 오도아케르(Odoacer)에 의해 함락됩니다. 칼로 세워진 로마는 무너졌지만 하나님의 교회는 지금도 살아 있습니다. 보잘것없었던 교회는 아직도 이 땅에 서 있고, 복음은 전파되어 땅끝까지 이르고 있습니다. 세상의 권세와 무력은 사라지지만 예수님의 온유와 희생은 영원한 것입니다.

예수님은 온유한 자가 땅을 '기업으로' 받을 것이라고 말씀하십니다. 여기서 기업은 조상에게서 물려받는 유산이며, 삶의 기초가 되는 사업을 말합니다. 땅을 기업으로 주신다는 것은 단순히 부동산을 소유하게 된다는 의미를 넘어, 하나님께서 기업으로 주신 그 땅을 근거로 생명을 이어 가게 하시고, 번성하게 하시겠다는 복된 약속입니다. 더 나아가 성경에는 이런 말씀이 있습니다.

> 여호와를 자기 하나님으로 삼은 나라 곧 하나님의 기업으로 선택된 백성은 복이 있도다 시 33:12

> 내 심령에 이르기를 여호와는 나의 기업이시니 그러므로 내가 그를 바라리라 하도다 애 3:24

하나님 자신이 친히 우리의 기업이 되어 주신다는 말씀입니다. 하나님께서 우리의 삶을 책임져 주겠다고 약속하신 것입니다. 하나님 안에서 사는 우리를 번성하게 만들겠다고 약속하신 것입니다. 이렇듯 온유한 자의 삶을 하나님께서 책임져 주겠다고 약속하셨기 때문에, 저는 더욱 온유한 자가 되기를 소원합니다. 이 은혜를 놓치지 않는 우리이기를 바랍니다.

어떤 학자들은 땅을 주신다는 말씀을 두고 범죄함으로 잃어버린 땅에 대한 통치권을 회복하게 된다는 뜻으로 해석하기도 하고, 궁극적으로 우리에게 허락될 천국에 대한 약속이라고 이해하기도 합니다. 또 평안하고 안정적인 삶을 누리게 되는 축복이라고 풀이하기도 합니다. 모두가 의미 있고 옳은 해석이라고 생각합니다.

저는 다양한 해석들 중 "온유한 자는 사람을 얻게 된다"라는 해석이 인상적이었습니다. "먹는 게 남는 거다"라는 말이 있지만 저는 "사람이 남는 거다"라고 생각합니다. 귀한 사람을 만나 교제하고 마음을 나누는 것이 참으로 소중하고 감사한 일임을, 나이가 들수록 더욱 절실히 느낍니다. 그러므로 하나님이 온유한 자에게 주시는 땅에는, 좋은 사람과 함께 교제하는 시공간도 포함될 것입니다. 살면서 만나게 되는 좋은 사람들 역시 하나님이 주시는 기업이라는 것입니다.

누가 사람을 기업으로 얻게 됩니까? 온유한 자입니다. 온유한 자는 존경받고 사랑받게 됩니다. 온유함이 없으면 가족의 마음조차 얻지 못할 수 있습니다. 사람을 얻게 되는 것, 그것은 온유한 자가 누리는 큰 은혜 중 하나입니다. 온유한 사람 곁에는 사람들이 찾아올 뿐 아니라 머물게 됩니다. 한 번 찾아오는 것보다 머무르는 것이 중요합니다. 한 번 찾아오는 것은 은혜이지만, 머무르게 하는 것은 실력입니다. 따라서 온유함은 실력입니다.

　모든 말씀이 그러하지만, 팔복은 더욱 나를 살피게 하는 말씀입니다. 이 말씀을 묵상하며 온유함에 대한 새로운 이해가 열리길 바랍니다. 전보다 더 온유함을 귀히 여기며 간절히 구하기를 바랍니다. 온유하신 예수님처럼 우리가 모두 온유한 사람이 되어 하나님이 주신 기업을 누릴 수 있기를 소망합니다.

CHAPTER 6

주림의
복 ①

의에 주리고 목마른 자는
복이 있나니

의에 주리고 목마른 자는 복이 있나니 그들이 배부를 것임이요

마5:6

"의에 주리고 목마른 자는 복이 있나니"라는 말씀을 읽을 때, 의문문이 아님에도 불구하고 "너는 무엇에 주리고, 무엇에 목마른 사람이냐?"를 예수님이 묻고 계신 것처럼 들렸습니다. 예수님이 그렇게 물으신다면 나의 대답은 무엇이겠습니까? 나는 무엇에 주리고 무엇에 목마른 사람입니까?

모든 인간은 무엇인가에 목말라하고 배고파하며 삽니다. 나의 목마름과 배고픔은 "내가 추구하는 것이 무엇인가?"라는 질문에 대한 대답이기도 합니다. 나의 목마름과 배고픔이 내 인생의 목표, 나의 가치관과 깊은 관계를 맺고 있다는 뜻입니다.

예수님은 이 네 번째 복을 통해 지금 우리가 목말라하고 배고파하는 것, 추구하고 갈망하는 것들이 과연 옳은 것인지 아닌지 고민해 보기를 원하십니다. 우리의 생각이 짧고 어리석어서 구하지 않고 있지만, 반드시 구해야 하는 중요한 것이 무엇인지를 가르쳐 주고 싶으신 것입니다. 그것이 진정한 복이기 때문입니다.

"지금은 몰라도 커 보면 안다. 부모가 되어 보면 알 거야."

어른들로부터 많이 들어 본 말입니다. 인간도 이러한데, 모든 것을 아시고 영원을 내다보시는 하나님께서는 얼마나 많은 것들을 우리에게 알려 주고 싶으실까요? 말해 주어도 듣지 않고, 보여 주어도 깨닫지 못할 때에는 얼마나 안타깝고 답답하실까요? 사랑하지 않았다면 안타까워하지도 않으셨을 것입니다. 제 맘대로 살든 말든 관심이 없으셨을 것입니다. 그러나 듣지 않는 자들에게 계속해서 말씀하시는 하나님의 마음은 사랑이요 안타까움입니다. 만약 우리가 그러한 하나님의 마음을 조금이라도 느낄 수만 있다면, 우리는 말씀을 귀히 여길 것입니다.

"왜 알려 주지 않으셨습니까? 왜 말해 주지 않으셨어요? 그랬다면 제가 그렇게 살지는 않았을 거예요. 오랜 세월 헛된 것을 추구하지 않았을 겁니다"라고 말한다면 하나님은 이렇게 대답하실 것입니다. "다 말해 주었다. 네가 듣지 않았을 뿐이야. 네가 거절했을 뿐이다." 그러니 팔복의 말씀을 흘려듣지 않길 바랍니다. 나를 향한 하나님의 음성으로 듣기를 바랍니다.

본문에서 '주리다'로 번역된 헬라어 페이나오(πεινάω)는 시장기를 느끼는 정도가 아니라 탈진한 상태, 고통스러울 정도로 극심한 배고픔을 의미합니다. 무엇인가를 열렬히 갈망하는 마음을 뜻하기도 합니다. '목마르다'로 번역된 헬라어 딥사오(διψάω) 역시 견딜 만한 갈증이 아니라 목이 타들어 가고 혀가 입천장에 붙는 듯한 극심한 목마름을 의미합니다. 무엇인가를 갈급해하는 마음을 뜻하기도 합니다. 그러므로 예수님이 말씀하시는 주림과 목마름은 생명이 꺼져 가는 상황에서 느끼는 물과 음식에 대한 절실한 갈급함입니다. 예수님은 의에 대해 그 정도의 주림과 갈증을 느끼는 자가 복이 있다고 말씀하고 계신 것입니다.

나는 무엇에 목마른가

이 말씀을 보면서 '과연 우리 중에 누가 이 예수님의 말씀에 해당되겠는가?'라는 걱정이 들었습니다. 물론 누군가의 신앙 깊이나 성숙 정도를 제가 함부로 판단할 수는 없을 것입니다. 하지만 상당수 그리스도인이 하나님의 의에 대해 이 정도로 굶주리고 목마르지 않은 것이 사실입니다. 일주일 동안 말씀을 단 한 장도 읽지 않아도 영적인 배고픔을 전혀 느끼지 못하는 사람도 있고, 하나님을 거의 생각하지 않고 살아도 하나님과의 교제에 목마름을 느끼지 않은 사람도 있습니다.

'의'에 대해 타는 듯한 주림과 갈증을 느끼는 사람이 흔치 않을 것 같다는 생각이 듭니다. 성경은 사람이 떡으로만 살지 않는다고 말하지만(마 4:4), 우리에게는 여전히 떡이 더 중요합니다. 저 역시도 예수님의 기대, 그 근처에도 미치지 못합니다. 그런데 예수님은 그 정도로 강렬하게 하나님의 의를 갈망하는 사람이 복이 있다고 말씀하십니다. '너희가 나의 제자라면, 천국의 백성이라면, 그 정도로 하나님의 의를 사모하고 갈망해야 한다'는 것입니다. 이러한 예수님의 말씀이 어떻게 들리십니까?

우리는 잘못된 것을 갈망하며 사는 경우가 많습니다. 그래서 헛된 것에 목숨을 걸고, 사소한 일에 집착하고, 그러다 상처를 주고받기도 합니다.

어떤 사람은 인정을 갈망합니다. 그것이 생의 목표입니다. 그러다 보니 기대한 만큼 남들이 알아주고 인정해 주지 않으면 쉽게 상처를 받습니다. 반대로 남들이 조금만 추어주어도 교만해지기 쉽습니다.

어떤 사람은 물질을 갈망합니다. 그래서 인생을 거기에 바치다 보니 신앙생활은 제대로 하지 못합니다. 헌신하지도 못합니다. 헌신할 줄 모르는 신앙은 안타까운 신앙입니다. 원하는 물질을 얻고 난 뒤 잃어버린 것이 너무 많아 후회하기도 합니다.

어떤 사람은 명예를 갈망합니다. 그러나 막상 얻고 나면 허망하기도 하고, 명예를 얻기까지 소중한 것을 너무 많이 잃어버렸다는 사실을 뒤늦게 깨닫기도 합니다.

어떤 사람은 성공을 갈망합니다. 자신의 성공이든 자녀의 성공이든 마찬가지입니다. 성공하는 것 자체야 나쁠 것이 없지만, 거기에 모든 것을 거는 것은 잘하는 일이 아닙니다. 그러다 정작 인생에서 가장 중요한 것은 놓쳐 버리고 말 수도 있기 때문입니다.

그렇다면 나에게는 어떤 갈망이 있습니까? 그 주림과 갈증이 채워지면 진정으로 만족할 수 있는 복된 갈망입니까? 아니면 채우고 채워도 결국 허망해지는 헛된 갈망입니까?

성경에는 잘못된 갈망 때문에 끝이 나빴던 사람들의 삶이 기록되어 있습니다. 돈을 사랑한 어리석은 부자(눅 12:21), 세상을 사랑하여 세상으로 떠나간 데마(딤후 4:10), 정치인으로서 명예와 지위를 지키고자 예수님을 내주었던 본디오 빌라도(요 19:12), 바나바처럼 인정받고 싶은 욕심에 성령을 속인 아나니아와 삽비라(행 5:9). 이런 이들을 우리 주변에서도 쉽게 찾아볼 수 있습니다. 그러므로 본문이 우리에게 던지는 '나는 무엇을 갈망하는가'라는 질문에 대한 대답은 너무나 중요합니다.

만약 이 질문에 대답하기 어렵다면 내가 무엇을 기뻐하고, 무엇에 분노하는지를 살펴보십시오. 최근에 화를 내거나 상처를 받았던 기억이 있습니까? 무엇 때문인가요? 바로 그것이 내가 무엇에 목마른 사람인지를 말해 줄지도 모릅니다. 최근에 기뻐했던 기억이 있습니까? 어떤 일로 기뻐했습니까? 그 이유가 내가 무엇에 굶주린 사람인지를 보여 줄지도 모릅니다. 혹여 잘못된 갈망이 있음을 깨닫게 되었다면, 이제는 바꾸어야 합니다. 또 주님이 원하시는 갈망이 나에게 있다면 감사하며 그 길을 계속 가면 됩니다.

하나님 성품으로서의 의

예수님은 다른 무엇이 아니라 의에 주리고 목말라야 한다고 말씀하십니다. 우리가 의를 추구해야 한다는 말씀입니다. 그렇다면 여기서 말하는 '의'는 어떤 것일까요? 본문에는 의에 대한 추가 설명이 없기 때문에, 한마디로 정의하기는 어렵습니다. 그러나 성경 전체와 팔복이라는 텍스트 안에서 몇 가지 해석을 할 수 있습니다.

먼저 우리가 추구해야 할 의는 '성품적 의', 곧 하나님 성품으로서의 의로움입니다. 이 의는 세상의 도덕이나 상황에 따라 변하는 의가 아닌 하나님으로부터 기원하는 의로움입니다. 이를 신학적으로 '하나님의 역동적 속성'이라는 이해하기 어려운 말로 표현하기도 하는데, 쉽게 말해 하나님의 성품이라고 이해해도 좋을 것 같습니다.

하나님의 자녀인 우리는 아버지의 의로우심 닮기를 갈망하고 소원해야 합니다. 부모의 좋은 성품을 자녀가 닮고 싶어 하고, 나도 아버지처럼 되고 싶다고 생각하는 것은 지극히 당연한 일 아니겠습니까? 하늘 아버지의 좋은 것을 닮고 싶다는 소원이 우리에게 있는 것이 정상입니다. 몇몇 사람들에게만 해당되는 일이 아니라 하나님의 자녀라면 누구에게나 이런 마음이 생긴다는 뜻입니다.

국어사전은 의(義)를 '사회적 인간으로서 지켜야 할 올바른 도리, 양심에 비추어 부끄러움이 없는 도덕적 원칙, 실정법 또는 자연법을 어기지 않는 도덕적 원칙' 등으로 정의합니다. 세상이 말하는 의란 올바른 것이며, 윤리적이고 도덕적인 기준을 의미합니다.

문제는 세상이 말하는 의가 상대적이라는 것입니다. 기준이

명확하지 않습니다. 한 시대에 의로 평가된 생각과 행동이, 다음 시대에는 그렇지 않은 것으로 바뀔 수도 있습니다. 그러니 어쩌면 이 세상의 윤리는 다수결의 윤리인지도 모르겠습니다.

"이것이 옳다고 생각하는 사람은 손을 들어 주시기 바랍니다. 네, 감사합니다. 과반수 이상이 찬성하셨으므로 오늘부터는 이것을 의로 여기겠습니다."

정치인들이 사회의 법을 제정할 때 절대적인 진리에 기준을 두는 것이 아니라 사람들의 생각과 자신들의 안위를 고려하고, 그런 것들에 영향을 받지 않겠습니까? 세상의 의는 시대의 흐름과 유행에 맞추어 옷을 갈아입기도 합니다. 동성애 문제에 대한 생각의 변화를 보십시오. 혼전 순결에 대해 젊은이들과 이 시대의 생각들이 어떻게 변하고 있는지를 생각해 보십시오. 10~20년 사이에 의의 기준, 도덕적 기준이 얼마나 달라졌는지를 생각해 보십시오. 아예 법 자체가 사라져 버린 것도 많습니다. 전에는 다수가 허용하지 않았기 때문에 죄로 여겼지만, 지금은 대다수가 그렇게 하고 있기 때문에 더 이상은 죄가 아니라고 판단하는 것입니다.

이것이 이 세상의 의가 아닙니까? 그러므로 세상은 날마다 정의를 외치고 있음에도 불구하고 불의합니다. 정치인들은 선거 때만 되면 정의를 구현하겠다고 공약하지만, 그들 자신이 비리의 온상이 되고 맙니다. 세상의 의는 공평하지도 바르지도 않은 것입니다.

그러나 하나님의 자녀가 주리고 목말라하는 의는 세상이 말하는 의와는 전혀 다릅니다. 우리가 갈망하는 의는 하나님 아버지의 성품으로서의 의로움이기 때문입니다.

> 하나님은 반석, 하시는 일마다 완전하고, 그의 모든 길은 올곧다. 그는 거짓이 없고, 진실하신 하나님이시다. 의로우시고 곧기만 하시다. **신 32:4, 새번역**

> 그는 이 영광과 덕으로 귀중하고 아주 위대한 약속들을 우리에게 주셨습니다. 그것은 이 약속들로 말미암아 여러분이 세상에서 정욕 때문에 부패하는 사람이 되는 것이 아니라, 하나님의 성품에 참여하는 사람이 되게 하시려는 것입니다. **벧후 1:4, 새번역**

하나님은 의로우신 분이십니다. 하나님은 그 의로운 성품에 우리가 참여할 수 있도록, 또 참여시키기 위하여 우리를 구원하고 자녀 삼아 주셨습니다. 썩어질 것에 주리고 목말라하는 인생을, 하나님의 성품을 닮은 자가 되게 하는 것이 아버지의 뜻이라는 것입니다. 그렇다면 하나님의 자녀가 된 사람이라면 누구나 아버지의 성품이요 본질 중 하나인 '의'를 구해야 하지 않겠습니까? 하나님의 의로우심을 우리도 닮아야 하는 것 아니겠습니까? 예수님은 그런 갈망을 가진 자가 복이 있다고 말씀하십니다.

하나님을 닮는다는 것

하나님의 의로우심을 닮아야 한다고 할 때, 우리에게는 한 가지 질문이 생깁니다. 바로 우리가 닮아야 할 하나님 성품으로서의 의란 구체적으로 어떤 모습인가 하는 것입니다. 이와 관련하여 네 가지만 나누겠습니다. 바로 절대성, 공평함, 거룩성, 자비함입니다.

하나, 하나님의 의는 절대적입니다. 세상의 의는 시대에 따라 사람에 따라 이리저리 요동하지만, 하나님의 의는 변하지 않는 절대적인 의입니다.

> 공의로 세계를 심판하심이여 정직으로 만민에게 판결을 내리시리로다 시 9:8

하나님은 의의 절대 기준이십니다. 무엇이 의로운지 의롭지 않은지를 판단하는 유일한 재판장이신 것입니다.

이러한 하나님의 절대적인 의를 우리가 갈망하고 닮는다는 것은 무엇을 의미할까요? 당연히 죄인인 우리가 하나님처럼 절대적인 의를 소유하거나, 감히 심판자가 될 수 있다는 뜻은 아닙니다. 하나님 외에 그 누구도 의의 기준점이 될 수 없고, 그 누구도 심판자나 재판장이 될 수는 없습니다.

저는 죄인인 우리가 하나님의 절대적인 의를 목말라하고 또한 그분의 의로우심을 닮기 원하는 것은 오직 하나님만이 의의 기준이시며 심판자이심을 겸손히 인정하는 태도라고 생각합니다. 또한 사람의 말이나 세상의 풍조가 아닌 하나님의 의로우신 말씀을 우리 삶의 절대적인 기준으로 삼고 사는 삶을 의미한다고 생각합니다. 그러므로 어떤 사람이 절대적인 하나님의 의에 주리고 목마른 사람일까요? 하나님의 주권을 인정하며 순종하고, 자기 삶의 기초와 기준을 의로우신 하나님 말씀에 두는 사람입니다.

둘, 하나님의 의는 공평합니다. 빈부귀천, 남녀노소에 따라 변하지 않습니다. 강자 앞에서는 약하고 약자 앞에서는 강한 이랬다저랬다 하는 의가 아닙니다.

미국에서 나고 자란 아이들이 자주 하는 말이 있습니다. "It's unfair(불공평해)!" 제 딸도 어느 순간부터 그 말을 하기 시작했었습니다. 누군가가 나를 공평하게 대하지 않는다면 어떤 기분이겠습니까? 공평하지 않은 의가 의일 수 있겠습니까? 그런데 세상의 의는 공평하지 않고 어그러져 있습니다. 세상의 법은 돈과 권력 앞에서 굴복합니다.

곧 예수 그리스도를 믿음으로 말미암아 모든 믿는 자에게 미치는 하나님의 의니 차별이 없느니라 롬 3:22

우리가 갈망하고 닮아야 할 하나님의 의는 공평합니다. 하나님이 선하시고 온유하시며 공평하신 분이기 때문입니다. 이방 신들과 왕들은 변덕스러웠습니다. 자기 멋대로, 기분이 내키는 대로 판단했고 부당한 요구를 했습니다. 그러나 하나님의 의는 공평합니다. 차별이 없습니다. 자녀인 우리는 아버지의 의로

우심을 닮아야 합니다. 인간적인 감정과 편견으로 판단하고 정죄하는 불의한 삶이 아니라, 공평하고 공정한 하나님의 의를 소유해야 하는 것입니다.

셋, 하나님의 의는 거룩합니다. 죄에 대해 분노하며 죄를 멀리하는 것입니다. 하나님은 거룩한 분이십니다. 우리가 사랑의 하나님을 강조하다 보면 그분이 죄를 싫어하시고 증오하시는 거룩한 하나님이심을 잊을 때가 많습니다. 하지만 성경은 이렇게 선언합니다. "하나님은 의로우신 재판장이심이여 매일 분노하시는 하나님이시로다"(시 7:11)

하나님은 의로우신 재판장으로서 악에 대해 매일 분노하십니다. 악인에게 그 책임을 물으십니다. 의에 주리고 목마르다는 것은 우리도 하나님처럼 죄를 싫어해야 한다는 뜻입니다. 죄를 증오하고 멀리하는 것, 그것이 의에 주리고 목마른 자의 모습인 것입니다. 내 자존심과 명예 때문에 화를 내는 것이 아니라, 죄와 악을 미워하기 때문에 분노해야 합니다. 세상이 불의로 가득 찬 것을 보며 화를 내야 합니다. 우리 아버지께서 거룩하신 것처럼 거룩함을 추구해야 하는 것입니다. 이것이 하나님의 의로 우심을 닮는 것입니다.

넷, 하나님의 의는 자비합니다. 하나님은 높고 엄격한 기준을 따라 차갑게 심판하시고 벌만 주시는 분이 아닙니다. 하나님은 언제나 우리에게 사랑과 자비를 베풀고 계십니다. 하나님의 의로우심이 사랑과 자비로 나타난 것이 바로 '십자가'입니다. 그리스도의 십자가로 죽기까지 우리를 사랑하시고 자비를 베풀어 주신 것입니다.

그러므로 우리가 닮아야 할 하나님의 의는 사랑으로 감싸진 의로움입니다. 비판하고 정죄하여 죽이는 의로움이 아니라 살려 내고 회복시키는 의로움입니다. 세상이 말하는 정의와는 그 목적과 모습이 전혀 다른 것입니다. 이것이 세상의 의와 하나님의 의의 결정적이며 가장 큰 차이입니다.

갈망하고 구하라

절대성, 공평함, 거룩성, 자비함. 성경은 이러한 하나님의 의로우신 성품을 구하고 갈망함으로 신의 성품에 참여하는 자가 되라고 명령합니다(벧후 1:4). 하나님의 의는 절대적이며, 공평하고, 거룩하며, 자비합니다. 이러한 의에 주리고 목마른 자녀가 되라고 우리에게 말씀하십니다.

교회는 우리가 아버지라 부르는 하나님의 의로우심을 갈망해야 합니다. 그래야만 세상의 빛과 소금이 될 수 있습니다. 기도 때마다 빛과 소금이 되게 해 달라고 기도하고, 올해의 표어로 정한다고 되는 일이 아닙니다. 교회 이름을 '빛과소금교회'로 바꾼다고 되는 일도 아닙니다. 도리어 삶이 그 이름에 걸맞지 않으면 더 부끄러울 뿐입니다. 이름은 중요하지만, 이름에 걸맞은 삶이 더 중요합니다.

"너는 무엇에 주리고 목마른 사람이냐? 네가 갈망하는 것은 무엇이냐?"

만약 예수님이 이렇게 물어보신다면 무엇이라 대답하겠습니까? 예수님은 잘못되고 허망한 주림과 갈증을 버리고, 이제 하나님의 의로우심을 배고파하고 목말라해야 한다고 말씀하십니다. 그것도 적당히 원하는 것이 아니라 기근에 굶주린 사람처럼 간절히 바라고 소원해야 한다고 말씀하십니다.

우리가 주리고 목말라해야 할 의는 하나님 성품으로서의 의입니다. 그 의는 절대적이고, 공평하며, 거룩하고, 자비합니다. 하나님의 자녀들은 그 의를 깊이 묵상하며 알아 가야 합니다. 하나님의 성품을 닮아 가려면 먼저 그것이 무엇인지 알아야 하기 때문입니다. 하나님에 대해 배우고 묵상하고 연구하는 일을 일평생 멈출 수 없는 이유입니다.

경험해 보지 못하고, 알지 못하는 하나님을 진심으로 찬양할 수는 없습니다. 찬양은 성악가가 아닌 하나님을 아는 사람의 입에서 나오는 것입니다. 기도는 하나님을 아는 깊이만큼 깊어질 수 있는 것입니다.

하나님의 의에 주리고 목말라하는 사람, 아버지의 의로운 성품을 닮고자 하는 사람은 내 아버지가 어떤 분이신지를 알고자 합니다. 내가 어떤 분의 자식인지 궁금해야 합니다. 그러므로 의에 대한 갈망은 결국은 하나님에 대한 갈망이라고 저는 생각합니다. 그래서 모든 기도는 하나님을 갈망하고 하나님을 구하는 것으로 끝나게 되어 있습니다.

CHAPTER 7

주림의
복 ②

배부를 것임이요

무엇인가를 배울 때는 좋은 질문을 던져야 합니다. 질문은 스승으로부터 많은 것을 얻도록 만드는 도구이며 학습자를 더욱 능동적으로 만드는 동력입니다. 그래서 좋은 질문을 가진 학생은 더 많은 것을 배울 수 있습니다.

말씀을 깊이 묵상하고 이해하려면 바른 질문을 던져야 합니다. 질문은 우리로 하여금 깊이 생각하게 만듭니다. 충분히 깊게 생각할 때, 성령 하나님께서 깨달음을 주십니다. 좋은 질문은 좋은 관점을 줍니다. 그래서 핵심을 파악하고 이해하는 데 유익합니다. 말씀을 읽고 묵상하는 과정에서 좋은 질문을 던지는 것은 묵상의 불을 지피는 일이며, 깨달음을 향한 여정을 시작하는 것과도 같습니다.

마태복음 전체의 주제는 '왕이신 그리스도'로 정리할 수 있습니다. "예수 그리스도는 유대인들의 왕이실 뿐 아니라, 만국의 왕이시다!" 이것이 마태가 기록한 복음서의 핵심 주제입니다. 그렇다면 우리는 이런 질문을 던져 볼 수 있습니다.

"그리스도께서 왕이신 나라는 어떤 법과 질서로 움직이는 나라일까? 그 나라의 백성들은 어떤 사람들일까?"

산상수훈은 바로 그 질문에 대한 예수님의 대답입니다. 산상수훈은 그리스도께서 왕으로 다스리시는 그 나라의 법과 질서는 어떠한지, 또한 그 나라 백성들의 삶과 성품은 어떠한지를 묘사하고 있는 것입니다. 팔복은 그중에서도 핵심적인 말씀입니다. 그런데 팔복을 읽으며 이런 질문이 생깁니다.

"팔복의 진리들은 하나님의 나라에 들어가는 방법에 대한 말씀입니까? 아니면 이미 그 나라에 들어간 사람들이 어떻게 살아야 하는지에 대한 말씀입니까?"

하나님의 나라에 들어가기 위해서 팔복을 지키라는 것인지, 아니면 하나님의 나라에 이미 참여했으니 팔복을 지키라는 것인지를 궁금해하는 것입니다. 저는 둘 다 맞는 말이라고 생각합니다. 팔복은 하나님 나라에 들어가기 원하는 사람이 지켜야 할 도리인 동시에 하나님 나라의 백성 된 자로서 가져야 할 성품입니다.

찔림과 부끄러움

우리는 행위가 아니라 오직 십자가의 은혜로만 구원받습니다. 하나님의 나라에 들어가기 위해 다른 조건이나 인간의 공로는 필요하지 않다는 말입니다. 따라서 팔복은 구원의 조건이 아닙니다. 팔복은 이미 하나님 나라에 들어간 자들, 구원받은 하나님의 백성들이 갖추어야 할 예수님의 성품임이 분명합니다.

하지만 은혜로 구원을 받는다고 해서, 그리스도인들의 삶이 팔복과 거리가 멀어도 아무 문제가 없다고 말할 수 있을까요? 하나님 앞에서 자신을 낮추지 않는 사람, 죄에 대한 애통함이 전혀 없는 사람, 교만하고 뻣뻣하여 온유하지 않은 사람도, 믿음만 있으면 하나님의 나라에 들어갈 수 있다고 말할 수 있느냐는 말입니다.

"나는 지금도 악한 생각을 하고 악한 일을 행하지만, 예수님을 따르지도 않고 말씀에 순종할 마음도 전혀 없지만, 예수님을 믿기 때문에 천국 백성이야. 구원은 행위가 아니라 믿음으로 받는 거야!"

이런 주장을 할 수 있느냐는 말입니다. 저는 그가 믿는 하나님은 어떤 하나님인지 묻고 싶습니다. 하나님께서 기뻐하지 않는 일을 행하고 여전히 세속적이며 삶이 변화되지 않고 있음에도 불구하고, "나는 예수를 믿기 때문에 구원받은 사람이야. 행위가 아니라 오직 믿음으로만 구원받는 거야"라고 말하는 사람에게 신앙이란 도대체 무엇일까요?

야고보서는 이렇게 말합니다.

14내 형제들아 만일 사람이 믿음이 있노라 하고 행함이 없으면 무슨 유익이 있으리요 그 믿음이 능히 자기를 구원하겠느냐 17이와 같이 행함이 없는 믿음은 그 자체가 죽은 것이라 22네가 보거니와

믿음이 그의 행함과 함께 일하고 행함으로 믿음이 온전하게 되었느니라 약 2:14, 17, 22

팔복은 이미 하나님 나라에 들어간 사람들의 성품에 대한 말씀임이 분명하지만, 한편으로 하나님의 나라에 들어가기 위한 지침서인 것처럼 읽어야 한다고 저는 생각합니다. 여기서 주의할 필요가 있습니다. 우리는 지금 행위 구원을 논하는 것이 아닙니다. 십자가의 은혜로 받는 구원을 값싸고 가볍게 만들어서는 안 된다는 말입니다.

행위는 우리의 믿음과 구원이 드러나는 방편입니다. 천국 백성에게는 반드시 말과 삶에 변화가 나타납니다. 경건의 모양만이 아니라 경건의 능력이 생깁니다(딤후 3:5). 은혜가 우리를 예전처럼 살도록 내버려두지 않기 때문입니다. 주님께서 주신 새 생명은 죄를 이길 수 있습니다. 그러니 "행함이 없는 믿음", 변화 없는 믿음은 죽은 것이 맞습니다.

팔복을 이미 천국을 확보한 사람들을 위한 말씀으로만 읽을 때의 문제는, 해도 그만 안 해도 그만인 선택 사항으로 전락할 수 있다는 것입니다. 나는 이미 구원을 확보한 사람이기 때문에 애써 노력하고 수고할 필요가 없다는 것입니다. 기도도, 훈련도, 영적 성장과 헌신도 필요 없다는 것입니다. 이미 구원을 받았으니까요.

이는 완전히 잘못된 생각입니다. 은혜를 입은 거듭난 그리스도인의 마음에는 새로운 영적 갈망이 생기기 때문입니다. 예수님의 말씀을 들을 때 찔림을 받고 애통함을 갖게 됩니다. 우리는 모두 예수님의 기준과 기대에 미치지 못하기 때문입니다.

팔복의 말씀에 비추어 그렇지 못한 내 모습을 볼 때는, 찔리기도 하고 부끄럽기도 해야 합니다. 그 찔림과 부끄러움은 내가 하나님의 자녀라는 증거입니다. 행위로 구원받을 수는 없지만, 주신 말씀을 따르고자 하는 의지와 수고가 있어야 합니다. 이 땅을 사는 동안 예수님과 똑같이 되지는 못하겠지만, 날마다 예수님을 바라보고 하늘의 복을 구하며 사는 자가 천국 백성이라고 예수님께서 말씀하고 계시기 때문입니다.

> 의에 주리고 목마른 자는 복이 있나니 그들이 배부를 것임이요
>
> 마 5:6

우리가 주리고 목말라해야 하는 의는 하나님 자녀로서 그분을 닮아야 하는 '성품적 의'라는 사실을 묵상했습니다. 우리는 죄인이기에 거룩하신 하나님의 의와는 거리가 너무나 멀지만, 그럼에도 아버지의 의로우심을 갈망하고 추구하고 닮아 가야 합니다.

하나님의 자녀인 우리가 아버지의 성품을 제대로 드러내지 못한 것, 곧 의롭지 못한 것은 복음 증거의 큰 장애물이 되고 있습니다. 한국 교회의 사회적 신뢰도에 대한 여론 조사들이 그 사실을 증명합니다. 기독교의 신뢰도가 낮게 나오리라는 것은 어느 정도 예상되는 일이었지만, 사회봉사를 가장 적극적으로

하는 종교가 기독교라는 결과는 뜻밖이었습니다. 사람들은 사회봉사를 가장 적극적으로 하는 종교가 기독교라고 응답했습니다.* 사회에 가장 도움이 되는 봉사와 섬김을 하는 종교도 기독교라는 결과가 나왔습니다.** 세상이 아직도 교회를 그렇게 바라보고 있음이 감사했습니다.

그럼에도 불구하고 기독교를 향한 사람들의 신뢰도는 가장 낮았습니다. 결과가 이상하다고 생각하지 않습니까? 교회가 하는 봉사와 섬김은 인정하지만, 그리스도인들의 삶과 교회의 도덕성은 신뢰할 수 없다는 것입니다. 가장 큰 이유는 그리스도인들이 언행일치가 되지 않기 때문이라고 답했습니다. 응답자들이 경험해 본 그리스도인 중에 의롭지 않고, 양심적이지 않은 사람이 많았다는 말입니다.

복음을 전하기 위해서는 하나님의 의로우심을 더욱 갈망하고 닮아야 합니다. 우리는 이 네 번째 복을 갈망해야 하는 시대를 살고 있는 것입니다. 부족하고 허물 많은 우리이지만, 소원하고 갈망할 때 좋으신 주님께서 이 은혜를 주시리라 믿습니다.

회복된 관계

성경에는 '의'에 대한 다양한 의미가 담겨 있습니다. 앞에서는 '성품적 의'에 대해서 살펴보았는데, 이제 의의 또 다른 차원

---

* 사회봉사를 가장 적극적으로 하는 종교는? 개신교 41.3% 가톨릭 32.1% 불교 6.8%
** 사회에 가장 도움이 되는 봉사를 하는 종교는? 개신교 35.7% 가톨릭 29.3% 불교 13.2%

인 '관계적 의'에 대해 생각해 보려고 합니다.

> 내가 여호와로 말미암아 크게 기뻐하며 내 영혼이 나의 하나님으
> 로 말미암아 즐거워하리니 이는 그가 구원의 옷을 내게 입히시며
> 공의의 겉옷을 내게 더하심이 신랑이 사모를 쓰며 신부가 자기 보
> 석으로 단장함 같게 하셨음이라 사 61:10

이사야서를 비롯해서 성경 곳곳에서 의와 구원은 서로 연결
되고, 때로는 동등하게 여겨집니다. 그래서 "의에 주리고 목마
른 자"라는 표현을 "구원에 주리고 목마른 자"로 바꾸어 읽어도
된다고 말하는 학자도 있습니다. 구원이 곧 의라는 것입니다.

> 이제는 율법 외에 하나님의 한 의가 나타났으니 율법과 선지자들
> 에게 증거를 받은 것이라 롬 3:21

로마서가 말하는 이 세상에 나타난 하나님의 의는 십자가로
말미암는 구원의 은혜입니다. 따라서 의는 하나님과의 바른 관
계를 의미하며, 오직 십자가의 복음으로만 얻을 수 있습니다.
즉 우리는 하나님과의 바른 관계로서 의를 갈망해야 하는 것입
니다.

'구원'이라는 말을 어떻게 이해하고 있습니까? 단지 지옥에
갈 존재가 천국에 가게 되었다는 설명만으로는 충분하지 않습
니다. 구원은 사망에서 생명으로 옮겨진 것을 넘어 하나님의 원

수였던 우리가 하나님과 화목하게 된 것을 의미합니다. 원수 된 관계가 화목한 관계로, 깨어진 관계가 이어진 관계로, 어긋난 관계가 올바른 관계로 새롭게 된 것이 바로 구원입니다. 성경은 이렇게 말합니다.

> 20… 너희는 하나님과 화목하라 21하나님이 죄를 알지도 못하신 이를 우리를 대신하여 죄로 삼으신 것은 우리로 하여금 그 안에서 하나님의 의가 되게 하려 하심이라 고후 5:20~21

> 9여호와 하나님이 아담을 부르시며 그에게 이르시되 네가 어디 있느냐 10이르되 내가 동산에서 하나님의 소리를 듣고 내가 벗었으므로 두려워하여 숨었나이다 창 3:9~10

인간이 하나님을 거역하고 범죄했을 때, 하나님과의 친밀한 관계는 완전히 깨어졌습니다. 그래서 죄인은 하나님을 두려워하고 피하고 숨습니다. 물론 죄인인데도 하나님을 두려워하지 않는다면, 그것은 양심이 마비된 것이니 더욱 두려운 일일 것입니다.

인간은 언제 행복할까요? 물질, 명예, 권력, 지식과 같은 것들을 얻었을 때일까요? 그런데 신문지상에 오르내리는 수많은 사건 사고들을 보면 그렇지 않은 것 같습니다. 가졌으나 불행하고, 더 가지려 하다 악을 행합니다.

모든 것이 허용되었던 아담과 하와는 유일하게 금지된 선악

과마저 소유함으로 완전하고 행복하게 될 수 있다고 믿었습니다. 그들은 자기 뜻대로 살고 싶었습니다. 그것이 자유롭고 행복한 삶이라고 생각했습니다.

그러나 그들은 불행해졌습니다. 인간의 행복과 안전은 하나님과 올바른 관계를 맺을 때 주어지기 때문입니다. 인간은 하나님과 바른 관계 안에 있을 때만 행복할 수 있습니다. 하나님과의 바른 관계, 하나님과의 화목한 관계, 그것이 성경이 말하는 의입니다. 그러므로 하나님과의 화목을 구하는 것이 의에 주리고 목마른 것입니다.

의에 주리고 목마른 자는 하나님과 원수 된 자신에 대해 애통하는 사람입니다. "이 사망의 몸에서 누가 나를 건져 내랴"(롬 7:24) 탄식하며 구원을 갈망하는 사람입니다. 나의 죄와 잘못으로 인해 깨어진 하나님과의 친밀한 관계를 회복하고, 아버지와 동행하는 삶을 살기를 갈망하는 사람, 그 사람이 바로 의에 주리고 목마른 자인 것입니다.

사도행전 16장에는 바울과 실라가 복음을 전하다 옥에 갇힌 장면이 나옵니다. 두 사람이 찬송하고 기도할 때, 지진이 일어났고 모두가 두려움에 떨었습니다. 그 상황에도 태연했던 바울과 실라를 본 간수는 자신도 구원 얻기를 갈망했습니다.

> 30그들을 데리고 나가 이르되 선생들이여 내가 어떻게 하여야 구원을 받으리이까 하거늘 31이르되 주 예수를 믿으라 그리하면 너와 네 집이 구원을 받으리라 하고 행 16:30~31

"내가 어떻게 하여야 구원을 받으리이까" 간수에게 있었던 이 목마름, 구원을 갈망하고 하나님과의 관계 회복에 목마름이 있는 사람이 복 있는 사람입니다. 바울은 구원을 받는 방법은 주 예수를 믿는 것이라고 그에게 답합니다. 오직 십자가의 보혈이 죄를 깨끗이 씻어 주기 때문입니다.

우리는 하나님의 의의 옷이 나에게 입혀지기를 갈망해야 합니다. 하나님과 서먹하고 어색한 관계가 아니라 친밀한 관계, 날마다 동행하는 관계가 되기를 간절히 소원해야 합니다. 바로 그것이 의에 주리고 목마른 것입니다.

하나님과의 관계 회복, 그것은 우리의 수고와 노력으로 얻을 수 있는 것이 아닙니다. 하나님께서 불쌍히 여겨 주시기를 간구해야 합니다. 그때 우리는 회복의 은혜를 경험하며 하나님과 동행하는 기쁨을 누리게 됩니다. 그 은혜를 아는 사람이 구원받은 사람입니다. 그 기쁨을 아는 사람이 그리스도인입니다. 그리고 그런 사람들이 모여 더욱 친밀한 사귐과 교제를 나누는 곳이 교회입니다.

그 뜻대로 행하는 삶

아더 핑크는 의에 주리고 목마르다는 것은 "하나님의 사랑과 은혜와 하나님의 형상과 성품을 간절히 원한다는 의미"라고 설명했습니다. '하나님의 의'에는 다양한 의미가 내포되어 있다는 것입니다.

성경은 종종 삶의 전 영역에서 하나님의 뜻에 일치되게 행하는 것을 '의롭다'고 표현합니다. 이를 '실천적 의'라고 부를 수 있습니다. 즉 의에 주리고 목마른 사람이란 하나님의 뜻을 행하기 위해 힘쓰는 사람을 의미하는 것입니다.

그러므로 하나님의 뜻을 따라 살아가는 삶을 갈망하며 그 본을 보이신 예수님을 닮아 가는 것이 의에 주리고 목마른 삶이라고 이해하는 것은 지극히 성경적인 생각입니다. 그리스도인에게 마땅하고, 자연스러운 모습입니다. 하지만 성경은 하나님의 말씀대로 살고자 하는 마음이 없는 자들도 있다고 말합니다.

> 이 백성들의 마음이 완악하여져서 그 귀는 듣기에 둔하고 눈은 감았으니 이는 눈으로 보고 귀로 듣고 마음으로 깨달아 돌이켜 내게 고침을 받을까 두려워함이라 하였느니라 마 13:15

눈과 귀가 닫힌 이 사람들은 누구일까요? 당연히 영적으로 거듭나지 않은 사람들은 하나님의 뜻을 갈망하지도 않고, 그 뜻대로 살기를 소원하지도 않을 것입니다. 의에 대한 목마름은 영적으로 산 자에게만 있기 때문입니다. 그런데 성경은 자신을 의롭다고 생각하는 사람들도 보지 못하고 듣지 못하고 깨닫지 못한다고 말합니다. 그들은 자기 의에 가득 찬 교만한 자들이기 때문입니다. 그럼에도 예수님 당시 바리새인들은 스스로를 의롭게 여겼습니다. 이 시대에는 그런 교인이 없을까요? 교회에 속해 있으니 나는 거듭났다고 안심해도 되는 걸까요?

¹³형제들아 나는 아직 내가 잡은 줄로 여기지 아니하고 오직 한 일 즉 뒤에 있는 것은 잊어버리고 앞에 있는 것을 잡으려고 ¹⁴푯대를 향하여 그리스도 예수 안에서 하나님이 위에서 부르신 부름의 상을 위하여 달려가노라 빌 3:13~14

바울은 바리새인들과 달랐습니다. 그는 잡았다고 생각하지 않았습니다. 자신의 공로와 의를 자랑하지 않았습니다. "한 일" 즉 뒤에 있는 것을 잊어버리고 푯대를 향해 나아가는 삶, 주님의 뜻에 순종하는 하루하루를 살았습니다. 성경은 하나님의 뜻을 존귀히 여기며 실천하는 바울과 같은 사람을 의에 주리고 목마른 자라고 말합니다. 이 실천이 얼마나 중요한 것인지, 예수님은 이렇게 말씀하셨습니다.

누구든지 하늘에 계신 내 아버지의 뜻대로 하는 자가 내 형제요 자매요 어머니이니라 하시더라 마 12:50

예수께서 이르시되 나의 양식은 나를 보내신 이의 뜻을 행하며 그의 일을 온전히 이루는 이것이니라 요 4:34

예수님은 하나님의 뜻을 행하며 그 뜻을 이루는 삶을 사셨습니다. 그리고 그 길을 따라 걷는 자를 향해 예수님의 가족이라고 말씀하셨습니다. 겟세마네 동산에서는 이렇게까지 기도하셨습니다.

이르시되 아버지여 만일 아버지의 뜻이거든 이 잔을 내게서 옮기시옵소서 그러나 내 원대로 마시옵고 아버지의 원대로 되기를 원하나이다 하시니 눅 22:42

하나님의 뜻을 알고 그 뜻대로 살고자 하는 사람은 은혜를 갈망합니다. 기도의 사람일 수밖에 없습니다. 왜 그렇습니까? 인간의 힘과 의지로는 하나님 뜻대로 살 수 없음을 알기 때문입니다.

'나는 다 이루었다. 나는 의롭다.' 우리가 이렇게 생각하는 교만한 사람이 되지 않기를 바랍니다. 하나님의 뜻을 알기를 소원하고, 알게 된 뜻을 행하길 갈망하는 자가 되기를 기도합니다. 말씀을 듣지만 말씀대로 살지 못하는 자신에 대해 아파해야 합니다. 그가 의에 주리고 목마른 자입니다.

의로운 통치

하나님의 의를 깊이 이해하기 위해 성품적 의, 관계적 의, 실천적 의로 나누어 살펴보았습니다. 그런데 놓치지 말아야 할 또 다른 의의 차원이 있습니다. 바로 '주권적 의'입니다.

9그러므로 너희는 이렇게 기도하라 하늘에 계신 우리 아버지여 이름이 거룩히 여김을 받으시오며 10나라가 임하시오며 뜻이 하늘에서 이루어진 것 같이 땅에서도 이루어지이다 마 6:9~10

우리가 아무리 의의 성품을 갖추고, 의의 관계를 회복하고, 의의 실천을 이룬다고 해도 이 땅에 하나님의 나라가 완벽히 이루어질 수는 없습니다. 그것은 오직 하나님만 하실 수 있는 일이며, 아버지께만 달린 일입니다. 그래서 우리는 하나님의 주권적 의, 곧 하나님의 영광과 통치를 구해야 합니다.

우리는 아버지의 뜻이 하늘에서 이룬 것 같이 땅에서도 이루어지기를 기도해야 합니다. 하나님의 이름이 공격받고, 교회가 수치당하는 것을 아파해야 하며, 그의 나라와 의를 구해야 합니다. 비록 교회가 잘못한 일도 많고, 그리스도인들이 부끄러운 부분도 있지만, 세상은 그보다 더 과하게 하나님과 교회와 그리스도인들을 공격합니다. 작은 것 하나라도 실수하면, 돌을 던지고 비난할 만반의 준비를 갖추고 있는 것처럼 느껴질 때도 있습니다. 분명 우리가 뿌린 씨앗을 우리가 거두는 안타까운 측면도 있지만 어두움의 권세와 영적인 싸움을 싸우고 있다는 사실도 잊어서는 안 됩니다.

그러므로 세상과 함께 하나님을 대적하고, 교회를 비난하고, 그리스도인들을 손가락질해서는 안 됩니다. 그 자리는 우리가 서야 할 자리가 아닙니다. 우리는 하나님의 명예를 위해 울고, 교회를 위해 기도하는 자리에 있어야 합니다. 하나님의 의로우신 통치가 이 땅에서 이루어지기를 간구해야 합니다. 그곳이 우리가 서 있어야 할 자리인 것입니다. 바로 그것이 의에 주리고 목마른 자의 모습입니다.

배부름의 은혜

의에 주리고 목마른 자들을 향해 예수님은 "그들이 배부를 것임이요"라고 말씀하셨습니다. 배부름의 은혜는 의에 주리고 목마른 자들이 누리게 될 복입니다.

> 예수께서 이르시되 나는 생명의 떡이니 내게 오는 자는 결코 주리지 아니할 터이요 나를 믿는 자는 영원히 목마르지 아니하리라
> 요 6:35

의에 주리고 목마른 사람은 예수님을 구하는 사람입니다. 생명의 떡이신 예수님을 만나게 되면 주리지 않고 목마르지 않게 됩니다. 예수님 안에서 그분의 성품을 닮아 가고, 하나님과 친밀한 관계를 회복하고, 하나님의 뜻을 실천하며, 하나님의 나라와 주권을 구할 때 우리는 영원히 배부르게 됩니다. 그것은 구원의 기쁨이요, 하나님과의 동행을 누리는 은혜입니다. 범죄를 저지른 다윗은 이렇게 기도했습니다.

> 주의 구원의 즐거움을 내게 회복시켜 주시고 자원하는 심령을 주사 나를 붙드소서 시 51:12

다윗이 구하는 구원의 즐거움, 바로 이것이 의에 주리고 목마른 자가 누리는 은혜입니다. 나는 구원의 즐거움을 누리고 있습니까? 잃어버렸다면 되찾아야 합니다. 그 즐거움을 누릴 때

이 땅에서 천국을 맛보며 살 수 있습니다.

젊은 사자는 궁핍하여 주릴지라도 여호와를 찾는 자는 모든 좋은
것에 부족함이 없으리로다 시 34:10

여호와는 나의 목자시니 내게 부족함이 없으리로다 시 23:1

배부름은 만족입니다. 부족함이 없는 것입니다. 이것은 하
나님의 약속입니다. 하나님은 의에 주리고 목마른 자를 만족케
하신다고 약속하고 계신 것입니다.

누가복음 15장에는 아버지를 떠난 둘째 아들의 이야기가 나
옵니다. 아버지는 아들을 버린 적이 없지만 아들은 아버지를 버
리고 집을 떠나 버렸습니다. 부자간의 관계가 깨어졌습니다. 고
난과 실패를 맛보고서야 아들은 자신의 교만을 회개하고 아버
지에게 돌아옵니다. 물론 아들이 회개하고 돌아왔다 해도 관계
는 쉽게 회복될 수 없습니다. 아버지가 받아 주어야만 아들은
아버지의 집에 들어갈 수 있는 것입니다. 관계 회복의 키는 죄
인인 아들이 아니라 그 아들을 받아들일 것인지 말 것인지를 결
정하는 아버지의 손에 달린 것입니다.

그런데 아버지는 용서합니다. 관계가 회복되는 그 순간 아
버지의 모든 것은 아들의 것이 됩니다. 이미 아들은 제 몫을 챙
겨 나갔었는데, 아버지는 자신의 것 전부를 돌아온 아들과 공유
합니다. 저는 바로 이 장면이 배부름을 보여 준다고 생각합니

다. 배부름은 아버지의 것이 내 것이 되는 은혜입니다. 우리가 이 은혜를 누릴 수 있기를 바랍니다. 작은 내 몫의 유산을 챙기려다 모든 것을 잃는 어리석은 탕자가 아니라, 선악과를 소유함으로 모든 것을 잃은 어리석은 죄인이 아니라, 아버지의 것 전부를 누리는 사랑하는 자녀 되기를 바랍니다.

이런 배부름의 은혜를 날마다 누리기 위해 우리는 하나님의 의를 갈망해야 합니다. 하나님의 성품인 의로움을 닮아야 하고, 하나님과 친밀한 관계를 맺어야 하며, 하나님의 뜻을 알아 실천하고, 하나님의 주권을 고대해야 합니다. 부디 의에 주리고 목마른 우리가 되기를 바랍니다. 그때 우리는 진정한 만족, 진정한 배부름을 경험하게 될 것입니다.

CHAPTER 8

긍휼의
복 ①

긍휼히 여기는 자는 복이 있나니

긍휼히 여기는 자는 복이 있나니 그들이 긍휼히 여김을 받을 것임
이요 마 5:7

예수님은 긍휼히 여기는 자가 복이 있다고 말씀하십니다.
존 맥아더는 "앞서 말씀하신 네 가지 복과 마찬가지로 이 복 역
시 내적인 성품이요 심령의 태도임은 분명하지만 이 다섯 번째
복은 손을 내밀어 다른 사람과 접촉하고 있다"라고 말했습니다.
고개가 끄덕여집니다. 긍휼은 타인을 향한 마음과 태도이기 때
문입니다.

긍휼히 여기는 마음은 앞서 말씀하신 네 가지 복된 성품의
열매라는 생각이 들었습니다. 가난한 심령으로 자신의 죄와 세
상의 죄를 보고 애통할 때, 또한 온유한 마음으로 의에 주리고
목말라할 때 비로소 다른 사람을 긍휼히 여길 수 있기 때문입니

다. 이렇듯 팔복은 서로가 긴밀하게 연결되어 있는, 그래서 하나의 성품이 또 하나의 성품을 더욱 풍성하게 만드는 은혜입니다.

그러므로 팔복의 순서가 어떻게 되는지, 어느 복부터 먼저 구해야 하는지는 고민할 필요가 없습니다. 내 마음에 감동이 되는 것부터 시작해 보십시오. 나의 기질과 환경, 성령님께서 주시는 마음을 따라 기도를 시작하십시오. 하나의 성품이 또 다른 성품을 자라게 만들어 줄 것입니다. 중요한 것은 이 은혜들을 갈망하는 것입니다. 소원이 없으면 아무 일도 시작되지 않습니다.

긍휼 없는 시대에 선포하시다

예수님이 긍휼을 말씀하신 그 시대는 긍휼히 여기는 마음이 희박한 시대였습니다. 유대인들은 선택받은 선민이라는 자부심과 교만으로 가득하여 이방인들을 멸시하고 개와 같이 여겼습니다. 하나님을 안다고 자부했던 종교 지도자들은 자기 의에 빠져, 사람을 긍휼하게 여기는 마음을 잃어버린 사람들이었습니다. 때문에 긍휼하신 예수님과 충돌이 잦았습니다. 그들에게는 율법과 형식, 장로들의 유전이 생명처럼 중요했지만 예수님에게는 긍휼과 자비, 사람을 살리고 영혼을 구하는 것이 훨씬 중요했기 때문입니다.

너희는 가서 내가 긍휼을 원하고 제사를 원하지 아니하노라 하신 뜻이 무엇인지 배우라 나는 의인을 부르러 온 것이 아니요 죄인을 부르러 왔노라 하시니라 **마 9:13**

예수께 진정한 복을 배우다 **149**

예수님의 말씀은 충격적이었을 것입니다. 이 시대에 오셔서 저 말씀을 하셨더라도, 예배당에서 쫓겨나셨을지 모릅니다. "너희들이 중요하게 여기는 제사, 형식, 전통, 장로의 유전은 나에게는 중요하지 않다. 나의 관심은 죄인을 구하는 것이다. 나는 너희에게서 긍휼을 보기 원한다. 그것이 내가 원하는 예배다." 예수님은 하나님께서 원하시는 진정으로 중요한 것이 무엇인지를 말씀하셨습니다. 바로 긍휼히 여기는 마음, 자비였습니다.

그런데 어처구니없게도 죄인인 인간은 그런 예수님을 불경하다고 평가해 버립니다. 당시 유대인들에게 이 다섯 번째 복은 어떻게 들렸을까요? "나에게 긍휼히 여기는 마음이 없구나. 주여, 주님의 마음을 주옵소서!" 이렇게 기도했을까요? 아닙니다. 그들은 예수님을 십자가에 못 박았습니다. 예수님은 죄인들을 긍휼히 여기시느라 인간이 정한 법과 관습을 어겼다는 이유로 유대인들에 의해 죽임을 당하십니다.

유대 사회만 그런 것이 아니었습니다. 정의와 용기를 칭송하며 자비와 긍휼을 나약함의 표시로 생각했던 로마 사회는 더 잔인하고 비정했습니다. 당시의 여러 문학 작품이나 역사 기록들은 로마가 얼마나 포악했는지를 보여 줍니다.

라틴어로 글라디아토르(gladiátor), 검투사는 로마 사회의 볼거리 중 하나로 원형경기장에서 싸우는 투사입니다. 시민들은 검투사들의 싸움에 열광했고, 이것이 선거에 큰 영향을 미쳤기 때문에 정치인들은 더 화려하고 더 자극적인 투기 대회를 만들었다고 합니다. 영화로 볼 때는 멋져 보일지 모르지만, 사실 살점이 떨어져 나가고 유혈이 낭자한 잔인한 실전이었습니다. 팔다리가 잘려 나가고 피 흘리며 죽어 가는 잔인한 경기를 즐긴 것입니다.

그런 잔인한 오락을 즐기는 사회가 평화를 추구할 수 있을까요? 그 사람들의 마음이 자비롭고 온유할 수 있을까요? 사람이 무엇을 보고 즐기는지는 무척 중요합니다. 때문에 마음을 지키기 위해서는 보고 듣는 것에 주의해야 합니다.

당시 로마 시민에게는 노예가 마음에 들지 않으면 죽이거나 팔아 버릴 수 있는 권리가 있었습니다. 노예에게는 영혼이 없다고 생각했기에, 나이 들고 병든 노예는 부러진 칼이나 녹슨 연장을 버리듯이 버려졌습니다.

그뿐만 아니라 로마의 아버지들은 '파트리아 포테스타스(patria potestas)'라는 권리를 가졌습니다. 라틴어인 이 말은 '아버지의 권한(father's power)'이라는 뜻입니다. 이것이 무엇인지를 잘 보여 주는 장면이 욥기에 나옵니다.

> 11어찌하여 내가 모태에서 죽지 않았던가? 어찌하여 어머니 배에서 나오는 그 순간에 숨이 끊어지지 않았던가? 12어찌하여 나를 무릎으로 받았으며, 어찌하여 어머니가 나를 품에 안고 젖을 물렸던가? 욥 3:11~12, 새번역

"어찌하여 나를 무릎으로 받았으며"라는 욥의 고백에서 알 수 있는 것처럼 어머니가 출산하면 하인이 갓 태어난 아이를 아

버지의 발 앞에 두고, 아버지는 그 아이를 살펴보는 관습이 있었습니다. 장애가 있는지 없는지, 이목구비는 어떠한지를 자세히 살핀 후에 아버지가 자신의 무릎 위에 아이를 올리면 그제야 자녀로 인정받게 됩니다. 만약 아버지가 아이를 무릎 위에 올리지 않으면, 그 아이는 버림받아 노예로 팔리거나 죽게 되는 것입니다. 그러므로 지금 욥은 "차라리 그때 아버지에게 버림받아 죽는 편이 나았을 텐데"라고 탄식하고 있는 것입니다.

이런 아버지의 권한이 있던 것이 로마였습니다. 잔인하고 비정하며, 긍휼을 잃어버린 도시였습니다. 권력이 최고이고 칼과 힘으로 누르고 밟고 올라서야 성공할 수 있다는 믿음이 팽배한 제국, 그것이 로마였습니다.

예수님은 그런 시대를 살고 있는 사람들에게 긍휼히 여기는 자가 복이 있다고 선포하셨습니다. 코웃음 치지 않았겠습니까? 그러나 그런 시대에도 예수님의 말씀에 귀 기울이고 가난한 심령으로 애통하며 의에 주리고 목말라했던 사람들은 구원의 은혜를 누렸음을 잊지 말아야 합니다. 유대인들은 선민의식 때문에, 종교 지도자들은 자기 의와 교만 때문에 긍휼을 잃어버렸습니다. 로마인들은 잔인한 폭력을 즐기며 긍휼을 잃어버렸습니다. 그러나 그들 중에도 천국 복음을 듣고 긍휼의 마음을 회복한 자들이 있었습니다. 그들은 복된 자가 되었습니다. 우리에게 들을 귀와 가난한 심령 주시기를 기도해야 하는 이유입니다. 들을 수 있느냐, 마음에 담고 깨달을 수 있느냐가 우리의 영원한 운명을 가르기 때문입니다.

말과 글의 현상

그렇다면 이 시대는 어떻습니까? 물론 훈훈한 미담들, 긍휼한 마음을 가진 사람들의 이야기도 있습니다. 약한 자의 인권을 유린하거나, 부모가 자식을 버리거나 학대했다가는 큰일 납니다. 인권, 인권, 인권, 그 어느 때보다 인간의 권리가 존중되고 개인의 자유와 평등이 보장되는 자비와 긍휼의 시대처럼 느껴지기도 합니다. 그러나 과연 이 시대는 긍휼히 여기는 마음으로 충만한 시대입니까? 나의 인권이 중요한 만큼 타인의 인권도 중요히 여기는 긍휼한 세상입니까? 이 시대도 예수님 당시와 크게 다르지 않습니다.

2014년에 펜실베이니아주의 한 교도소에서 복역 중인 19세 여성이 자신이 연쇄살인범이라는 주장을 했다는 기사를 본 기억이 납니다. "스물두 명까지 세다가 그만뒀다. 내가 죽인 사람이 백 명은 조금 안 될 것 같다." 경찰은 그녀의 주장을 심각하게 받아들이고 수사에 착수했다고 합니다. 이 시대는 정신적으로 일그러진 비정상적인 시대이며, 또 그런 끔찍한 연쇄살인이 실제로 벌어질 수 있는 잔인한 시대라는 생각이 들었던 기억이 납니다.

그로부터 10여 년이 흐른 지금은 어떻습니까? 세상이 조금은 나아졌습니까? 폭력과 살인, 차별과 혐오, 사기와 거짓, 잔인하고 끔찍한 성범죄들까지 여전히 만연하지 않습니까? 혹여 그런 잔인한 범죄는 자신과 너무 멀게 느껴져서 '나는 그 정도는 아니야. 나는 긍휼을 잃어버린 비정한 사람은 아니야'라고 생각할지도 모르겠습니다.

저는 이 시대가 말과 글로 행사하는 폭력이 큰 시대라고 생각합니다. 남에 대해 함부로 말하는 시대입니다. 남을 자신의 잣대로 판단하고 난도질하는 시대입니다. 인터넷이라는 매체는 우리에게 많은 편리함과 유익함을 주었지만, 긍휼을 잃어버린 사람들에 의해 악한 도구로 사용되기도 합니다. 비겁하게 자기 이름을 숨긴 채 악한 글을 남기고, 책임질 수 없는 악한 소문들을 전해서 한 사람에게 깊고 아픈 상처를 주는 일이 비일비재합니다. 오죽하면 포털에서 댓글 기능을 없애 버렸겠습니까?

하루는 어떤 남자가 아리스토텔레스(Aristoteles)에게 물었다고 합니다.

"세상에서 가장 어려운 일은 무엇입니까?"

"자신을 아는 일입니다."

그 남자는 반대로 가장 쉬운 일은 무엇인지를 물었습니다. 그러자 아리스토텔레스는 이렇게 답했습니다.

"남 이야기를 하는 것입니다."

긍휼은 자신을 아는 것에서 출발하는 것인지도 모르겠다는 생각이 들었습니다. 사람들은 남에 일에 너무 관심이 많습니다. 남에 대해 수군거리고 비방하며, 상대방의 마음을 헤아리지 않고 쉽게 판단하고 쉽게 말해 버립니다. 한 사람의 마음과 삶에 깊은 상처를 남기고도 미안함과 자책감을 갖지 않는 악함을 봅니다. 긍휼히 여기는 마음이 있다면 그리할 수 있을까요? 나는 그러한 긍휼 없음에서 자유로울 수 있는 사람입니까? 우리 역시 큰 죄책감 없이 그리하고 있는 것은 아닌가요?

이민 목회를 하며 타국에서 살아가는 이민자들이 인종차별을 당하는 것을 종종 보았습니다. 다음 세대들도 그런 차별과 세상의 긍휼 없음을 경험할 것을 생각하니 마음이 아팠습니다. 그러나 한국에도 외국인들이나 불법체류자들의 약점을 이용하여 착취하는 사람들은 많습니다.

다른 인종 간에만 차별이 있는 것이 아닙니다. 같은 한국인끼리도 마찬가지입니다. 장애인과 같은 약자들을 고용하여 인간 이하의 대접을 하는 염전의 실태가 드러나 큰 이슈가 되었던 적이 있지 않습니까? 나보다 약하다고 느껴지는 사람을 함부로 대하고 차별하는 것, 그것이 긍휼이 없는 마음입니다. 그런 사람들은 대체로 비겁하기 때문에 강자 앞에서는 비굴하고 힘을 쓰지 못합니다.

아이들은 어떻습니까? 어리니까 때 묻지 않았고, 순수하기만 할까요? 저는 아이들에게서도 죄인의 비정함과 긍휼 없음을 발견합니다. 왕따 문제 즉 집단 따돌림은 심각한 사회문제가 된 지 오래되었습니다.

초등학교에도 왕따 문화가 있다고 합니다. 마음에 들지 않거나, 약하거나, 하여튼 여러 가지 이유로 친구를 따돌리고 괴롭히는데 그 정도는 우리의 상상 그 이상입니다. 그 고통을 이겨 내지 못한 아이들의 이야기도 적지 않습니다. 최근에는 제가 아는 기독교 작가의 자녀가 왕따를 당하는 아이 편에 섰다가 같이 왕따를 당해 지방 학교로 전학을 가게 되었다는 이야기도 들었습니다.

세상의 긍휼 없음과 악함에 우리의 아이들은 피해자가 되기도 하고, 때로는 가해자가 되기도 합니다. 누군가는 내 자녀가 그런 일을 당할까 봐 걱정할지도 모르지만, 내 자녀가 누군가에게 그런 일을 할 수 있다는 것은 더 무서운 일입니다. 내 자식이 가해자일 수도 있다는 것입니다. 그것이 누군가에게 얼마나 큰 상처인지 알지도 못한 채 그런 일을 할 수 있다는 것입니다. 아이들도 구원이 필요한 죄인입니다. 예수님을 만나야 합니다.

성경은 긍휼을 잃어버리는 것이 말세의 현상이라고 말합니다(딤후 3:1-7). 그래서 이런 세상을 보며 우리는 주님 다시 오실 날이 가까이 다가오고 있음을 알아야 합니다. 그 때와 시는 아버지만 아시지만, 지금이 주님 다시 오실 날을 준비해야 하는 때임을 우리는 느껴야 합니다. 그 분명한 증거 중 하나가 긍휼히 여기는 마음이 사라져 가고 있는 것이기 때문입니다.

예수님은 그런 악한 시대를 살고 있는 긍휼 없는 죄인들을 향해 긍휼히 여기는 자가 복이 있다고 선포하셨습니다. 이러한 예수님의 말씀은 실현 가능성이 없는 헛된 기대로 여겨졌을지도 모릅니다. 하지만 예수님이 어떻게 타협하실 수 있겠습니까? 진정한 복을 두고 어떻게 거짓 복을 가르치실 수 있겠습니까? 듣지 않을 것이 분명하기에, 하나님의 뜻을 왜곡시키거나 수준을 낮출 수는 없지 않겠습니까? 그래서 예수님은 하늘의 진리를 있는 그대로 말씀하신 것입니다.

"긍휼히 여기는 자가 되라! 복된 자가 되라!"

예수님은 세상이 돌아가는 방식과는 정반대의 마음과 삶을 요구하십니다. 비정하고 잔인한 시대에 긍휼을 외치십니다.

긍휼히 여겨야

우리는 왜 긍휼히 여기는 자가 되어야만 하는 것일까요? 왜 긍휼히 여기는 자가 복된 자인 것일까요?

첫째, 긍휼은 하나님의 성품이기 때문입니다. 우리는 하나님의 자녀가 되었습니다. 그러므로 자녀인 우리는 아버지의 긍휼하심을 닮는 것이 마땅합니다. 우리는 하늘 아버지의 자식입니다. 아버지의 피가 우리 안에 흐르고 있습니다.

성경은 하나님이 긍휼의 하나님이라고 가르칩니다.

아버지가 자식을 긍휼히 여김 같이 여호와께서는 자기를 경외하는 자를 긍휼히 여기시나니 시 103:13

여호와의 인자와 긍휼이 무궁하시므로 우리가 진멸되지 아니함이니이다 애 3:22

하나님의 긍휼하심을 설명하는 구절들은 너무 많아서 인용하기도 어려울 정도입니다. 또한 성경은 이 땅에 오신 예수님이 죄인들을 불쌍히 여기셨다고 증거합니다(마 14:14, 막 6:34, 눅 23:34). 예수님은 무리들을 불쌍히 여기셨습니다. 그래서 가르치셨고,

그래서 병을 고쳐 주셨습니다. 심지어 자신을 못 박고 조롱하는 자들을 위해서도 기도하셨습니다. 심판의 권세를 가지신 예수님이 죄인들을 향해 긍휼한 마음을 갖고 계셨던 것입니다. 죄인들을 심판하실 권세가 있었지만, 긍휼로 그들을 대하신 것입니다.

긍휼은 우리 아버지의 성품입니다. 그러므로 우리가 누군가를 긍휼히 여기는 것은 내가 누구의 자식인지를 증명하는 것과 같습니다. 긍휼의 마음을 잃는 것은 내가 하나님의 자식임을 부인하는 것과 같습니다. 하나님의 자녀처럼 말하고, 하나님의 자녀처럼 행동하려면, 긍휼의 마음이 있어야 합니다. 그러니 긍휼히 여기는 자가 복될 수밖에 없습니다.

둘째, 우리가 긍휼을 입은 자이기 때문입니다. 우리가 긍휼을 입었다면 우리도 누군가를 긍휼히 여길 수 있습니다. 하나님의 은혜와 사랑이 비정하고 편견으로 가득 찬 죄인을 긍휼의 사람으로 바꾸기 때문입니다.

하나님이 나를 긍휼히 여기신다는 것을 아는 사람만이, 즉 하나님의 긍휼을 경험한 사람만이, 다른 사람을 긍휼히 여길 수 있습니다. 자기가 받은 은혜를 알지 못하면 야박하게 살게 됩니다. 물론 더 심각한 것은 은혜를 입고도 야박한 사람입니다. 예수님은 천국에 대해 비유하시면서, 그런 사람에 대해 말씀하신 적이 있습니다.

어떤 사람이 일만 달란트의 빚을 졌는데 갚을 능력이 없자 주인이 불쌍히 여겨 빚을 탕감하고 놓아주었습니다. 그런데 그 사람이 길을 가다 자신에게 일백 데나리온 빚진 동료를 만나자 악하게 대했습니다. 탕감받은 일만 달란트가 요즘 물가로 약 6조 원 정도라면, 동료에게 갚으라고 윽박질렀던 일백 데나리온은 겨우 1천만 원 수준입니다. 그런 엄청난 은혜를 입은 사람이 자신에게 작은 빚을 진 동료의 멱살을 잡고, 옥에 가두기까지 했습니다. 이것을 본 다른 동료들이 주인을 찾아갑니다.

"당신이 그토록 큰 은혜를 베풀었는데, 그는 긍휼을 베풀기는커녕 너무 악한 일을 하고 있습니다. 그저 제삼자에 불과하지만, 이건 아닌 것 같습니다."

그 말을 들은 주인은 빚을 탕감해 준 사람을 다시 불러 이렇게 말합니다.

> 내가 너를 불쌍히 여김과 같이 너도 네 동료를 불쌍히 여김이 마땅하지 아니하냐 하고 마 18:33

우리는 하나님의 사랑과 은혜를 찬양하는 사람입니다. 이미 하나님의 긍휼을 입은 사람들입니다. 그런 우리가 긍휼히 여기는 마음을 갖지 못한다면 아마도 세상이 우리를 하나님께 고발할지도 모릅니다. "저 사람은 일만 달란트를 탕감받았는데도, 긍휼함이 없군요. 당신은 헛된 은혜를 베푼 것입니다. 당신의 십자가 죽음은 헛수고였습니다"라고 말입니다. 세상은 우리를 어떻게 보고 있을까요?

그 사랑으로 인하여

하나님께서 왜 우리를 긍휼히 여기셨다고 생각하십니까? 심판받아 마땅한 우리를 품으신 이유가 무엇이라고 생각하십니까? 에베소서는 이렇게 말합니다.

4긍휼이 풍성하신 하나님이 우리를 사랑하신 그 큰 사랑을 인하여 5허물로 죽은 우리를 그리스도와 함께 살리셨고 (너희는 은혜로 구원을 받은 것이라) 6또 함께 일으키사 그리스도 예수 안에서 함께 하늘에 앉히시니 7이는 그리스도 예수 안에서 우리에게 자비하심으로써 그 은혜의 지극히 풍성함을 오는 여러 세대에 나타내려 하심이라 엡 2:4~7

다른 이유가 없습니다. 하나님께서 우리를 사랑하셨기 때문입니다. 우리를 통해 긍휼이 풍성하신 하나님의 사랑이 세상에 드러나고, 더 많은 사람이 그 은혜 안에서 살기를 원하시기 때문입니다.

죄인인 우리는 애초에 하나님의 긍휼을 입을 자격이 없었습니다. 죄인은 죄에 대한 처벌을 받는 것이 마땅합니다. 하나님이 정하신 법을 위반했으니, 하나님의 법에 따라 처벌받는 것은 당연하지 않습니까? 심판하고 벌을 주신다 해도 할 말이 없는 것입니다. 그런데 받아 마땅한 처벌을 사라지게 만든 것이 하나님의 긍휼입니다. 우리 죄를 대신 지고 십자가에 달려 죽으심으로, 우리의 죄를 사하여 주시고 새로운 삶을 주시는 것이 주님의 사랑입니다.

1973년에 발표된 〈Tie A Yellow Ribbon Round The Ole Oak Tree〉라는 노래가 있습니다. 미국 밴드 토니 올란도 앤드 던(Tony Orland & Dawn)이 부른 곡으로 한국인들에게 많은 사랑을 받은 올드 팝입니다. 그 노래 가사의 배경이 되는 이야기는 버전에 따라 약간의 차이가 있는데, 간단히 요약하면 이런 이야기입니다.

한 죄수가 형기를 마치고 출감하게 되었습니다. 감옥에 있는 동안 아내에게 "내가 당신에게 큰 죄를 지었으니 재혼해도 된다"고 수차례 편지를 썼지만 답장을 받지 못했습니다. 이에 출감 전 다시 편지를 씁니다.

"만약 당신이 나를 용서하고 받아 준다면, 마을 입구 오래된 떡갈나무에 노란 리본을 달아 주시오. 만약 그 리본이 없다면 나는 당신을 찾아가지 않겠소."

고향으로 돌아가는 버스에서 그 죄수는 기사에게 이렇게 부탁합니다.

"만약 노란 리본이 없다면 차를 세우지 말아 주세요."

사연을 들은 승객들도 조마조마한 마음으로 마을 어귀를 쳐다봅니다. 잠시 후 승객들의 환호 소리에 눈을 뜬 그 남자의 시야에 들어온 것은 노란 리본이었습니다. 그것도 한두 개가 아니라 수백 개의 노란 리본이 마치 노랗게 물든 단풍잎처럼 떡갈나무를 뒤덮고 있었습니다. 아내는 죄를 지은 남편을 기다렸고 받아 주었던 것입니다.

하나님께서 우리에게 베풀어 주신 긍휼도 이렇습니다. 우리는 하나님의 사랑을 받을 자격이 없는 사람들입니다. 만약 우리가 사랑받을 만한 훌륭한 사람, 의로운 사람이라면 긍휼을 구할 필요도 없지 않겠습니까? 떳떳한 의인이 왜 긍휼을 구해야 합니까? 그러나 우리는 떳떳하고 당당한 사람들이 아닙니다. 긍휼을 입을 자격이 없는 죄인들입니다.

우리가 다른 사람을 긍휼로 대한다는 것은, 하나님이 우리를 대해 주신 것처럼 누군가를 대한다는 의미입니다. 그가 받아 마땅한 처벌과 심판이 아니라 사랑과 자비로 대한다는 의미인 것입니다. 내 마음에 들기 때문이 아닙니다. 하나님이 나를 긍휼히 여기셨기에 나도 하나님처럼 행동하는 것입니다. 상대방의 행동에 따라 나의 행동을 결정하는 것이 아니라, 하나님께서 나에게 베푸신 사랑과 자비를 생각하며 나의 말과 행동을 결정하는 것입니다. 예수님은 이렇게 말씀하십니다.

46너희가 너희를 사랑하는 자를 사랑하면 무슨 상이 있으리요 세리도 이같이 아니하느냐 47또 너희가 너희 형제에게만 문안하면 남보다 더하는 것이 무엇이냐 이방인들도 이같이 아니하느냐

마 5:46~47

상대가 나를 어떻게 대하느냐에 따라 태도를 결정하는 것은 쉬운 일입니다. 사랑할 만한 자를 사랑하고, 미워할 만한 자를 미워하는 것은 어렵지 않은 일입니다. 그러나 주님은 그 이상을

기대하십니다.

우리가 긍휼히 여기는 자가 되는 것이 왜 중요할까요? 그것이 하나님의 은혜와 능력을 입증하는 행위이기 때문입니다. 이 시대는 긍휼함을 잃어버렸으며 그것은 말세의 증거요, 우리가 죄인인 증거임을 살펴보았습니다. 그러므로 이 시대를 사는 죄인인 우리가 누군가를 긍휼히 여긴다는 것은 새사람이 되었다는 증거입니다. 우리에게서 긍휼의 마음이 회복되었다는 것은 하나님의 은혜가 얼마나 크고 강력한지를 세상에 증거하는 행위입니다.

복음을 믿습니까? 그 복음을 전하기 원하십니까? 하나님이 살아 계심을 세상에 나타내고 싶습니까? 그렇다면 긍휼을 가지십시오. 하나님께서 하신 것처럼 남을 긍휼히 여기십시오. 세상은 긍휼히 여기는 마음을 가진 사람을 통해 긍휼하신 하나님을 보게 될 것입니다.

CHAPTER 9

긍휼의
복 ②

긍휼히 여김을 받을 것임이요

　왜 남을 긍휼히 여겨야 하는지 살펴보았습니다. 그렇다면 예수님이 말씀하시는 긍휼은 어떤 것일까요? 긍휼의 사전적 정의는 '불쌍히 여겨서 돌보아 주는 것'입니다. 이 말에 담긴 한자가 긍휼의 의미를 잘 설명해 주고 있다고 생각합니다. 불쌍히 여길 '긍(矜)'에 구휼할 '휼(恤)' 즉 어려운 사람을 불쌍히 여겨 구제하는 행동인 것입니다. 긍휼이란 불쌍히 여기는 것이며, 공감과 동일시입니다. 또한 자기를 내어 주는 희생입니다.

　긍휼은 마음에서 출발하여 행동으로 실천되는 성품입니다. 단지 인간적인 연민의 감정 그 이상이라는 뜻입니다. 하지만 긍휼의 출발점은 언제나 마음입니다. 어려움에 처한 사람을 볼 때 마음이 움직이고, 그 사람을 가엾게 생각하는 마음에서 긍휼은 출발합니다.

　우리를 불쌍히 여기시는 예수님의 마음에서 십자가가 시

작되었습니다. 병들어 죽어 가는 가난한 이들을 향한 테레사 (Teresa) 수녀의 마음에서 사랑의 선교회가 태동되었고, 한국전 쟁의 잿더미 속에서 울고 있는 한 어린이를 향한 에버렛 스완슨 (Everett Swanson)의 마음에서 컴패션이라는 기관이 출발했습니다. 어떤 상황이나 사람을 볼 때 마음이 움직이는 것은 중요합니다. 긍휼의 출발점은 마음이기 때문입니다.

동일한 자리에 서는 마음

마음에서 시작되는 참된 긍휼은 '불쌍하다. 안됐다'라는 생 각에 그치지 않습니다. 영국의 목회자 윌리엄 바클레이(William Barclay)는 이렇게 설명합니다.

긍휼이란 그 사람의 마음으로 그의 삶을 보는 것, 즉 그가 경험하 는 것을 나도 느끼는 것이다.

공감, 함께 느끼는 것이 긍휼이라는 것입니다. 성경은 이렇 게 표현합니다.

즐거워하는 자들과 함께 즐거워하고 우는 자들과 함께 울라 롬 12:15

언제 우는 자와 함께 울고 언제 웃는 자와 함께 웃어 줄 수 있을까요? 상대방의 감정을 나도 느낄 때, 그의 기쁨과 아픔에 공감할 때가 아니겠습니까? 그러므로 나를 상대방과 동일한 자리에 두는 것, 같은 것을 보고 느끼는 것, 그것이 긍휼히 여기는 마음입니다.

> 그러므로 무엇이든지 남에게 대접을 받고자 하는 대로 너희도 남을 대접하라 이것이 율법이요 선지자니라 마 7:12

긍휼을 이렇게 보자 황금률이 생각났습니다. 내가 다른 사람에게 어떤 것을 원한다면, 저 사람도 그렇지 않겠나 생각해 보라는 것입니다. 나를 이렇게 대해 주면 좋겠다 싶은 그것을 다른 사람을 대하는 마음과 태도의 기준으로 삼으라는 것입니다. 이 황금률이 긍휼의 마음으로 살 수 있는 실제적인 방법이 아닐까 하는 생각이 들었습니다.

만약 우리 안에 공감하고 이해하는 긍휼의 마음이 회복된다면 가정과 교회는 천국을 맛보는 현장이 될 것입니다. 하지만 그렇지 않다면 가정과 교회는 모이고 만날수록 더 많은 문제가 생길 것입니다. 공감하고 이해하려는 마음이 없는 사람, 긍휼이 없는 사람과 만나고 대화하는 것은 두려운 일입니다. 이해받지 못하기 때문입니다. 어쩌면 이것이 부모와 자녀, 세대와 세대, 사람과 사람 간의 단절과 갈등이 심화되는 중요한 이유인지도 모르겠습니다.

누군가를 이해하고 공감하기 위해서는 수고를 해야 합니다. 들어 주고, 기다리고, 이해하는 수고를 하지 않으면 공감하는 긍휼에 이를 수 없습니다. 예수님이 친히 모범을 보이셨습니다.

예수님은 하늘 보좌에 앉으신 채로 우리를 불쌍히 여기신 것이 아니라 이 땅에 오셨고, 이 땅에서 사셨습니다.

> 7오히려 자기를 비워 종의 형체를 가지사 사람들과 같이 되셨고 8 사람의 모양으로 나타나사 자기를 낮추시고 죽기까지 복종하셨으니 곧 십자가에 죽으심이라 빌 2:7-8

"사람들과 같이 되셨고"라는 말씀은 단지 인간의 몸을 갖게 되셨다는 것이 아니라, 우리의 삶을 직접 체험하셨다는 뜻입니다. 하나님이신 예수님이 인간의 몸을 입고 오셨다는 것 자체가 대단한 희생이지만 만약 귀족이나 왕, 대기업 회장의 아들로 오셨다면 우리는 이렇게 생각했을지도 모릅니다. '예수님이 사람으로 오셨다고는 하지만 곱게만 사셔서 우리의 아픔을 아시겠어? 손에 물 한 번 안 묻혀 보신 분이 우리를 얼마나 이해하시겠어?' 하지만 성경은 이렇게 말합니다.

> 우리의 대제사장은 우리의 연약함을 동정하지 못하시는 분이 아닙니다. 그는 모든 점에서 우리와 마찬가지로 시험을 받으셨지만, 죄는 없으십니다. 히 4:15, 새번역

예수님의 사랑과 긍휼이 놀라운 것은, 그분이 하늘의 영광과 특권을 포기만 하신 것이 아니라 철저히 인간으로 사셨다는 것입니다. 우리와 같은 조건과 한계 속에서 사신 것입니다. 때

문에 예수님은 우리 인생의 모든 희로애락(喜怒哀樂)을 이해하고, 공감하십니다. 이것이 긍휼입니다. 이것이 사랑입니다.

이 사실은 우리의 기도를 격려합니다. 살다 보면 '하나님이 내 마음 내 상황을 아시긴 할까' 하는 생각이 들 때도 있습니다. 그러나 예수님을 바라보면 하나님이 우리의 생각을 아시고, 감정을 이해하고 계신다는 사실을 확신할 수 있습니다. 하나님은 대화가 통하는 아버지이십니다. 그러므로 기도하면, 하나님과 대화의 자리로 나아가면 나를 이해하시고 불쌍히 여기시는 하나님을 만나게 될 것입니다.

이해를 넘어 행동으로

긍휼은 공감과 이해에서 그치는 것이 아닙니다. 우리를 이해하시는 하나님은 우리를 위해 행동하시는 분입니다. 긍휼은 행동을 불러일으키기 때문입니다. 예수님은 하늘에서 우리를 보고 '불쌍하구나. 참 딱하구나' 생각만 하고 계시지 않았습니다. 이 땅에 친히 오셨습니다. 우리를 먹이고, 치유하고, 가르치며 진액을 쏟으셨습니다. 이런 예수님의 헌신은 긍휼이 구체적인 행동과 연결된다는 사실을 보여 줍니다. 단지 '불쌍하다'라고 생각하는 것을 넘어 반드시 무엇인가를 하게 만드는 것, 그것이 긍휼인 것입니다.

긍휼의 마음이 있으면 절대로 가만히 있지 못합니다. 지갑을 엽니다. 시간을 냅니다. 손과 발을 움직입니다. 제가 돕고 있는 복지 재단에는 많은 후원자와 봉사자가 있습니다. 긍휼의 마음을 가진 분들이 지갑을 열고, 손과 발을 움직인 것입니다. 환우들 심방을 가 보면 누군가가 돌봐 주고 있는 것을 보게 됩니다. 약한 지체를 향해 긍휼의 마음을 가지고 행동하는 분들이 있더란 말입니다. 얼마나 감사한 일인지 모릅니다.

더욱 놀라운 것은 돌봄과 섬김을 받는 사람들보다 긍휼의 마음으로 섬기는 분들이 더 큰 은혜를 받는다는 사실입니다. 긍휼의 마음과 행동이 있는 그곳에 언제나 예수님이 함께해 주시기 때문입니다. "긍휼히 여기는 자는 복이 있나니 그들이 긍휼히 여김을 받을 것임이요"라는 말씀이 그대로 삶에서 이루어지는 것입니다. 아무런 대가를 바라지 않고 내가 가진 것으로 누군가를 세우고 섬기고 돕는 행동, 그것이 긍휼입니다.

그래서 긍휼의 궁극적인 지점은 자기를 주는 희생에 있습니다. 그런 점에서 십자가는 긍휼의 절정입니다. 우리를 공감하고 이해하고 행동하신 예수님은 마침내 자기를 주기까지 하셨습니다. 더 이상 줄 것이 없을 만큼 다 주신 것입니다.

사무엘상을 보면 다윗을 질투하는 사울 왕의 이야기가 나옵니다. 사울이 질투심과 악한 마음으로 다윗을 죽이라 명했을 때 요나단은 아버지의 명령이 잘못되었음을 지적하며 다윗을 변호합니다(삼상 19:5). 요나단은 친구를 지켜 주었습니다. 이는 아버지 사울을 지키는 것이기도 했습니다. 아들의 말을 들은 사울은 다윗을 죽이지 않겠다고 하나님 앞에 맹세합니다(삼상 19:6). 그러나 죄가 우리를 얼마나 악하고 어둡게 만드는지 보십시오.

9사울이 손에 단창을 가지고 그의 집에 앉았을 때에 여호와께서 부리시는 악령이 사울에게 접하였으므로 다윗이 손으로 수금을 탈때에 10사울이 단창으로 다윗을 벽에 박으려 하였으나 그는 사울의 앞을 피하고 사울의 창은 벽에 박힌지라 다윗이 그 밤에 도피하매 삼상 19:9~10

하나님과 아들 앞에서 맹세를 한 지 얼마 지나지 않아, 사울은 다윗을 향해 창을 던집니다. "악령이 사울에게 접하였으므로" 성령께서 우리를 다스리지 않으시고, 악신이 우리를 다스리면 긍휼을 잃어버리게 됩니다. 무정하고 잔인한 자가 되는 것입니다. 그러므로 내가 긍휼을 행하는가 아닌가는 내가 누구의 통치 안에 있는지를 말해 줍니다. 하나님의 다스리심 아래 있던 사람 요나단은 숨어 있는 다윗을 찾아갑니다.

곧 요나단이 그에게 이르기를 두려워하지 말라 내 아버지 사울의 손이 네게 미치지 못할 것이요 너는 이스라엘 왕이 되고 나는 네 다음이 될 것을 내 아버지 사울도 안다 하니라 삼상 23:17

이것이 긍휼입니다. 사울과 요나단에 비하면 다윗은 너무도 약하고 작은 자입니다. 얼마나 두려웠겠습니까? 그런데 요나단은 다윗이 하나님을 의지하도록 격려합니다. 다윗이 살아남으면 자기가 왕이 되지 못하는 것을 알면서도 요나단은 다윗을 긍휼히 여깁니다. 자기 몫이라 생각해도 되었을 왕위를 다윗을 위해 포기한 것입니다.

이처럼 긍휼에는 희생이 따릅니다. 포기가 따릅니다. 긍휼은 내게 필요 없는 것만 나누는 것이 아닙니다. 도리어 내게 필요한 것, 소중한 것조차 아낌없이 내어 주는 것입니다. 긍휼을 베푸는 사람들은 돈 아깝고 시간 아까운 줄 모르는 사람들이 아닙니다. 아까운 줄 알면서도 베풀고 나누는 것이 긍휼입니다. 진정한 긍휼은 보상을 바라지 않습니다. 사람이 알아주기를 바라지도 않습니다. 오른손이 하는 일을 왼손이 모르게 합니다. 요나단이 다윗에게 대가를 바랐나요? 왕이 되면 나 좀 잘 봐 달라고 했습니까? 그 일로 백성들의 환심을 사서 표를 얻으려 했습니까? 아닙니다. 요나단은 그것이 옳은 일이기 때문에, 약한 자리에 있는 다윗을 긍휼히 여기고 있는 것뿐입니다.

긍휼이 향해야 할 곳

긍휼은 공감이고 이해이며 행동이고 희생입니다. 예수님이 우리에게 보여 주신 길을 따라 우리도 긍휼의 길을 가야 합니다. 그렇다면 우리는 누구를 긍휼히 여겨야 합니까?

첫째로 영적으로 죽어 있거나 약한 사람들을 긍휼히 여겨야 합니다. 긍휼은 영혼을 불쌍히 여기는 마음입니다. 즉 어떤 사람이 영적으로 비참한 상태에 있는 것을 보고 불쌍히 여기며 구원하고자 하는 마음이며, 믿음이 약한 이들의 믿음을 자라게 하고 싶은 마음입니다.

19세기 영국 목회자 찰스 스펄전(Charles Spurgeon)은 "전도란 빵을 얻은 한 거지가 다른 거지에게 어디에 가면 빵을 얻을 수 있는지 이야기해 주는 것과 같다"라고 설명했습니다. 이 이야기는 긍휼히 여기는 것이 무엇인지를 말해 줍니다. 영적으로 죽었던 한 사람이 하나님의 긍휼로 인해 산 자가 된 후 자신과 같은 처지에 있던 사람을 불쌍히 여겨 생명의 예수님을 소개하는 것, 그것이 긍휼인 것입니다.

이 설명은 받는 자(인간)의 필요와 주는 자(하나님)의 자비에 초점을 맞추고 있습니다. 또한 그 사이에서 일하는 전도자의 위치가 받는 자의 위치보다 결코 우월하지 않음을 강조합니다. 전도란 단지 동료에게 어디에 가면 빵을 얻을 수 있는지를 알려 주는 것입니다. 그것이 긍휼을 베푸는 자의 기본 마음가짐입니다.

예수님은 공생애를 사시며 죄인들을 보고 이런 마음을 가지셨습니다.

> 무리를 보시고 불쌍히 여기시니 이는 그들이 목자 없는 양과 같이 고생하며 기진함이라 마 9:36

예수님은 죄인들의 영적 상태와 비극적 운명을 보시고 불쌍히 여기셨습니다. 그래서 그들을 살리기 위해 죽으셨습니다. 멸망과 심판을 향해 가는 것을 보고 있을 수만은 없었기 때문입니다. 그것이 긍휼입니다. 유다서는 우리에게도 그 마음이 있어야 함을 강조합니다.

²²어떤 의심하는 자들을 긍휼히 여기라 ²³또 어떤 자를 불에서 끌어내어 구원하라 또 어떤 자를 그 육체로 더럽힌 옷까지도 미워하되 두려움으로 긍휼히 여기라 유 1:22~23

예수님을 모르는 사람을 보면 너무 안타까워 소개하고 싶은 마음이 듭니까? 고난과 상처로 인해 믿음이 흔들리고, 영적으로 방황하는 사람을 보면 도와주고 싶습니까? 교회를 다니면서도 믿음이 없어 세상적으로 살아가고, 미성숙한 사람을 보면 안타까운 마음이 드십니까? 그것이 바로 긍휼의 마음입니다.

그런 마음은 우리로 누군가에게 복음을 전하고, 신앙 서적을 선물하고, 신앙 훈련과 성경 공부를 소개하고, 예배에 데려오는 등의 수고를 하게 합니다. 그것이 긍휼입니다. 육신이 아프고 가난한 사람뿐만 아니라, 영적으로 도움이 필요한 사람들을 불쌍히 여기는 긍휼의 마음이 있어야 합니다. 쌀을 주고 집을 지어 주는 것으로 만족하는 것이 아니라 복음을 주어야 하는 것입니다. 영혼에 대한 관심이 있어야 하는 것입니다.

둘째로 사회적으로 약하고 부족한 사람들을 긍휼히 여겨야 합니다. "약한 자와 나그네를 돌아보라. 병든 자를 섬겨라. 고아와 과부를 보살펴라." 이는 신구약을 통틀어 하나님께서 자기 백성에게 가장 강조하신 사항입니다. 예수님은 죄인과 약한 자들의 친구가 되어 주셨고, 도움이 필요한 사람들을 외면하지 않으셨습니다.

삼가 이 작은 자 중의 하나도 업신여기지 말라 너희에게 말하노니
그들의 천사들이 하늘에서 하늘에 계신 내 아버지의 얼굴을 항상
뵈옵느니라 마 18:10

여기서 '작은 자'로 번역된 헬라어 미크로스(μικρός)는 가장 작
고 미미한 것을 뜻합니다. 예수님의 마음이 그곳에 있다면, 우리
의 마음도 그곳에 있어야 하지 않을까요? 우리 마음은 어디에 있
습니까? 세상에서 가장 작고 미미한 곳으로 향하고 있습니까?
　중요한 진실이 있습니다. 우리 역시 '작은 자'라는 사실, 언제
도움이 필요한 약자의 자리에 서게 될지 모르는 존재라는 사실
입니다. 유학 시절 여행 중 타이어에 펑크가 난 적이 있었습니
다. 빌린 중고차였는데 예비 타이어가 없었습니다. 전화도 되지
않는 곳이었고, 도로의 열기는 뜨거웠습니다. 도움을 청했지만
차들은 그냥 지나갔고 참으로 막막했습니다.
　그때 허름한 차 한 대가 갓길에 섰습니다. 한 멕시코 사람이
내리더니 땀을 뻘뻘 흘리며 자신의 예비 타이어를 꺼내 제 차를
고쳐 주었습니다. 인종차별로 미국 사회에서 무시당하는 한 사
람이 저를 긍휼히 여겨 준 것입니다. 그는 '이 타이어가 얼마 못
갈 테니 근처 마을에서 새 타이어로 교체하라'는 말을 남기고 홀
연히 사라졌습니다. 아무것도 요구하지 않았습니다. 그날 저는
도움이 절실히 필요한 약자로서 많은 것을 배웠습니다.
　우리는 긍휼히 여김을 받으며 사는 사람들입니다. 하나님의
긍휼뿐 아니라 사람의 긍휼을 입고 사는 존재가 우리입니다. 바

로 내가 작은 자요, 약한 자인 것입니다. 그것을 잊으면 안 됩니다. 그러므로 늘 감사하며 살아야 하고, 내 곁에 주신 사람들을 소중히 여겨야 합니다. 기회가 있는 대로 고마움을 표현하고, 기회가 주어지는 대로 섬겨야 하는 것입니다.

하나님께서는 저를 무척 불쌍히 여겨 주셨고, 많은 사람을 통해 긍휼과 은혜를 입게 해 주셨습니다. 늘 과분한 사랑을 받았고 큰 은혜 입었음을 알기에 잊지 않으려고 노력합니다.

오래전 제가 섬기던 교회의 담임목사님이 저에게 유학을 다녀오라고 하셨습니다. 유학을 계획해 본 적도, 소원해 본 적도 없는 저에게 성장해서 돌아오라고 하셨습니다. 유학 중에도, 유학 후에도 단 한 번 생색내지 않으셨습니다. "내가 너를 공부시켜 주었는데 이럴 수 있냐? 그것밖에 못 하냐?" 말하신 적도 없습니다. 그저 제가 좋아서 오랜 시간 그 그늘 아래에서 사역한 것이지, 부담을 주셔서 어쩔 수 없이 했던 것이 아니었습니다.

이러한 은혜와 긍휼을 입으며 배운 것이 있습니다. 참된 긍휼은 생색내지 않는 것이라는 사실입니다. 또 내가 가진 힘을 어떻게 써야 하는지도 배웠습니다. 은혜와 긍휼을 입은 사람은 기쁨으로, 자발적으로 헌신하게 됨도 배웠습니다. 언제나 감사하고, 도움이 필요한 작고 약한 사람들을 섬길 기회를 놓치지 않는 우리이기를 바랍니다. 내게 주신 모든 것은 나누고 베풀라고 주신 것입니다.

셋째로 모든 사람을 긍휼히 여겨야 합니다. 성경은 우리의 긍휼에 우선순위는 있을지언정 차별은 있을 수 없음을 분명하게 증거합니다.

> 여호와께서는 모든 것을 선대하시며 그 지으신 모든 것에 긍휼을 베푸시는도다 시 145:9

하나님은 모든 것을 선대하시고, 모든 것에 긍휼을 베푸십니다. 긍휼의 옷을 입은 사람은 사람을 가려 가며 긍휼을 베풀지 않습니다. 예수님의 긍휼은 차별이 없는 긍휼이었으니 우리도 그리해야 합니다. 두 가지만 제안하고 싶습니다.

하나, 모든 사람을 향해 말을 아끼고 조심하십시오. 말의 긍휼입니다. 한 사람에 대해 어떤 이야기를 듣더라도, 그 사람의 입장에서 한 번 더 생각하고 내가 과연 이 사람을 불쌍히 여기는 마음을 가지고 있는지를 자문해 보십시오. 그런 다음에 말하는 것이 긍휼입니다. 그것이 긍휼의 옷을 입고 산다는 뜻입니다.

둘, 나의 경험과 지식으로 사람을 쉽게 판단하지 마십시오. 우리는 죄인인지라 편견과 교만을 벗어 버리기가 참 힘이 듭니다. 자신의 작은 경험과 보잘것없는 지식으로 남을 판단하고 정죄하기를 좋아하는 존재들인 것입니다. 그렇게 하지 않는 것이 긍휼입니다. 함부로 판단하지 않고, 나의 생각과 틀에 누군가를 억지로 끼워 맞추려고 하지 않는 것이 긍휼입니다. 만약 하나님께서 우리를 그리 대하셨다면 어떻겠습니까?

긍휼을 행하지 아니하는 자에게는 긍휼 없는 심판이 있으리라 긍휼은 심판을 이기고 자랑하느니라 약 2:13

이 말씀은 하나님의 긍휼이 얼마나 크신지를 말해 줌과 동시에, 긍휼히 여기지 않음이 얼마나 심각한 일인지를 경고하고 있습니다. 그러므로 우리는 긍휼해야 합니다. 긍휼의 마음을 회복해야 합니다.

긍휼이 긍휼을 부른다

예수님은 긍휼을 베푸는 자에게 이렇게 약속하셨습니다. "그들이 긍휼히 여김을 받을 것임이요" 내가 행하는 긍휼이 결국은 나를 향한 긍휼의 열쇠가 된다는 말씀입니다.

어느 뜨거운 여름날 한 신사가 몰던 차가 멈춰 버렸습니다. 휴대폰도 없던 시절, 멀리 보이는 집으로 걸어가 도움을 청했습니다. 집주인은 그에게 전화를 빌려 주고, 정비공이 오는 동안 시원한 주스를 마시며 그늘에서 쉬도록 해 주었습니다.

그런데 얼마 후에 그 집주인의 아이가 병이 들었습니다. 동네 병원에서는 치료할 수 없는 중병이라 도시의 큰 병원으로 갔습니다. 부모는 치료비 걱정을 하지 않을 수가 없었습니다. 그런데 원무과에서 한 장의 메모를 받게 됩니다. "따뜻한 친절과 주스 한 잔으로 병원비가 지불되었습니다." 예전에 도움을 주었던 신사가 그 병원의 설립자이자 원장이었던 것입니다.

너무 극단적인 이야기라고 생각할지도 모릅니다. 맞습니다.

우리가 긍휼히 여기고 자비를 베푼 상대가 알고 보니 병원장이고 대그룹의 회장일 확률은 그리 높지 않습니다. 그러나 이 이야기의 핵심은 긍휼을 베풀었더니 세상적인 복이 왔다거나 횡재를 했다는 것이 아닙니다. 긍휼은 상대가 누구냐를 보고 행동하는 것이 아니라는 것입니다.

자비를 베풀었던 집주인은 그 신사가 얼마나 유력한 사람인지 몰랐을 것입니다. 머지않아 신세를 지게 될 일이 일어나리라는 사실은 더욱 몰랐을 것입니다. 그저 도움이 필요한 한 사람에게 작은 긍휼을 베풀었을 뿐인데, 뜻밖의 선물이 보너스처럼 허락된 것입니다. 물론 보너스는 항상 주어지는 것이 아닙니다. 그러므로 긍휼히 여기는 자가 이 땅에서 그 보상을 다 받게 되는 것은 아닙니다.

제가 강조하고 싶은 점은 집주인이 베푼 긍휼과 그가 돌려받은 긍휼의 크기가 비교할 수 없을 정도로 차이가 크다는 사실입니다. 우리가 누군가를 긍휼히 여기는 것과 하나님께서 우리를 긍휼히 여겨 주시는 것도 비교할 수가 없습니다.

임금이 대답하여 이르시되 내가 진실로 너희에게 이르노니 너희가 여기 내 형제 중에 지극히 작은 자 하나에게 한 것이 곧 내게 한 것이니라 하시고 마 25:40

예수님은 긍휼을 크게 보십니다. 우리는 지극히 작은 자에게 한 자비의 행동을 작게 여기지만, 예수님은 크게 여기십니다.

예수님은 그 병원장보다 더 큰 분이십니다. 그 크신 분이 우리를 긍휼히 여기겠다고 약속하시니 얼마나 큰 은혜가 예비되어 있겠습니까? 그 은혜는 우리가 누군가에게 베푼 긍휼과 감히 비교할 수나 있겠습니까? 세상의 부귀영화와 비교할 수 있겠습니까? 그러므로 긍휼히 여기는 자는 복된 자인 것입니다. 우리에게 긍휼히 여기는 마음이 있다면, 주실 은혜를 기대하고 소망해도 좋습니다.

그렇게 보면 앞에 나온 집주인 이야기는 절대 극단적인 이야기가 아닙니다. 영적 세계에서 날마다 일어나는 일입니다. 오늘도 긍휼히 여기는 자를 하나님은 보고 계십니다. 충성되게 여기시고 반드시 하늘의 복을 주십니다. 우리도 모르게 많은 것이 지불되고 있으며, 하늘에 쌓이고 있는 것입니다. 긍휼히 여기는 자가 받을 상은 우리가 나눈 것과는 비교될 수 없습니다.

긍휼에 대해 묵상하면서 '은혜를 아는 사람이 그리스도인이다'라는 생각이 들었습니다. 그리스도인은 고마움을 아는 사람입니다. 저는 은혜를 모르는 사람, 배은망덕한 사람이 하나님의 자녀일 수는 없다고 생각합니다. 우리는 아버지께로부터 너무 큰 은혜를 입었으며, 사람에게도 많은 은혜를 입으며 삽니다.

하나님은 우리가 은혜를 알고, 고마움을 아는 사람이 되기를 원하십니다. 그런데 하나님은 그 은혜를 나에게 갚지 말고 다른 사람에게 갚으라고 말씀하십니다. 그것이 긍휼히 여기는 것입니다. "다른 사람에게 긍휼을 베푸는 것이 내게 받은 은혜를 나에게 감사하는 것이다." 이것이 예수님의 말씀인 것입니다.

공부하기 위해 미국 땅에 도착했을 때 저는 아무것도 몰랐습니다. 누군가의 도움이 필요했습니다. 여행하는 것과 사는 것은 전혀 다르기 때문입니다. 먼저 온 유학생들이 저를 도와주었습니다. 그렇게 한 학기 정도 보냈을 때 또 다른 유학생이 온다는 소식을 들었습니다. 저는 '이제 내가 섬길 차례구나'라고 생각했습니다. 누군가가 나에게 은혜를 베풀고, 나는 그 은혜를 다음 사람에게 베풀고, 유학생 사회는 그렇게 오랜 시간 운영되어 온 것입니다.

이것이 긍휼을 설명해 준다고 생각합니다. 내가 하나님께로부터 받은 은혜를 다른 사람에게 갚는 것, 그것이 긍휼히 여기는 것입니다. 예수님은 우리가 그렇게 살기를 원하십니다. 그것이 하나님께서 하나님의 나라를 운영하시는 방식인 것입니다.

긍휼은 메아리처럼 울립니다. 내가 누군가를 긍휼히 여기면, 그 은혜를 입은 사람도 누군가를 긍휼히 여기게 되기 때문입니다. 그 긍휼이 이어지고 이어져 결국 세상은 하나님의 나라가 되며 교회는 교회가 되는 것입니다. 하나님께서 이런 은혜를 우리에게 주시기를 바랍니다.

CHAPTER 10

청결의
복 ①

마음이 청결한 자는 복이 있나니

마음이 청결한 자는 복이 있나니 그들이 하나님을 볼 것임이요

마 5:8

예수님은 마음이 청결한 자가 복이 있다고 말씀하셨습니다. 이 여섯 번째 복 역시 세상의 생각과는 많이 다릅니다. 세상은 마음의 청결함에 대해 큰 관심이 없습니다. 마음을 가꾸고 씻는 일보다 외모를 꾸미고 치장하는 일을 더 중요하게 여기기 때문입니다. 때때로 내면의 '치유'에 관심을 두기도 하지만 마음의 '청결'에는 큰 관심이 없습니다.

세상은 마음의 깨끗함보다는 소유의 풍부함을 복이라고 생각합니다. 세상은 깨끗한 가난보다는 더러운 이득을 사랑합니다. 심지어 너무 깨끗하면 성공할 수 없기 때문에 적당한 타협과 더러움은 현실적으로 필요한 것이라고 주장합니다. 마음의 깨끗함은 우리의 미래를 보장해 주기는커녕 오히려 어렵게 만들 수 있지만, 더 많은 소유는 우리의 미래와 안전을 보장해 준다고 생각하기 때문입니다.

저도 그런 세상의 주장이 더 편안하게 들립니다. 큰 욕심을 갖고 사는 것은 아니지만, 저 역시 마음이 청결하지 못하며 청결할 수 없는 죄인이기 때문입니다. 많은 이들이 마찬가지일 것입니다. 우리의 마음은 죄로 오염되었고, 세상의 때가 많이 묻어 있습니다. 그러나 예수님은 단호하게 말씀하십니다. "천국 백성의 마음은 청결하다. 나의 제자들의 마음은 청결하다. 그런 마음을 가진 자가 진정으로 복된 자다!" 그러므로 마음의 청결, 이것은 결코 가볍게 넘어갈 수 있는 주제가 아닙니다.

중심을 보시는 하나님

가장 먼저 주목해야 할 사실은 다른 어디가 아니라 '마음'이 청결해야 한다고 말씀하셨다는 사실입니다. 손을 씻으라거나 몸을 닦으라거나 옷을 세탁하라는 외적인 청결이 아니라, 마음의 청결을 말씀하셨습니다. the pure in heart, 내면의 문제라는 것입니다.

세상은 마음과 내면에 그다지 관심이 없어 보입니다. 마음에 대해 말하지만 결국 세상이 지대한 관심을 가진 복은 외적인 것입니다. 그럴듯하게 포장하기도 하지만 결국 세상의 관심은 명예, 지위, 권력, 소유와 같은 것들입니다. 그것 때문에 울고 웃는 것입니다. 세상은 언제나 겉모습과 보이는 것을 주목합니다. 그러나 하나님은 마음이 중요하다고 말씀하십니다.

> 여호와께서 사무엘에게 이르시되 그의 용모와 키를 보지 말라
> 내가 이미 그를 버렸노라 내가 보는 것은 사람과 같지 아니하니
> 사람은 외모를 보거니와 나 여호와는 중심을 보느니라 하시더라
> 삼상 16:7

하나님이 이 말씀을 주신 이유는, 사무엘이 이새의 장남 엘리압의 용모와 신장을 주목하고 '바로 이 사람이구나. 그의 외모가 왕이라고 말하고 있지 않은가!' 생각했기 때문입니다. 위대한 선지자, 기도의 사람 사무엘조차 죄인의 한계를 넘지 못했다는 사실은 의미심장합니다. 사무엘조차 그랬다면 외모가 아닌 중심을 보는 일은 얼마나 어려운 일이겠습니까?

하나님은 사람과 다른 것을 보시고, 세상과 다른 것으로 판단하신다는 사실을 분명하게 가르쳐 주셨습니다. 세상과는 다른 이유 때문에 한 사람을 버리기도 하시고 세우기도 하신다고 말씀하셨습니다. 우리는 사람에게 버림받는 것을 두려워하지만, 하나님께 버림받는 것이 진정 두려운 일입니다. 사람에게 버림받지 않으려고 하나님께 버림받는 길을 택하는 것은 어리석음 그 이상입니다. 하나님은 중심을 보십니다.

중심은 속사람, 영혼, 마음이라고 번역할 수도 있습니다. 우리가 묵상하는 팔복 역시 내면의 문제 곧 성품의 문제입니다. 마음에서 시작되어 밖으로 드러나는 삶, 그것이 팔복입니다. 하

나님은 우리의 속사람을 중요하게 여기시는 것입니다. 그러므로 속사람의 청결함, 마음의 청결함을 과소평가해서는 안 됩니다. 보이지 않는다고 소홀히 여겨서는 안 되는 것입니다.

> 모든 지킬 만한 것 중에 더욱 네 마음을 지키라 생명의 근원이 이에서 남이니라 잠 4:23

성경은 마음의 청결함이 우리의 운명을 바꿀 수 있다고 말합니다. 입에서 나오는 모든 것들, 우리의 모든 생각과 행동의 뿌리가 마음에 있다면 마음의 청결함을 지키는 것이 얼마나 중요한 일이겠습니까? 생명의 근원이 마음에서 나온다는 말씀이 저절로 이해가 됩니다.

속사람이 중요하다

그렇다면 우리가 마음의 청결함을 잃어버리면 어떤 일이 일어날까요? 마음의 청결을 잃은 사람의 모습은 어떠할까요? 맥스 루케이도는 마음의 청결과 연결된 흥미로운 경험을 소개합니다.

하루는 그가 긴 가족 여행을 떠나게 되었습니다. 그런데 출발하기 전 전기 코드들을 뽑다가 실수로 냉장고의 코드도 뽑고 말았습니다. 여행을 마치고 돌아온 그가 냉장고의 문을 열었을 때 어떤 일이 벌어졌을까요? 음식 썩는 악취가 온 집을 채웠습니다. 구역질이 나고 구토가 나왔다고 합니다. 급히 냉장고 문을 닫고 난 후, 어떤 일을 해야 할까요?

　만일 세척제와 걸레로 냉장고의 외부만 반짝반짝하게 닦는 다고 상상해 보십시오. 그런 뒤 냉장고의 문을 열면 어떤 일이 일어날까요? 다시 악취가 진동할 것입니다. 그 냉장고가 얼마나 훌륭한 제품인지, 얼마나 고가의 제품인지, 얼마나 디자인이 아름다운지는 전혀 중요하지 않습니다. 그 속에 썩은 음식이 들어 있으면 그 냉장고는 버려지든지, 아니면 내부를 깨끗하게 청소한 다음에야 비로소 냉장고로서의 존재 가치를 회복할 수 있는 것입니다.

　마음의 청결도 이와 마찬가지입니다. 아무리 겉치장을 하고, 아무리 겉을 닦아도 속이 청결하지 않으면 그 사람은 복된 자일 수가 없습니다. 겉으로만 번지르르할 뿐 문을 열었을 때 악취가 진동하기 때문입니다.

　이렇듯 속사람이 중요합니다. 마음에 무엇이 있는지가 가장 중요합니다. 아무리 명문 대학을 나오고, 지위가 높고, 고급 자동차를 몰고, 고급 저택에 살아도, 그의 마음이 청결하지 않으면 썩은 음식이 들어 있는 냉장고와 같습니다. 그런 사람이 되지 말라는 것입니다. 차라리 겉모습은 볼품없고 초라해 보이더라도, 문을 열면 깨끗한 음식들이 잘 보관되어 있는 그런 사람이 되라는 것입니다.

　그런데도 여전히 사람들의 관심은 외적인 데 있습니다. 그래서 살면서 많은 실수를 하고, 많은 후회를 하게 됩니다. 실수와 후회 후에도 아무런 변화 없이 다시 외적인 것에 집착하는 것은 더 심각한 문제입니다.

사무엘과 이스라엘 백성이 그랬습니다. 왕이 되기 전 사울의 용모는 준수했고 그의 키는 다른 사람들보다 훤칠했습니다(삼상 9:2). 그런데 출중한 외모를 가진 사울이 왕이 된 후 이스라엘은 큰 아픔을 겪었습니다. 그의 마음이 청결하지 않았기 때문입니다. 그런 실패를 경험하고서도 사무엘은 엘리압의 외모를 주목했습니다. 그를 보며 하나님이 예비하신 이스라엘의 왕이라고 생각했기에 하나님은 정색하며 무엇을 보아야 하는지 가르쳐 주신 것입니다.

이스라엘은 그러한 아픔의 역사를 통해 교훈을 얻지 못하고, 또다시 마음과 내면보다는 외적인 것에 주목합니다. 다윗의 아들 압살롬은 뛰어난 외모와 언변을 가진 사람이었습니다(삼하 14:25). 이스라엘 백성들은 그에게 마음을 빼앗기고 맙니다. 그러나 압살롬의 마음은 복수심과 욕망으로 가득했습니다. 그래서 다윗 왕국에 큰 아픔을 주게 됩니다.

어리석은 인간은 그런 실패와 아픔을 겪고서도 또다시 마음의 청결이 아닌 겉모습을 추구합니다. 그래서 사울 한 사람으로 끝나지 않고 자꾸만 새로운 사울이 등장하는 것입니다. 압살롬 같은 사람이 계속 태어나는 것입니다. 누구를 탓하겠습니까? 다 우리 잘못입니다. 보아야 할 것은 보지 못하고, 보지 않아야 할 것을 본 탓입니다. 하나님의 안목으로 속사람을 보지 않고, 보이는 것에 주목하는 우리의 어리석음 때문에 사서 고생하고 아픔을 겪게 되는 것입니다.

마음을 씻어라

예수님 당시의 바리새인과 종교 지도자들도 그러했습니다. 한번은 바리새인과 서기관들이 함께 예루살렘에서 갈릴리까지 예수님을 찾아온 적이 있습니다. 먼 길을 달려와 문제 삼은 것은 "왜 당신의 제자들은 먹기 전에 손을 씻지 않는가?"라는 것이었습니다(마 15:1~2). 그것을 따지려고 그 먼 길을 온 것입니다. 대단한 사람들입니다.

그 모습을 보며 예수님은 어떤 생각이 드셨을까요? '진리의 말씀, 생명의 말씀을 증거해도 너희는 손을 씻는 것, 그 외적인 형식, 장로들의 유전에 갇혀 진리를 듣지 못하고 깨닫지 못하는구나'라고 생각하지 않으셨을까요? 예수님은 너무 답답하여 눈물이 나셨을 것 같습니다. 예수님은 그런 이들에게 이렇게 말씀하셨습니다.

> 8이 백성이 입술로는 나를 공경하되 마음은 내게서 멀도다 11입으로 들어가는 것이 사람을 더럽게 하는 것이 아니라 입에서 나오는 그것이 사람을 더럽게 하는 것이니라 마 15:8, 11

무슨 말씀입니까? "손을 씻지 말고 마음을 씻어라. 너희 스스로가 만든 전통과 관습에 갇혀 있지 말고, 내 말을 깨달아라. 마음이 중요하다. 마음에 무엇이 있는지가 너희의 운명을 결정한다." 예수님은 이렇게 말씀하고 계신 것입니다.

신앙을 형식과 겉모습으로 판단하기 시작할 때, 우리는 잘못된 것을 추구하게 됩니다. 비판하고 정죄하는 데 많은 시간을 쏟게 됩니다. 결국 자신의 들보는 보지 못한 채 남의 티만 보는 사람이 되고 맙니다(마 7:3). 그 순간 우리는 예수께서 "독사의 자식들아!"라며 혹독하게 책망하신 바리새인이 되고 종교 지도자들이 되는 것입니다.

> 24맹인 된 인도자여 하루살이는 걸러 내고 낙타는 삼키는도다 25화 있을진저 외식하는 서기관들과 바리새인들이여 잔과 대접의 겉은 깨끗이 하되 그 안에는 탐욕과 방탕으로 가득하게 하는도다 26눈 먼 바리새인이여 너는 먼저 안을 깨끗이 하라 그리하면 겉도 깨끗하리라 마 23:24~26

속이 깨끗하지 못하고 겉만 깨끗한 자, 마음과 속사람을 중요하게 여기지 않고 형식과 율법주의에 갇힌 사람들은 결코 다른 사람을 긍휼히 여길 수가 없습니다. 바리새인과 서기관들은 스스로를 경건하고 의롭다고 생각했지만, 실제로는 정죄하고 죽이는 자들이었지 살리고 세우는 자들이 아니었습니다.

마음과 중심을 중요하게 생각하지 않고, 보이는 것과 외적인 것만 바라보면 우리도 그들과 같은 자리에 서게 됩니다. 우리 중 단 사람도 바리새인들과 같지 않기를 바랍니다. 겉과 속이 다른 사람, 형식과 율법에 갇힌 사람, 눈에 보이는 외적인 것으로 남을 판단하고 정죄하는 사람이 되지 않기를 기도합니다.

날마다 십자가 앞에서

생각해 보면 가난한 마음, 애통하는 마음, 온유한 마음, 의에 주리고 목마른 마음, 긍휼히 여기는 마음, 그리고 청결한 마음 까지 이 모두가 마음의 문제, 내면의 문제, 속사람의 문제를 다루고 있습니다. 그 정도로 마음은 구원받은 삶, 복된 인생에 중요한 문제인 것입니다. 우리는 마음을 그만큼 중요하게 여기고 있습니까?

구약 성경을 잘 알고 있던 유대인들은 어찌하여 예수님을 알아보지 못했을까요? 선지자들이 예언한 바로 그 메시아가 눈앞에 서 계신데, 바리새인들과 종교 지도자들은 왜 예수님을 대적하고 십자가에 못 박기까지 했을까요? 그들에게 마음을 보는 눈, 중심을 보는 실력이 없었기 때문입니다.

보이는 것, 세상의 것만을 주목하고 중요하게 여기는 사람에게 예수님은 보이지 않습니다. 예수님의 말씀도 들리지 않습니다. 우리에게는 예수님이 보입니까? 그분의 말씀이 들리고 있습니까? 무엇보다 마음을 청결히 해야 합니다. 마음을 지켜야 합니다. 중요한 것은 겉사람이 아닌 속사람입니다.

스스로 자문해 보십시오. 하나님께서 외모가 아니라 중심을 보신다는 사실이 나에게는 어떻게 느껴집니까? 다행이다 싶습니까? 아니면 큰일이다 싶습니까? 저에게는 쉽지 않은 말씀으로 다가옵니다. 물론 중심만 바르다면 남녀노소, 빈부귀천에 관계없이 누구나 하나님이 인정하시는 복된 자가 될 기회가 주어진다는 점에서는 감사한 일입니다.

하지만 중심을 가꾸는 일은 결코 쉽지 않습니다. 외모를 꾸미는 일이 훨씬 쉽습니다. 외모는 조금만 정성을 들이면 표가 납니다. 돈을 들여 가꿀 수도 있고, 의술의 도움을 받을 수도 있습니다. 하지만 중심을 가꾸는 일은 그렇지 않습니다. 속성 과정이 없으며, 남의 도움을 받을 수 있는 차원의 일이 아닙니다. 때문에 중심을 보신다는 하나님의 말씀은 묵상하면 할수록 무겁게 다가옵니다. 만만치 않은 말씀입니다.

마음이 청결하게 되는 일은 쉽기도 하고 어렵기도 합니다. 쉬운 이유는 누구나 할 수 있기 때문입니다. 돈도 들지 않고, 장비나 도구도 필요하지 않기 때문입니다. 어려운 이유는 인내와 헌신이 필요한 일이기 때문입니다. 한 번에 되지 않습니다. 일주일 정도 노력한다고 되는 일이 아닙니다. 마치 집 안 청소와 같습니다. 깨끗이 청소해도 다시 더러워집니다. 매일 닦아 내야 하고, 날마다 예수님을 생각해야 하는 것입니다.

근본적인 죄 씻음과 청결함의 회복은 예수님만이 하실 수 있는 일입니다. 예수님이 십자가에서 이루신 일을 믿음으로 받아들일 때 우리는 죄 씻음을 받게 됩니다. 마음이 새롭게 되고, 근본적으로 새로운 피조물이 되는 것입니다. 그것은 우리의 노력이나 수고로 될 수 있는 일이 아닙니다. 하나님께서 우리를 위해 행하신 모든 일을 감사함으로 받을 때 이루어지는 일입니다. 그러므로 하나님을 믿으십시오. 십자가를 받아들여야 합니다.

동시에 우리는 날마다 깨끗해지기 위해 노력해야 합니다. 일주일에 한 번 주일예배를 드릴 때만이 아니라, 매일 아침 눈을 뜰 때마다 "청결한 마음을 주소서. 내 마음을 지켜 주소서"라고 고백하며 하루를 시작해야 합니다. 일상의 순간마다 말씀과 기도로, 성령의 도우심으로 마음을 씻어 내고 청결하게 해야 합니다. 매일 밤 잠자리에 들 때마다 마음을 정돈하고 더러운 생각과 감정들을 씻어 내야 합니다. 일용할 양식을 구하듯, 죄 용서의 은혜를 날마다 구해야 하는 것입니다.

> 그런즉 사랑하는 자들아 이 약속을 가진 우리는 하나님을 두려워하는 가운데서 거룩함을 온전히 이루어 육과 영의 온갖 더러운 것에서 자신을 깨끗하게 하자 고후 7:1

마음을 어지럽히고 더럽히는 일은 아주 쉽습니다. 그러니 더러운 것을 마음에 담아 두지 마십시오. 썩어 악취가 나게 될 것입니다. 사단이 틈탈 것입니다. 실수하게 될 것입니다. 후회할 말을 하게 될 것입니다. 결국에는 눈이 가리워지고, 판단력이 흐려져 멸망으로 인도하는 넓은 길로 나아가게 될 것입니다.

예수님은 마음이 중요하다고, 주님께서는 중심을 본다고 말씀하십니다. 마음이 청결한 자가 복이 있다고 하십니다. 우리의 마음은 어떠합니까? 그 안에 무엇이 들어 있습니까? 무엇보다 마음을 지키십시오. 마음이 청결한 자가 진정으로 복이 있는 자입니다.

CHAPTER 11

청결의
복 ②

하나님을 볼 것임이요

예수님은 마음이 청결한 자가 되라고 말씀하셨습니다. 얼굴이나 몸이 아니라 마음입니다. 그러므로 자신을 평가하거나 다른 사람을 평가할 때, 마음에 무엇이 있는지를 볼 수 있어야 합니다. 주님께서 중요하게 여기시는 것을 중요하게 여기는 우리가 되어야 합니다. 주님이 주목하시는 것을 주목할 수 있는 것은, 너무나도 중요한 영적 실력입니다.

'청결한'으로 번역된 헬라어 카타로스(καθαρός)는 깨끗한, 정결한, 흠 없는 등의 뜻을 가진 단어입니다. 거의 모든 영어 성경들이 'the pure in heart'라고 번역하고 있습니다. pure는 불순물이 없이 순수하다는 뜻입니다. 마음이 청결하다는 말은 마음이 순수하고 깨끗하다는 의미입니다. 죄로 더러워지지 않은 거룩한 마음을 의미합니다.

헬라어 카타로스에서 카타르시스(catharsis)라는 말이 나왔습

니다. 아리스토텔레스가 『시학』에서 사용한 이 단어는 마음속의
염려와 갈등, 불안과 긴장 등이 해소되고 정화되는 것을 의미합
니다. 따라서 카타로스에도 오염된 것이 사라지고 정화된 상태
라는 의미가 담겨 있다고 볼 수 있습니다.

오래전 다윗은 그런 마음을 얻고자 이렇게 기도했습니다.

> 하나님이여 내 속에 정한 마음을 창조하시고 내 안에 정직한 영을
> 새롭게 하소서 시 51:10

다윗이 구하고 있는 정한 마음이 예수님이 말씀하신 바로
그 청결한 마음이라고 생각합니다. 영어 성경들이 '정한 마음'을
'pure heart, clean heart'라고 번역했으니 씻겨진 마음, 순수하고
깨끗한 마음입니다. 그런데 다윗은 이 마음을 내가 만드는 것이
아니라, 하나님께서 창조해 주시는 것이라고 말합니다. 여기서
'창조하다'는 천지창조 때 사용되었던 히브리어 바라(אָרָב)와 동일
한 단어입니다. 정한 마음은 애초에 우리가 만들 수 있는 마음
이 아닌 것입니다.

다윗은 죄로 더러워진 자신 안에 정한 마음, 청결한 마음을
창조해 주시기를 간구합니다. 그가 처음부터 정한 마음을 간구
했던 것은 아닙니다. 자신의 마음이 더러운 줄 몰랐기 때문입니
다. 하지만 나단 선지자를 통해 하나님의 음성을 듣고 그는 자
신의 더러움을 깨닫습니다. 그래서 정한 마음을 구하게 됩니다.
자신이 죄인임을 아는 자만이, 내 마음이 청결하지 않다는 것을

아는 사람만이 마음의 청결함을 구하게 되는 것입니다.

진실한 마음으로

우리는 우리의 마음이 깨끗하지 않음을 알고 있습니까? 하나님께서 청결한 마음을 창조해 주시길 기대하고 있습니까? 구체적으로 어떠한 마음이 청결한 마음입니까?

첫째로 청결한 마음은 진실한 마음입니다. 겉과 속이 다른 이중성이 없는, 거짓 없는 마음이 청결한 것입니다. 예수님이 바리새인들과 종교 지도자들을 무섭게 책망하신 이유는 그들의 이중성 때문이었습니다.

> 화 있을진저 외식하는 서기관들과 바리새인들이여 회칠한 무덤 같으니 겉으로는 아름답게 보이나 그 안에는 죽은 사람의 뼈와 모든 더러운 것이 가득하도다 마 23:27

그들은 외식하는 자들이었습니다. 가장(假裝)하는 사람, 위선자(hypocrites)라는 말입니다. 유대인들은 시체와 무덤을 부정하게 여겼습니다. 그래서 멀리서도 구별할 수 있고 밤에도 쉽게 알아볼 수 있도록 무덤에 석회를 뿌리거나 하얗게 회칠을 하고, 혹시라도 벗겨질까 봐 정기적으로 덧칠을 하기도 했습니다. 부정한 곳이니 접근하지 말라는 뜻입니다. 혹시라도 무덤에 가서 자신을 더럽히지 말라는 배려였습니다.

예수님은 바리새인들이 이런 회칠한 무덤 같다고 말씀하셨습니다. 겉보기에는 깨끗해 보이지만, 그 속에는 시체와 뼈가 있는 부정한 무덤, 그래서 남을 더럽게 만드는 존재, 그런 이중성을 가진 자들이 바로 바리새인들이라는 것입니다.

복음서를 보면 예수님이 매우 강한 톤으로 유대의 종교 지도자들을 책망하셨다는 것을 발견하게 됩니다. 이방인들은 아예 하나님을 모르니 그렇다 해도, 스스로 경건한 의인이라 여기면서도 하나님 앞에서 냄새나는 죄인이었던 그들의 운명은 더욱 심각했기 때문입니다.

종교 지도자들은 자신들만 잘못된 길을 가는 것이 아니었습니다. 잘못된 가르침으로 많은 사람들을 넘어지게 했습니다. 때문에 더욱 엄중한 경고를 받는 것입니다. 영향을 끼칠 수 있는 지도자의 자리에 있는 사람의 시각이 잘못되면 악영향이 크기 때문입니다. 그래서 성경은 선생이 되지 말라고, 그 책임이 크며 심판의 기준이 다르다고 경고합니다(약 3:1).

착각만큼 위험한 것은 없습니다. 분명 그들은 자신을 마음이 청결한 자로 여겼고, 경건함과 의로움에 대해 대단한 자부심이 있었습니다. 스스로 아무런 문제가 없다고 생각했기에 다른 죄인들을 걱정하고 정죄했습니다. 그러나 예수님은 "남을 걱정하지 말라. 바로 네가 걱정거리다"라고 말씀하십니다. 그들의 이중성 때문입니다. 겉과 속이 달랐기 때문입니다.

그들에게는 마음의 청결함이 없었습니다. 사람들의 눈을 속일 수 있었지만, 하나님의 눈을 속일 수는 없었습니다. 혹시 내가 이와 같은 사람은 아닌지 늘 경계해야 합니다. 오늘의 바리새인과 종교 지도자는 교회 안에 있는 자들이지 교회 밖에 있는 자들이 아니기 때문입니다. 그들의 자리는 위험하고 무서운 자리입니다. 그들과 같이 되어서는 안 됩니다.

불순물을 제거하라

둘째로 청결한 마음은 순수한 마음입니다. 앞에서 살펴본 것처럼 헬라어 '카타로스'는 '불순물이 섞이지 않았다'는 의미를 지닙니다. 음료수를 마시거나 음식을 먹을 때 우리는 불순물이 섞이지 않은 순수한 것을 선호합니다. 무엇이 첨가되었는지를 확인합니다.

하나님도 우리의 순수함을 원하십니다. 불순물이 섞이지 않은 순수한 동기로 하는 순수한 헌신, 순수한 섬김, 순수한 예배를 원하시는 것입니다. 사도행전 5장에 나오는 아나니아와 삽비라는 자신의 소유를 팔아 하나님 앞에 헌금했습니다. 그러나 하나님은 그것을 받지 않으셨습니다. 그들의 헌금과 봉사보다 청결한 마음, 순수한 헌신을 원하셨기 때문입니다.

불순한 의도가 뒤에 감추어진 헌신과 섬김, 그것은 마음이 청결한 것이 아닙니다. 그것은 하나님을 속이려는 것입니다. 문제는 사람은 속일 수 있어도 하나님은 속일 수 없다는 사실입니다. 하나님은 중심을 보시며, 감추인 것까지 다 보시는 하나님이십니다.

그러므로 순수하지 않은 동기와 마음으로 하나님을 섬기고 하나님의 일을 하는 것은 참으로 어리석은 일이요 불행한 일입니다. 그래서 하나님은 마음이 청결해야 한다고 하십니다. 나를 속일 생각하지 말고, 모든 불순물들을 제거하고, 순수한 마음으로 나를 섬기고, 나를 따르라고 말씀하시는 것입니다. 그것이 복되다 하십니다.

성경은 사단이 거짓의 아비요 계략을 꾸미는 자라고 말합니다(요 8:44). 순수하지 않은 것입니다. 청결하지 않은 것입니다. 사단에게 매이고 묶인 사람들의 마음도 청결할 수 없습니다. 사단이라는 아버지의 자식이기 때문입니다. 사단의 일은 그럴듯해 보이지만 반드시 불순물이 섞여 있습니다. 거짓, 계략, 권모술수, 뭔가 뒤에 감추인 것이 있는 것입니다.

하나님께서는 때가 되면 그러한 불순물들을 만천하에 드러내실 것이라고 선언하셨습니다. 우리의 마음은 순수합니까? 보이는 것이 전부인가요? 아니면 감추인 다른 동기와 이유가 있습니까? 청결한 마음은 불순물이 섞이지 않은 순수한 마음입니다.

마음을 확정한 사람

셋째로 청결한 마음은 충성스럽고 신실한 마음입니다. 청결한 마음을 생각할 때, 저는 두 단어 로열티와 페이스풀네스(loyalty & faithfulness)가 생각났습니다. 청결한 마음이란 죄를 멀리하는 깨끗한 마음일 뿐 아니라, 두 주인이 아니라 한 주인만을 섬기는 충성스럽고 신실한 믿음의 마음입니다. 성경에 의하면 나뉘어진 마음은 염려하는 마음이요, 의심하는 마음입니다.

6오직 믿음으로 구하고 조금도 의심하지 말라 의심하는 자는 마치 바람에 밀려 요동하는 바다 물결 같으니 7이런 사람은 무엇이든지 주께 얻기를 생각하지 말라 8두 마음을 품어 모든 일에 정함이 없는 자로다 약 1:6~8

야고보서는 의심하는 마음은 정함이 없는 마음, 흔들리는 마음이라고 정의합니다. 이 말씀에 근거하여 저는 청결한 마음은 하나님을 온전히 신뢰하는 믿음의 마음이라고 생각합니다. 그 어떤 것도 신뢰하지 아니하고, 오직 하나님 한 분만을 신뢰하고 예배하는 사람이 마음이 청결한 자인 것입니다.

하나님이어 내 마음이 확정되었고 내 마음이 확정되었사오니 내가 노래하고 내가 찬송하리이다 시 57:7

청결한 마음은 확정되고 확정된 마음입니다. 이를 부부 관계로 비유해 볼까 합니다. 청결하지 않은 마음이란 아내를 두고도, 다른 여인을 사랑하는 마음입니다. 부정한 마음이지요. 하지만 청결한 마음은 한 아내만을 향한 일편단심의 마음입니다. 그 마음이 아내를 향해 확정된 것입니다. 예수님은 이렇게 설명해 주셨습니다.

한 사람이 두 주인을 섬기지 못할 것이니 혹 이를 미워하고 저를 사랑하거나 혹 이를 중히 여기고 저를 경히 여김이라 너희가 하나

청결한 마음이란 단지 죄를 멀리하는 깨끗한 마음일 뿐 아니라, 한 아내를 사랑하는 신실한 사랑이요, 한 주인만을 섬기는 충성스러운 마음인 것입니다. 그런데 이스라엘은 이중생활을 했습니다. 호세아서가 말하고 있는 것처럼 간음하는 아내와 같았고, 두 주인을 섬기는 종과도 같았습니다. 마음이 부정하며, 청결하지 않았던 것이지요.

마음이 더러워졌기 때문에 이스라엘은 고생하고, 눈물을 흘려야만 했습니다. 이러한 사실은 신앙생활을 하면서도 평안과 즐거움을 잃어버리는 중요한 이유가 한 남편을 향한 일편단심, 한 주인만 섬기는 충성심을 상실했기 때문일 수 있음을 가르쳐 줍니다. 평안과 기쁨은 소속이 분명하고, 충성된 믿음의 사람에게만 허락되기 때문입니다. 나의 소속은 분명한가요? 오직 한 분만 바라보고 있습니까?

이런 차원에서 청결한 마음은 loyalty와 faithfulness, 즉 신실함과 충성스러움으로 표현할 수 있습니다. 사명을 위해 기꺼이 목 베임을 당한 세례 요한의 마음은 청결했습니다. 죽을 줄 알면서도 복음 들고 예루살렘으로 향하는 바울의 마음도 청결했습니다. 어디 그뿐일까요? 오늘도 믿음을 지키기 위해 기꺼이 손해를 감수하는 성도들, 땅의 것보다 하늘의 것을 귀히 여기며 시간과 물질과 건강을 하나님께 드리는 귀한 성도들, 그들 모두가 마음이 청결한 자입니다. 하나님은 그런 충성스러운 사람들을 마음이 청결한 자라고 부르십니다.

마음이 청결한 것은 결코 소극적인 것이 아닙니다. 죄를 피하기 위해 면벽 수도를 하거나, 도덕적으로 깨끗해지기 위해 산으로 들어가는 것 그 이상입니다. 마음이 청결한 것은 하나님께 충성하는 것이고, 십자가를 지고 주님을 따르다가 죽기까지 하는 것입니다. 이런 충성스럽고 신실한 마음을 가진 사람이 마음이 청결한 자입니다.

청결한 마음은 사람과의 관계에서도 드러납니다. 두 마음을 품지 않고 진실하게 사람들을 대하는 것, 배신하거나 뒤통수를 치지 않는 것, 겉과 속이 다르지 않고 언행일치하는 것, 사람에게 의리를 지키는 것, 그것이 마음이 청결한 자의 모습이 아닐까요? 저는 하나님께 충성되고 의리를 지키는 사람은 사람에게도 충성되고 의리를 지킨다고 확신합니다.

거룩을 회복하라

넷째로 청결한 마음은 거룩한 마음입니다. 거룩하신 하나님을 닮아 자신도 거룩함을 품는 마음인 것입니다.

> 나는 너희의 하나님이 되려고 너희를 애굽 땅에서 인도하여 낸 여호와라 내가 거룩하니 너희도 거룩할지어다 레 11:45

하나님은 왜 거룩을 요구하실까요? 하나님이 더러운 것을 싫어하시기 때문입니다. 더러운 곳에 거하지 않으시기 때문입니다. 하나님은 우리와 함께하고 싶어 하십니다. 하나님은 우리와 교제하기 원하시고, 대화하기 원하시고, 동행하기를 원하십니다. 하지만 청결하지 않은 곳에서는 함께하실 수가 없습니다. 그래서 모세에게도 여호수아에게도 이렇게 말씀하셨습니다. "네 신을 벗어라. 네가 선 곳은 거룩한 땅이다(출 3:5, 수 5:15)."

우리는 거룩하신 하나님 앞에 감히 설 수 없는 존재입니다. 그런 우리가 어떻게 청결한 마음을 가질 수 있을까요? 그 출발점은 나의 죄인 됨과 나의 무기력함을 인정하는 것입니다. 아이러니하게도 청결한 마음을 가지려면 먼저 내가 더러운 자라는 것을 깨달아야 합니다. 나에게 그 더러움을 씻을 수 있는 능력이 없음을 인정해야 합니다.

우리는 바로 그 자리에서 십자가를 만나게 됩니다. 십자가는 더러운 우리를 깨끗하게 씻음받은 새로운 피조물이 되게 합니다. 본어게인, 거듭나는 것입니다. 변화되는 것입니다. 그러므로 이 여섯 번째 복을 누리기 위해서는 나의 더러움을 하나님 앞에 인정하고 십자가를 받아들여야 합니다.

동시에 이미 십자가의 은혜로 씻음받은 하나님의 자녀들도 청결한 마음을 지키기 위해서는 날마다 그리스도와 연합된 삶을 살아야 합니다. 성령의 도우심을 힘입어야 합니다. 영적 훈련과 경건의 연습이 필요합니다. 이것은 선택이 아니라 필수입니다. 세상이 다 검은데 나만 희게 사는 것은 쉬운 일이 아니기 때문입니다. 아더 핑크는 이렇게 말했습니다.

모든 합법적인 수단을 다 이용하여 자신을 청결케 하는 것이 우리의 의무다. 즉 날마다 자신의 죄를 진심으로 고백하고, 의의 길을 걷는 것이 우리의 의무이다.

나의 마음을 청결하게 지킬 수 있는 모든 방법을 동원해야 합니다. 마음의 청결함을 지키기 위해서는 하나님을 가까이하고, 거룩한 것을 가까이해야 합니다. 또한 멀리해야 할 것을 멀리해야 합니다. 근처에도 가지 않는 것이 좋습니다. 죄는 금세 우리를 더럽히기 때문입니다. 청결한 마음은 지혜와 분별력을 선물하지만, 더러워진 마음은 기도를 막고 눈을 가립니다. 시야가 흐려지면 사고가 납니다.

그리스도인들은 청결한 마음을 유지하기 위해 노력해야 합니다. 애써야 합니다. 세상의 때는 너무 쉽게 묻어 버리기 때문입니다. 우리는 쓴 뿌리를 가진 타락한 죄인이며, 세상이 우리를 유혹하고 흔들어 대기 때문입니다. 예를 들어 이런 노력들을 할 수 있을 것입니다.

긍정의 훈련 (경건 훈련)	선을 가까이하는 훈련, 통독, 묵상, 기도, 제자 훈련, 선한 교제(믿음의 친구)
부정의 훈련 (절제 훈련)	죄를 멀리하는 훈련, 침묵, 금식, 새벽기도, 미디어 금식(인터넷, 유튜브, SNS)

공동체의 다른 지체들에게 부정적인 자극제가 되지 않기를

바랍니다. 누군가의 청결함을 깨는 자가 되지 말라는 말입니다. 상처를 받았거나 어려움이 있음에도 기도하고 말씀을 들으며 은혜 안에서 이기기로 마음을 다스린 사람에게 가서 "난 다 이해한다. 그 인간 어떻게 그럴 수가 있냐? 넌 바보냐 왜 가만히 있냐?" 이런 식으로 불을 지르지 말란 말입니다. 그것은 그 형제를 위하는 일도 아니고, 하나님께서 기뻐하시는 일도 아닙니다.

우리가 서로에게 불을 지르지 않아도, 세상은 매 순간 우리 마음에 불을 지릅니다. 우리 마음을 더럽힙니다. 그러므로 우리는 풍랑을 일으키는 자가 아니라 풍랑을 잠잠하게 하는 자가 되어야 합니다. 누군가가 우리의 마음에 불을 지르고 충동질하려 할 때마다 '지금 사단이 내 마음을 더럽히려고 하는구나'라는 생각이 먼저 들어야 합니다. 그때는 모든 방법을 동원해서 마음을 청결하게 지켜 내야 합니다.

마음이 청결한 사람은 세상의 욕망을 채울 때 맛보는 것과는 전혀 다른 기쁨을 소유하게 됩니다. 곧 하늘의 기쁨, 영원한 기쁨, 충만한 기쁨입니다. 이것은 더 많이 가졌기 때문에 누리는 기쁨이 아닙니다. 그렇다면 청결한 마음을 가진 사람이 누리는 기쁨은 어떤 것일까요?

저는 집 안을 깨끗하게 청소하고 난 뒤의 기분을 생각해 보았습니다. 힘들지만 상쾌한 기분입니다. 또한 복잡한 일들이 정리되고 해결되었을 때의 마음도 생각해 보았습니다. 평안하고 만족한 상태입니다. 마음이 청결해지면 이런 은혜를 누리게 된다고 저는 생각합니다. 그런데 예수님은 더 큰 은혜를 약속하셨습니다. 마음이 청결한 자는 하나님을 보게 된다고 말씀하셨습니다. 이는 궁극적으로는 장래에 성취될 약속이지만, 현세에서도 충분히 누릴 수 있는 은혜입니다.

> 나의 계명을 지키는 자라야 나를 사랑하는 자니 나를 사랑하는 자는 내 아버지께 사랑을 받을 것이요 나도 그를 사랑하여 그에게 나를 나타내리라 요 14:21

> 우리가 지금은 거울로 보는 것 같이 희미하나 그때에는 얼굴과 얼굴을 대하여 볼 것이요 지금은 내가 부분적으로 아나 그때에는 주께서 나를 아신 것 같이 내가 온전히 알리라 고전 13:12

지금은 희미하게 보고 부분적으로만 알지만, 우리는 언젠가 하나님을 얼굴과 얼굴로 보게 될 것입니다. 이 땅을 살아가는 동안에도 우리에게 자신을 나타나시는 하나님을 마주하며, 사랑과 은혜를 누리게 될 것입니다. 이것이 마음이 청결한 자가 누릴 놀라운 은혜, 가장 큰 복입니다.

하나님을 마주 보는 기쁨

하나님을 보는 것이 복이라는 사실에 큰 감흥이 없을 수도 있습니다. 실망이라고 생각하는 사람이 있을지도 모릅니다. 하지만 반대로 생각해 보십시오. 하나님을 찾고 구해도 그 얼굴을 뵐 수 없다면 어떻겠습니까? 주님 다시 오시는 그날 하나님이

나를 외면하신다면 어떤 것 같습니까?

오늘 이 땅에서 저를 쫓아내시니, 하나님을 뵙지도 못하고, 이 땅 위에서 쉬지도 못하고, 떠돌아다니게 될 것입니다. 그렇게 되면, 저를 만나는 사람마다 저를 죽이려고 할 것입니다. 창 4:14, 새번역

이는 마음이 더럽혀진 살인자 가인의 고백입니다. 마음이 더러운 자는 하나님을 보지 못하고, 보호받지 못합니다. 그러나 마음이 청결한 자는 하나님의 도움을 얻게 되며, 보호받게 됩니다. 기도할 때마다, 말씀을 읽고 들을 때마다 하나님을 만나게 됩니다. 이제 차이를 아시겠습니까? 이제 하나님을 보는 것이 얼마다 큰 복인지 와닿습니까?

때때로 하나님이 자신을 숨기시는 경우도 있습니다. 하나님은 언제 자신을 숨기실까요?

17내가 그들에게 진노하여 그들을 버리며 내 얼굴을 숨겨 그들에게 보이지 않게 할 것인즉 (중략) 18또 그들이 돌이켜 다른 신들을 따르는 모든 악행으로 말미암아 내가 그때에 반드시 내 얼굴을 숨기리라 신 31:17~18

우리가 하나님을 거역하고 악을 행함으로 마음이 더러워질 때 하나님은 자신을 숨기십니다. 마음이 더러운 자는 하나님을 볼 수 없고, 하나님과 가까이할 수 없으며, 하나님의 보호를 받

지 못하는 것입니다.

마음의 청결함을 잃을 때 하나님과의 관계가 깨어지고 멀어집니다. 구원의 즐거움을 누리지 못하게 됩니다. 기쁨 없는 신앙생활을 하게 되는 것입니다. 그러므로 마음이 청결한 자가 누리는 복은 얼마나 놀라운 것입니까? 절대 놓쳐서는 안 되는 은혜입니다.

예배에 빠지지 않고, 많은 봉사를 하고, 교회에서 직분을 가지고 있어도 마음이 청결하지 않으면 하나님을 볼 수 없습니다. 마음이 청결한 자가 하나님을 보게 됩니다. 마음이 중요합니다. 하나님은 우리의 중심을 보십니다. 마음을 보십니다.

우리는 왜 하나님을 보아야 합니까? 왜 이 복을 구해야 합니까? 하나님을 보는 사람만이 고난을 이겨 낼 수 있기 때문입니다. 원수가 다가와도 그 뒤에 서 계신 하나님이 보이면 꺾이지 않습니다. 인생의 풍랑이 몰아쳐도 그 바다를 다스리시는 하나님이 보이는 사람은 승리할 수 있습니다. 예수님을 바라보는 사람만이 믿음의 경주를 완주할 수 있으며, 믿음의 경주를 완주하는 자에게 주어지는 최고의 상급은 하나님을 보는 것입니다. 하나님을 보는 것이 최고의 은혜요 복인 것입니다. 우리에게는 하나님이 보입니까? 우리는 하나님을 보며 살고 있습니까? 예배에서 누구를 만나고 있습니까?

하루는 어느 기자가 헬렌 켈러(Helen Keller)에게 물었습니다. "당신은 보지도 듣지도 못하니 얼마나 불편하고 답답합니까?" 그녀는 이렇게 답했습니다. "그렇지 않습니다. 저는 하나님의 나라를 보았고 지금도 하나님을 뵙고 있습니다." 얼마나 역설적인 진실입니까? 시력을 갖고도 하나님을 보지 못하는 사람이 있는 반면, 시력을 잃었어도 하나님을 보는 사람이 있습니다. 누가 복된 사람일까요?

하나님을 보는 은혜를 경험한 사람들은 그것이 얼마나 중요한 일인지를 분명하게 인식합니다. 노벨 문학상을 수상한 소설가 프랑수아 모리아크(Francois Mauriac)는 "마음의 불결함은 우리를 하나님으로부터 멀어지게 한다. 영적 세계에도 물리적 세계처럼 따라야 할 법칙이 있다. 하나님의 사랑을 소유하려면 정결함은 필수 조건이다"라고 했고, 철학자 키에르케고르(Kierkegaard)는 "마음의 깨끗함은 오직 한 가지 목적에 몰두할 때 주어진다. 하나님께 속한 거룩한 목적에 몰두할 때 내 마음이 깨끗해지는 것을 느낀다"라고 했습니다.

예수님은 마음이 청결한 자가 하나님을 보게 된다고 하셨지만, 순서를 바꾸어 묵상해 보아도 좋겠다는 생각이 들었습니다. 만약 우리가 하나님을 보고 알고 동행하는 것을 복으로 여긴다면, 마음을 청결히 하려고 노력할 것입니다. 마음을 살필 것입니다. 마음이 청결한 자가 하나님을 본다고 하셨으니 말입니다.

하지만 하나님 보는 것을 복으로 여기지 않고 중요히 여기지 않는다면 어떨까요? 마음을 더럽힘으로 주님을 보지 못하게 되는 것을 우습게 생각할 것입니다. 영적인 시력을 상실하고도 아무 문제를 느끼지 못할 것입니다. 지금 우리는 무엇을 진정한 복으로 생각하고 있습니까?

CHAPTER 12

화평의
복 ①

화평하게 하는 자는 복이 있나니

일곱 번째 복은 화평하게 하는 자가 누리는 복입니다. 예수
님은 화평하게 하는 자가 복이 있다고 말씀하십니다.

화평하게 하는 자는 복이 있나니 그들이 하나님의 아들이라 일컬
음을 받을 것임이요 마 5:9

화평하게 하는 것, 이것은 관계적인 성품입니다. 이 땅에서
사람들과 관계를 맺고 살아가며, 공동체를 이루고 살아가는 우
리에게 너무나 중요한 성품입니다. 이 시대는 화평하게 하는 자
를 필요로 합니다. 많은 가정에 평화가 없기 때문입니다. 많은
공동체들이 평화를 잃어버린 채 다투고 상처받아 신음하고 있
기 때문입니다.

갈등의 시대입니다. 화평과 평화가 점점 소멸되고 있습니

다. 전 세계적으로 세대와 세대 사이에, 정치적 신념이 다른 사람들 사이에, 남성과 여성 사이에, 가진 자와 가지지 못한 자 사이에, 고용주와 직원 사이에, 모든 분야에서 갈등은 심화되고 있습니다.

갈등이 만연한 사회

안타깝게도 한국의 사회갈등은 세계 최상위 수준이라고 합니다. 2021년에 발표된 미국 퓨리서치센터의 자료에 의하면 조사 대상이었던 17개국 중 한국의 갈등 지수는 2위를 차지했습니다. 이는 아시아에서 가장 높은 순위였습니다. 부끄러운 은메달, 금메달입니다.

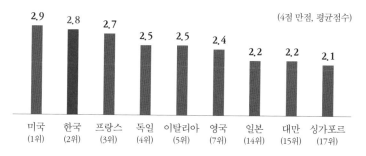

(4점 만점, 평균점수)

미국 (1위)	한국 (2위)	프랑스 (3위)	독일 (4위)	이탈리아 (5위)	영국 (7위)	일본 (14위)	대만 (15위)	싱가포르 (17위)
2.9	2.8	2.7	2.5	2.5	2.4	2.2	2.2	2.1

※ 출처: Pew Research Center, 2021. 10. 13. Diversity and Division in Advanced Economies. (https://www.pewresearch.org/global/2021/10/13/diversity-and-division-in-advanced-economies/)
※ 4점 척도: 모든 영역에서 갈등 없음은 1점, 모든 영역에 갈등이 높음은 4점임.
※ 조사 대상국: 미국, 한국, 프랑스, 독일, 이탈리아, 벨기에, 영국, 캐나다, 스웨덴, 네덜란드, 호주, 그리스, 뉴질랜드, 일본, 대만, 스페인, 싱가포르

[그림] 국가별 인지된 사회갈등 수준

국무조정실이 연구한 '사회적 갈등으로 인한 경제적 비용분석(2024년)'에 따르면 2013년에서 2022년까지 최근 10년간 사용된 사회갈등 비용은 2,326조 6천억 원으로 연평균 233조원 수준이었습니다. 이는 2022년 국가 예산 608조 원의 38%에 해당합니다.

엠브레인 트렌드모니터에 의하면 국민 세 명 중 두 명이 우리 사회의 갈등은 작은 불씨에도 순식간에 폭발할 정도로 위험하다고 답했으며(2024년), 한국보건사회연구원의 조사에 의하면 지금보다 나아질 것이라는 대답은 7%에 불과한 반면 지금보다 심각해질 것이라고 답한 사람은 28%였습니다(2023년). 사회갈등에 대한 전망이 비관적이라는 뜻입니다.

가장 안타까웠던 부분은 종교계의 사회갈등 해소를 위한 노력이 정부나 시민단체들보다 낮게 평가되었다는 점입니다(2023년, 한국사회갈등해소센터, 한국리서치 등). 다른 조사에 의하면 기독교인 열 명 중 여섯 명은 한국 사회에서 점점 심화되고 있는 이념갈등에 한국 교회도 책임이 있다고 답했으며, 응답자의 절반 가까이가 사회적 갈등의 해소를 위해 한국 교회가 노력하고 있지 않으며 영향을 끼치지 못하고 있다고 답했습니다(2024년, 이음사회문화연구원). 안타까운 결과임에도 그것을 부정할 수 없어 더 속이 상합니다.

언젠가 "저 교회는 호남 사람들이 모인 교회다. 저 교회는 영남 사람들이 모인 교회다"라는 식의 말을 들으며 절망감을 느낀 적이 있습니다. 적어도 교회는 그런 것을 뛰어넘어야 하지 않겠습니까? 사회적 경계를 넘어서야 하지 않겠습니까?

우리는 피스메이커

우리는 아직 갈 길이 멀었습니다. 십자가를 외치고 경건을 외치지만 여전히 출신 지방, 학벌, 빈부 차이, 이념과 같은 것들을 넘지 못하는 것이 부끄러운 현실입니다. 그런 교회를 향해 오늘 예수님은 화평하게 하는 자가 되라고 말씀하십니다.

평화를 싫어하는 사람은 드물 것입니다. 그러나 실제로 평화를 만드는 사람은 많지 않습니다. 가장 재미있는 것이 불구경과 싸움 구경이라는 농담을 들어 본 적이 있습니다. 사람들은 평화를 원하면서도 싸움을 좋아하고, 서로를 미워하는 어리석고 악한 존재입니다.

그럴수록 인생은 더 힘들고 무거워집니다. 사는 것이 힘들어도 서로 사랑하고 이해하고 품어 주면 고난도 이겨 내고 웃으며 살 수 있을 텐데, 어리석은 인간은 서로 잡아먹지 못해 안달입니다. 서로 상처를 주고받고, 갈등하고 다툽니다. 그래서 삶이 더 어렵고 버거운 줄도 모르고 말입니다.

이 땅에 다툼이 없다면, 증오와 미움이 없다면, 시기와 질투가 없다면, 세상은 화평하게 하는 자를 필요로 하지 않을 것입니다. 그러나 모두가 평화를 원하면서도 평화를 만들 줄 모르기에, 아니 만들고 있지 않기에 화평하게 하는 자가 필요한 것입니다. 지금 이 시대는 화평하게 하는 자를 찾고 있습니다. 가정에도, 직장에도, 교회에도, 사회에도, 나라와 나라 사이에도 화평하게 하는 자가 필요합니다. 화평케 하는 한 사람의 존재가 가정과 교회와 나라를 바꿀 수 있기 때문입니다.

우리는 화평하게 하는 자입니까? 아니면 화평을 깨는 자입니까? 문제를 해결하는 사람입니까? 아니면 문제를 일으키는 사람입니까? 마지막 날이 다가올수록 세상과 가정과 교회는 더욱 간절하게 화평케 하는 자를 찾을 것입니다. 화평을 만드는 자를 보내 달라고 소리칠 것입니다. 우리가 바로 그 사람이면 좋겠습니다. 우리가 가는 곳마다 평화가 이루어지면 좋겠습니다. 간절한 바람입니다.

세상이 찾는다고 우리가 꼭 화평한 사람이 되어야 할 이유는 있을까요? 우리는 왜 화평하게 하는 자가 되어야만 하는 것일까요? "나는 예수를 믿지만 화평하게 하는 자로 살지는 않겠다." 이렇게 선언할 수는 없는 것일까요? 화평하게 하는 일은 왜 우리에게 중요한 것일까요? 예수님이 우리에게 복 주기를 원하시기 때문입니다. 하나님을 위해서가 아니라 우리를 위해 "화평하게 하는 자라 되라"라고 명령하셨다는 말입니다.

이 예수님의 말씀은 상관의 명령이라기보다는 부모의 부탁으로 들려야 합니다. 자식들끼리 싸우거나 말거나 나만 잘 먹고 잘 살면 된다는 부모가 있겠습니까? 사랑하는 아들딸들이 화평케 하는 자가 되지 못해 그들에게 이미 허락된 하늘의 복을 누리지 못하는 것을 좋으신 아버지께서 원하시겠습니까? 아버지는 자식에게 복을 주고 싶으신 것입니다. 아버지는 자식들이 평강을 누리고, 화목하기를 원하시는 것입니다.

그러므로 "화평하게 하는 자는 복이 있나니"라는 예수님의 말씀에는 우리에게 복을 주고자 하시는 아버지의 사랑이 담겨 있습니다. 하늘의 은혜를 놓치지 않기를 바라시는 간절함이 담겨 있는 것입니다.

우리의 아버지는 평화의 왕이시며 평화를 사랑하는 하나님 이십니다. 하나님은 나누어진 것을 하나가 되게 하고, 원수를 친구로 만드는 분이십니다. 온갖 염려와 걱정 근심이 가득한 삶에 평화를 주시는 하나님, 우리 아버지는 그런 분이십니다. 화평은 우리 아버지의 성품이요 본질입니다. 그러한 아버지의 자식들, 평화의 왕을 따르는 제자들은 화평하게 하는 자로 사는 것이 마땅하지 않겠습니까? 이것은 선택 사항이 아닙니다. 그리스도인은 반드시 화평하게 하는 자가 되어야만 합니다. 다른 선택지가 없습니다.

화평은 평화와 같은 말입니다. 평안이나 평강이라고 바꾸어 표현해도 됩니다. 평화는 성경에서 400번 이상 언급되는 중요한 단어입니다. 성경은 에덴동산의 평화로 시작하여 영원한 평화의 예언으로 끝을 맺습니다. 인간의 죄가 평화를 깨뜨렸지만, 그리스도께서 십자가에서 죽으심으로 우리의 평화가 되셨다고 말씀합니다.

지극히 높은 곳에서는 하나님께 영광이요 땅에서는 하나님이 기뻐하신 사람들 중에 평화로다 하니라 눅 2:14

예수님이 이 땅에 오셨을 때 천사들은 평화를 선포했고, 부활하신 예수님은 제자들에게 "평강이 있을지어다"(눅 24:36)라고 말씀하셨습니다. 평화를 사랑하시는 평화의 왕, 바로 그분이 "너희도 나처럼 평화를 사랑하고, 평화를 만드는 사람이 되라"고 말씀하고 계신 것입니다.

그런 면에서 '화평하게 하는 자'라는 별명이 그리스도인에게 가장 잘 어울리는 이름이라고 생각합니다. 우리가 '그리스도인'이라는 이름 외에 다른 이름으로 불려야 한다면 '화평하게 하는 사람들'이 어떨까 생각해 봅니다. 그러한 별명이 어울린다고 생각하십니까? 지금 화평하게 하는 자로 살고 있습니까?

화평하게 하는 자는 구체적으로 어떻게 살아가는 사람들을 말할까요? 화평하게 하는 자는 헬라어로 '평화'를 뜻하는 에이레네(εἰρήνη)와 '만드는 사람들'이라는 뜻을 가진 포이에오(ποιέω)의 합성어입니다. '평화를 만드는 사람들'이라는 의미입니다. 영어 성경들 역시 이를 the peacemakers, 평화를 만드는 사람들이라고 번역하고 있습니다. 예수님은 우리에게 평화를 '만드는' 사람이 되라고 말씀하고 계신 것입니다.

또한 이 헬라어 단어는 '평화를 사랑하는 사람'이라는 의미와 '중재자, 즉 화해시키는 사람'이라는 의미도 담겨 있습니다. 화평하게 하는 자는 전쟁터에 평화를, 갈등과 다툼 속에 화해와 하나 됨을, 염려와 근심 가운데 평강을 만드는 사람인 것입니다. 그것은 가장 그리스도인다운 일입니다.

화평하게 하는 자들은 있는 자리에서 평화를 만들고, 평화를 유지하는 사람들입니다. 이들은 가만히 앉아서 평화가 스스로 찾아오기만을 기다리는 사람들이 아닙니다. 이미 만들어진 평화를 깨지 않으려고 조심하기만 하는 소극적인 사람들도 아닙니다. '이곳은 평화롭기가 어렵겠어'라고 생각하며 쉽게 포기해 버리는 사람들도 아닙니다.

화평하게 하는 자, 피스메이커들은 평화가 없는 곳에서 평화를 만들어 내는 적극적인 사람들입니다. 다툼과 분쟁이 있는 곳에서, 평화가 이루어지지 않을 것 같은 곳에서도 평화를 이루어 내는 건설자들입니다. 그 평화를 유지하고 지키기 위해 힘쓰는 사람들입니다.

화평하게 하는 자들은 평화를 사랑하고 하나 됨을 추구하기에, 최선을 다해 모든 사람과 평화롭게 살려고 노력합니다. 다툼과 불화를 보면 아파합니다. 깨어진 관계를 보면 화해시킵니다. 고의적으로 다른 사람을 해치려는 생각, 상처를 주는 말과 행동을 버리게 되는 것은 당연한 일입니다. 가정과 교회와 사회의 모든 관계에서 분쟁과 다툼을 막고, 거친 풍랑을 가라앉히는 것이 이들의 간절한 소원이기 때문입니다.

이들은 우정을 귀하게 여기는 사람들이기에 진실한 친구들이 곁에 있습니다. 따라서 화평하게 하는 자는 복될 수밖에 없습니다. 이 땅에서 평화를 일구며 좋은 친구들과 교제를 나누고, 주님께서 가장 소중히 여기시고 기뻐하시는 일을 하고 있기 때문입니다.

화평하게 하는 자가 만드는 평화는 단순히 갈등이나 싸움이 없는 상태가 아닙니다. 공동묘지에는 갈등도 싸움도 없지만 우리는 공동묘지를 평화로운 곳이라고 생각하지 않습니다. 평화는 무엇인가가 없는 상태가 아니라, 무엇인가가 있는 상태이기 때문입니다. 단지 갈등과 싸움이 없는 상태가 아니라 올바른 관계가 세워지고 하나님의 의와 사랑이 있는 것, 그것이 진정한 평화입니다.

유대인들이 "샬롬!"이라고 인사할 때는 단지 '전쟁이 없기를' 바라는 것이 아니라 '하나님께서 주실 수 있는 모든 의와 선함을 주시기를' 바라는 것입니다. 그러므로 화평케 하는 자들이 만들어 내는 평화는 하나님의 의와 선과 크신 사랑 안에서 하나가 되고, 믿음 안에서 사명의 길을 끝까지 걸어가는 적극적인 평화입니다. 평화는 휴전이 아닙니다. 휴전은 잠시 전투가 중단되는 것이지만 평화는 전쟁이 끝나는 것입니다. 휴전에는 불안과 긴장이 있지만 평화에는 안식이 있습니다.

평화는 문제를 회피함으로 주어지지 않습니다. 상처가 썩어 가고 있는데, 일회용 반창고를 붙이는 것은 참된 평화일 수가 없다는 말입니다. 모든 분열과 다툼과 미움의 뿌리는 죄와 욕심과 자기만 생각하는 이기심입니다. 자신의 죄와 공동체의 죄를 정직하게 대면하고 진실로 회개하고 도려내지 않고서는 참된 평화를 이룰 수가 없는 것입니다.

무엇보다 죄를 도려내고 문제와 직면하는 태도와 자세가 중요합니다. 화평하게 하는 자는 온유한 심령으로 문제의 뿌리를 찾아내고 잘라 냅니다. 온유한 심령으로 문제를 다루는 것입니다. 이 지점에서 일곱 번째 복은 세 번째 복과 만납니다.

십자가를 생각해 보십시오. 예수님은 죄를 피하거나 못 본 체하지 않으셨습니다. 자신의 생명을 걸고 마주하셨습니다. 자신의 희생으로 죄를 도려내셨습니다. 정죄와 비판으로 문제를 해결하신 것이 아니라, 자기희생으로 참된 평화를 이루신 것입니다.

이렇듯 화평하게 하는 자는 비판하고 정죄하는 자가 아닙니다. 그는 자기를 부인하고 날마다 자기 십자가를 지는 희생의 사람입니다. 그는 온유한 심령으로 평화를 깨뜨리고 다툼과 분쟁을 일으키는 죄와 힘써 싸우는 사람입니다. 쉬운 일은 아닙니다. 그러나 가치 있는 일입니다. 복된 일입니다. 우리가 해야 할 일입니다. 주님께서 명하신 일입니다.

사랑과 진리 위에

모든 사람과 더불어 화평하게 지내고, 거룩하게 살기를 힘쓰십시오. 거룩해지지 않고서는, 아무도 주님을 뵙지 못할 것입니다.

히 12:14, 새번역

히브리서 12장을 보면 화평함과 거룩함, 어울리지 않는 것 같은 두 단어가 함께 등장합니다. 앞에서 살펴본 여섯 번째 복이 마음이 청결한 자의 것이며, 지금 살펴보는 일곱 번째 복이 화평하게 하는 자의 복이라는 사실은 우연이 아닙니다. 거룩함과 청결함이 참된 화평함을 이루기 때문입니다.

참된 화평은 문제를 덮는 것이 아니라 문제를 정확히 인식하고, 진심으로 용서하고, 진정으로 이해하고, 품어 주는 것입니다. 그 과정은 조금 아플 수도 있습니다. 진정한 평화를 만들기 위해서는 죄에 대해 생각하고, 회개의 과정을 통과해야 하기 때문입니다. 하지만 진리는 우리를 자유하게 하고, 상처를 치유함으로 참된 평화를 선물합니다.

화평하게 하는 사람은 줏대 없이 뭐든 다 좋기만 한 사람이 아니라, 진리에 붙잡힌 사람입니다. 우리가 진정으로 화평케 하는 사람이 되려면 사랑과 진리, 이 두 가지 위에 서야 합니다. 사랑만으로도, 진리만으로도 평화는 이루어지지 않습니다. 온유한 심령을 가진 사람이 진리의 검을 가질 때에만 참된 화평이 이루어집니다.

진리와 사랑은 하나입니다. 예수님은 은혜와 진리로 충만한 분이십니다(요 1:14). 바울은 사랑이 불의를 기뻐하지 아니하며 진리와 함께 기뻐한다고 말합니다(고전 13:6). 많은 사람은 이 두 가지 모두가 아예 없거나 둘 중 한 가지에 치우쳐 있습니다. 진리에만 치우친 자는 차갑고 사납습니다. 화평을 이루지 못하고 상처만 남깁니다. 사랑에만 치우친 자의 평화는 나약합니다. 쉽게 무너져 버립니다. 그래서 화평하게 하는 자가 흔치 않은 것입니다.

물론 쉽지 않은 일입니다. 그러나 포기해서는 안 됩니다. '아무래도 나는 힘들겠다'고 생각해서는 안 됩니다. 다른 사람에게 미루어서는 안 됩니다. 이것은 우리 모두가 간절히 사모하고 추구해야 하는 일임을 잊지 마십시오. 이것은 복된 일일 뿐 아니라, 우리의 의무입니다.

평화를 일구는 모습은 우리가 평화의 왕을 따르는 사람들이라는 것을 보여 줍니다. 우리의 소속과 신분을 보여 주는 것입니다. 반대로 평화를 깨는 자는 자신이 사단을 따르는 자라는 사실을 증거합니다. 사단은 분열의 영이며 미움과 다툼의 영이기 때문입니다. 내가 성령으로 충만한지 아닌지는 내가 화평하게 하는 자인지 아닌지를 보면 알 수 있습니다.

내가 가는 곳에 평화가 이루어지고, 나누어진 마음이 하나가 되는 일이 일어납니까? 염려하던 형제의 마음에 평강이 회복되었습니까? 내가 전하는 복음을 듣고 누군가가 구원을 얻는 회개의 자리에 이르게 되었습니까? 그렇다면 나는 성령의 사람이 분명합니다.

그러나 내가 가는 곳에 분란과 다툼이 일어납니까? 나를 만나는 사람들마다 심령에 상처를 받습니까? 평강을 잃고 염려에 빠지게 됩니까? 그렇다면 나는 성령의 사람이 아닙니다. 내가 가는 곳에서 어떤 일이 일어나고 있습니까? 스스로에게 물어보십시오.

하나님은 평화를 사랑하십니다. 그 하나님께서 우리를 하나님의 형상대로 지으실 때에 우리 안에 평화를 사랑하고 하나 됨을 추구하는 하나님의 성품을 심어 주셨습니다. 그런데 불행하게도 이 땅에는 평화를 깨고 사람과 사람을 원수 맺게 하고 상처 주는 것을 좋아하는 사람들이 있습니다. 그런 사람들이 하나님의 아들이라 불릴 수 있을까요? 아버지와 닮은 구석이 하나도 없는데 말입니다.

나누고, 미워하고, 갈라지게 만드는 것은 사단의 일입니다. 그래서 "화평케 하는 자에게 복이 있다면, 화평을 깨는 자에게는 저주가 있다고 해석하는 것은 정당하다"라는 말이 있습니다. 결코 과격한 표현이 아닙니다. 화평을 깨는 것을 두려워해야 합니다. 형제의 마음의 평화를 깨고, 가정과 공동체의 화평을 깨면 하나님께서 책임을 물으시기 때문입니다. 우리는 이루어진 평화를 지키고, 평화가 없는 곳에 평화를 만들어 내야 하는 사람들입니다.

화평을 이루어야 할 관계

우리는 누구와 화평을 이루어야 합니까? 누구를 향한 화평이어야 합니까? 크게 네 가지 관계에 화평을 이루어야 합니다. 나와 하나님 사이, 타인과 하나님 사이, 나와 타인 사이, 타인과 타인 사이입니다.

첫째, 나와 하나님 사이에 화평을 이루어야 합니다. 하나님과 화목하게 되지 못한 사람이 세상을 화평하게 하는 자가 될 수는 없습니다. 때문에 가장 먼저 점검해 보아야 하는 관계는 하나님과 나와의 관계입니다. 나는 하나님과 화목합니까? 아니면 불화합니까? 하나님과 친밀합니까? 아니면 불편합니까?

성경은 복음을 받아들이지 않은 인간을 가리켜 하나님과 원수 되었다고 표현합니다(롬 5:10). 먼저 자신이 복음을 받아들이고 거듭난 사람인지를 확인해야 합니다. 진정 예수 믿고 영생 얻은 사람인지를 생각해 보십시오. 주님께서 내 마음에 찾아와 주시기를, 구원을 얻는 믿음의 은혜 주시기를 기도해야 합니다.

육신의 생각은 사망이요 영의 생각은 생명과 평안이니라 롬 8:6

여호와께서 말씀하시되 악인에게는 평강이 없다 하셨느니라
사 48:22

구원받았다고 끝나는 것이 아닙니다. 관계는 하루아침에 완성되는 것이 아닙니다. 날마다 예수님을 묵상하고 예수님과 동행해야 합니다. 영의 생각을 해야 합니다. 믿음의 주요 온전케 하시는 예수님을 바라보아야 합니다(히 12:2). 하나님과 나만이 아는 죄를 버리고, 진실로 회개해야 합니다. 하나님이 기뻐하지 않으시는 생각과 말과 행동을 하면서 하나님과 나 사이가 친밀할 수는 없기 때문입니다. 악인에게는 평강이 없습니다. 죄 가운데 있는 자는 화목케 하는 자가 될 수 없는 것입니다.

마음에 평화를 유지하는 것은 중요합니다. 평화를 가진 자만이 평화를 만드는 자가 될 수 있기 때문입니다. 매일 내 마음에 풍랑이 이는데 어떻게 다른 사람의 마음을 평안하게 할 수 있겠습니까? 먼저 나 자신이 하나님과 화평한 관계를 회복하고,

유지해야 합니다. 아버지와 나 사이를 가로막는 죄를 회개해야 합니다. 나의 상처가 치유되어야 합니다. 치유되고 해결되지 않은 나의 상처는 다른 지체를 찌르고, 평화를 깨뜨릴 것입니다.

둘째, 타인과 하나님 사이에 화평을 이루어야 합니다. 하나님은 모든 사람과 화평하기를 원하십니다. 이를 위해 우리는 기꺼이 섬기는 자가 되어야 합니다. 복음의 증인이 되어야 합니다.

18모든 것이 하나님께로서 났으며 그가 그리스도로 말미암아 우리를 자기와 화목하게 하시고 또 우리에게 화목하게 하는 직분을 주셨으니 19곧 하나님께서 그리스도 안에 계시사 세상을 자기와 화목하게 하시며 그들의 죄를 그들에게 돌리지 아니하시고 화목하게 하는 말씀을 우리에게 부탁하셨느니라 고후 5:18~19

하나님은 우리에게 화목하게 하는 직책을 주시고, 화목하게 하는 말씀을 부탁하셨습니다. 임명장을 받은 것입니다. 그 임명장을 소중히 여기고 있습니까? 그 책임을 늘 명심하며 살아가고 있습니까? 화목하게 하는 자의 가장 중요한 임무는 증인이 되는 것입니다. 복음을 전함으로 죄인을 하나님과 화목하게 만드는 것입니다.

셋째, 나와 타인 사이에 화평을 이루어야 합니다. 하나님과의 관계가 회복된 사람은 사람과의 관계도 회복하기를 원합니다.

²³그러므로 예물을 제단에 드리려다가 거기서 네 형제에게 원망 들을 만한 일이 있는 것이 생각나거든 ²⁴예물을 제단 앞에 두고 먼저 가서 형제와 화목하고 그 후에 와서 예물을 드리라 **마 5:23~24**

할 수 있거든 너희로서는 모든 사람과 더불어 화목하라 **롬 12:18**

하나님은 구원받은 자녀들이 평화롭기를 원하십니다. 그러한 아버지의 마음을 알게 된 철든 자식들은 다른 형제자매와의 관계도 소중히 여기며 화목하게 지냅니다. 그뿐 아니라 세상에 나아가 그 평화를 나누며 살아갑니다.

혹여 깨어진 관계가 있습니까? 누군가에게 상처를 주었습니까? 아니면 누군가로부터 상처를 받았습니까? 관계 회복을 소원하십시오. 주님의 도움을 구하십시오.

그러기 위해 용서가 필요합니까? 회개가 필요한가요? 이해해 주어야 합니까? 용서, 회개, 이해 등 화평하게 하기 위해 내가 해야 할 행동은 무엇입니까? 그것을 해야 합니다. 관계 회복을 위한 노력은 누군가가 먼저 시작해야 합니다. 그게 우리이기를 바랍니다. 나와 다른 사람 사이에 화평을 이루는 우리이기를 바랍니다.

넷째, 타인과 타인 사이에 화평을 이루어야 합니다. 앞에서 '화평하게 하는 자'를 뜻하는 헬라어에는 '중재자'라는 의미가 있다고 이야기했습니다. 그리스도인들이 할 수 있는 너무나 의미

있고 복된 역할, 그것은 바로 중재자가 되는 것입니다. 서로를 화해시키는 자가 되는 것입니다.

사단은 이간질하는 존재입니다. 사이를 더 벌어지게 하고, 오해를 더 깊게 만드는 악한 존재입니다. 그러나 하나님의 자녀들은 화해시키고, 이해시킵니다. 저는 이간질하고, 편을 가르는 사람이 가장 질 나쁜 사람 중 하나라고 생각합니다. 고요한 마음에 풍랑을 일으키고, 누군가를 오해하고 나쁘게 생각하도록 하는 것은 참으로 악한 일입니다. 하나님께서 반드시 책임을 물으실 일입니다.

잊지 마십시오. 화평하게 하는 자는 풍랑을 일으키지 않고 도리어 잠잠케 합니다. 다툼과 미움을 부드럽게 녹입니다. 부정적인 생각과 오해들을 바꾸어 줍니다. 우리가 이런 하나님의 자녀 역할을 잘 감당할 수 있기를 바랍니다.

이제 선택해야 합니다. 나는 피스메이커로 살 것인가. 아니면 트러블메이커로 살 것인가. 가정마다 트러블메이커들이 있습니다. 교회에도 있습니다. 직장에도 있습니다. 사회에도 있습니다. '저 사람만 없으면, 내 마음도 우리의 관계도 평화로울 텐데' 싶은 사람이 있습니다. 그런 불행한 사람이 되지 않기를 바랍니다. 우리가 피스메이커가 되기를 바랍니다. 그리할 때 우리가 있는 자리마다 평화가 깃들고, 하나님의 복이 충만히 임하게 될 것입니다.

CHAPTER 13

화평의
복 ②

하나님의 아들이라 일컬음을
받을 것임이요

화평에 대해 묵상하다 보면, 이 일이 그리스도인이 해야 할 가장 중요한 사명임을 깨닫게 됩니다. 그럼에도 우리는 자신이 화평하게 하는 자인지, 화평을 깨는 자인지를 객관적으로 보지 못하는 경우가 많습니다. 사람들은 속으로는 생각하면서도 솔직히 말해 주지는 않기 때문에, 나의 말투나 행동이 화평을 깨는 것인지 아닌지에 대해 정작 자신은 모르는 경우가 적지 않습니다. 때문에 자신을 객관적으로 인식하는 것은 화평케 하는 자로 사는 중요한 출발점이 됩니다.

화평하게 하는 자가 되기 위해서는 자신의 기질과 성향도 잘 살펴야 합니다. 싸우기를 좋아하는 사람, 경쟁적인 기질을 가진 사람이 있습니다. 교만한 사람, 자기도 모르게 자랑하고 가르치려는 성향을 가진 사람이 있습니다. 그런 기질과 성향을 가진 사람은 자기도 모르게 상처를 주고 화평을 깨는 자리에 서게 됩니다. 자신을 잘 살펴서 나의 기질, 말투, 성향이 화평을 방해하고 있지는 않은지 주의해야 합니다. 내 자신을 잘 이해하는 것은 화평케 하는 자가 되는 일에 중요한 기초가 된다고 저는 생각합니다.

쉬워지기 전까지는 어렵다

화평은 저절로 되는 일이 아닙니다. 배우고 훈련되어야 가능한 일입니다. 죄는 하나님의 형상을 파괴하고, 인간을 사납게 만들었습니다. 때문에 화평하게 하는 자가 되기 위해서는 말씀 안에서 우리를 돌아보아야 하며, 화평케 하는 자가 어떤 사람인지를 배워야 합니다. 배울 뿐 아니라 연습하고 훈련해야 합니다. 물론 쉬운 일은 아닙니다. 죄로 오염된 우리의 본성을 거스르는 일이기 때문입니다.

영국의 신학자이자 역사학자 토마스 풀러(Thomas Fuller)는 "모든 일은 쉬워지기 전까지는 어렵다"라고 했습니다. 무척 흥미로운 말입니다. '무슨 소리야? 쉬워지기 전까지는 어렵다니. 당연한 거 아니야?'라고 생각할지도 모르겠습니다. 하지만 참 심오한 말입니다.

어떤 일을 쉽게 해내는 사람들이 있습니다. 그러나 그런 시간이 오기 전까지는 그들에게도 그 일은 어려웠습니다. 어려운 수학 문제를 쉽게 풀어내는 사람들이 있습니다. 그들에게도 그 문제가 난공불락처럼 어려웠던 시간이 있었습니다. 그런데 쉬워지기 전에 포기해 버려서 쉬워지는 순간을 경험하지 못하는 사람들이 있습니다. 그들에게는 영원히 어려운 일, 불가능한 일로 남게 됩니다. 너무도 어려워서 영원히 어려운 일이라고, 불가능한 일이라고 단정지어 버리는 것입니다. 그중에 어떤 사람들은 쉬워지는 순간까지 시도하고 반복합니다. 그러다 보면 어느 날 쉬워집니다. 그들은 "모든 일은 쉬워지기 전까지는 어렵다"라는 말을 몸으로 체험합니다.

하나님은 사랑하는 자녀들에게 화평하게 하는 자가 되라고 말씀하십니다. 어려운 과제, 무거운 짐을 주셨다는 느낌이 듭니다. 사실 그렇습니다. 그러나 하나님은 불가능한 일을 요구하지 않으십니다. 하나님의 명령에는 언제나 도우시겠다는 약속이 포함되어 있습니다.

그 사실을 믿는 자는 이 말씀을 붙잡습니다. 순종하려 합니다. 그렇게 점점 화평하게 하는 자가 되어 갑니다. 그것이 하나님께서 일하시는 방법입니다. 이런 삶을 소원하는 자, 하나님을 믿고 순종하는 자는 도저히 오를 수 없을 것 같은 높은 산처럼 보이는 화평하게 하는 삶을 살 수 있습니다. 우리의 실력만으로는 불가능하지만, 하나님께서 이루실 것입니다.

화평이 자라는 토양

우리가 머무는 자리에 화평을 만들기 위해 무엇이 필요할까요? 구체적으로 살펴봐야 할 몇 가지 중요한 덕목들이 있습니다. 바로 겸손, 존경, 언사, 기도입니다.

첫째, 겸손이 화평을 만듭니다. 겸손은 화평을 만들고, 교만은 화평을 깨뜨립니다. 교만은 모든 죄의 뿌리이며 문제의 근원입니다. "교만에서는 다툼만 일어날 뿐이라 권면을 듣는 자는 지혜가 있느니라"(잠 13:10) 성경은 교만이 화평을 깨고 다툼을 일으킨다고 말합니다. 인상적인 것은 권면을 듣는 것을 교만과 대조시키고 있다는 점입니다. 마치 반대말인 것처럼 말입니다. 이 말씀에 의하면 교만은 말하고 가르치려는 자세이지만, 겸손은 충고를 받아들이고 들으려고 하는 자세입니다. 화평하게 하는 자는 많이 말하는 자가 아니라 겸손히 잘 듣는 자입니다.

둘째, 존경이 화평을 만듭니다. "형제를 사랑하여 서로 우애하고 존경하기를 서로 먼저 하며"(롬 12:10) 이 말씀은 화평을 만들기 위한 중요한 지침을 말해 줍니다. 여기서 우리가 주목할 단어는 '존경'입니다. 상대를 향한 존경이 화평을 만드는 것입니다.

에베소서 5장 32절에서 6장 4절은 부부 관계, 부모 자녀 관계에 대한 성경적인 지침을 담고 있습니다. 남편은 아내를 사랑해야 하고 아내는 남편을 존경해야 합니다. 자녀는 부모에게 순종해야 하고 부모는 자녀를 노엽게 하지 않아야 합니다. 표현은 다르지만 서로 존경(존중)할 것을 명령하고 있습니다.

남편은 아내를 사랑함으로, 아내는 자녀들 앞에서 남편을 존경하는 태도를 보임으로 서로 존중하라는 것입니다. 자녀는 부모에게 순종함으로, 부모는 자녀를 함부로 대하지 않고 노엽게 하지 않음으로 서로 존중하라는 것입니다. 서로를 존경하고 존중할 때 가정은 평화롭고 질서와 조화를 이룰 것이라는 하나님의 놀라운 지혜입니다.

주변에 평화로운 가정, 평화로운 공동체가 있다면 자세히 살펴보십시오. 반드시 서로를 향한 존경과 존중의 태도가 있을 것입니다. 로마서 말씀에 의하면 "존경하기를 서로 먼저" 하라고 하셨으니 나부터 존경해야 합니다. 상대방이 나를 어떻게 대하는지를 기다리지 않고 내가 먼저 존경할 때 평화가 만들어지는 것입니다.

로마서 12장 10절에서 '존경'으로 번역된 헬라어 티메(τιμή)에는 존경, 명예 등의 의미와 함께 대가, 가격, 값이라는 뜻도 담겨 있습니다. 그래서 저는 존경이란 것은 서로가 서로를 높은 가격표가 붙어 있는 귀중품처럼 대하는 것이라고 생각합니다. 싸구려 취급을 하지 말라는 말입니다.

서로에 대한 존경을 잃어버린 공동체, 서로를 함부로 대하고 넘지 말아야 할 선을 쉽게 넘는 공동체에는 화평이 있을 수가 없습니다. 가정이든 교회든 나라든, 서로를 정중하게 대하지 않으면 깨지고 부서집니다. 그러므로 우리는 서로 존경해야 합니다. 예의를 지켜야 합니다. 품위가 있어야 합니다.

셋째, 언사가 화평을 만듭니다. "부드러운 대답은 분노를 가라앉히지만, 거친 말은 화를 돋운다."(잠 15:1, 새번역) 이 말씀은 유순하고 부드러운 언어가 화평을 만들어 내는 도구임을 보여 줍니다. 반대로 과격하고 거친 언어는 화평을 깨뜨리는 도구임도 보여 줍니다. 잠언은 이렇듯 혀에 대한 교훈으로 가득합니다. 잠언만이 아닙니다. 시편의 한 구절만 살펴볼까요?

> 12생명을 사모하고 연수를 사랑하여 복 받기를 원하는 사람이 누구뇨 13네 혀를 악에서 금하며 네 입술을 거짓말에서 금할지어다 14악을 버리고 선을 행하며 화평을 찾아 따를지어다 _시 34:12~14_

시편만이 아닙니다. 성경은 말의 변화가 거듭남의 중요한 증거라고까지 말합니다. 말은 화평하게 하는 성령의 도구가 될 수도 있고, 화평을 깨는 사단의 도구가 될 수도 있습니다. 말이라는 도구는 누구의 손에 들려 있느냐에 따라 전혀 다른 힘을 발휘합니다.

우리의 언어생활은 무척 중요합니다. 말로 인해 화평이 깨어지고 말로 인해 화평이 세워지기 때문입니다. 화평하게 하는 자가 되려면 잘못된 언어 습관을 고쳐야 합니다. 말과 글에 변화가 필요합니다. 고약한 말을 내뱉게 만드는 심성이 변화되어야 합니다. 말이 바뀌지 않으면 화평케 하는 자가 될 수 없습니다.

이 시대에 언어생활이 변화된다는 것은 댓글, 카톡, SNS에서의 내 태도가 바뀌는 것을 의미합니다. 우리는 너무 쉽게 말하고 너무 쉽게 글을 씁니다. 그 글과 말이 어떤 파장을 일으킬지에 대해 무책임합니다. 이미 한국 사회가 화평하고 살리는 사회가 아니라, 비난하고 정죄하고 죽이는 사회가 되어 버린 것은 아닌지 걱정스럽습니다. 너무 마음이 아픕니다.

언젠가 네티즌들이 모여 한 스포츠 팀 감독을 엄청나게 비난하고 공격했다고 합니다. 그 비난에 시달린 끝에 그 감독은 결국 사퇴를 했습니다. 그런데 감독이 사퇴하자, 이번에는 네티즌들이 구단을 향해 좋은 감독을 잘랐다며 비난하기 시작했습니다. 이런 상황을 보다 못한 한 네티즌이 이런 글을 올렸습니다. "당신들의 글이 감독을 내몰았다고 생각해 보지는 않았습니까? 감독을 비난해서 내쫓더니, 이제는 구단을 비난하시는군요. 이제 다음은 누구를 비난하겠습니까?"

그 상황의 내막도 모르고, 누구의 잘잘못을 따질 처지도 아니지만 씁쓸했습니다. 말을 함부로 하고, 글을 함부로 쓰는 사람들을 보면 큰 절망감이 듭니다. 부족한 인간인 저도 회의가 드는데, 하나님께서 우리를 보실 때는 어떻겠습니까? 우리를 향한 오래 참으심이 그저 놀랍기만 합니다.

자신의 말과 글을 잘 살펴야 합니다. 화평하게 하는 자는 언어가 변화된 사람입니다. 말과 글이 달라진 사람입니다. 부드러운 말은 분노를 가라앉히지만 거친 말은 화를 돋웁니다. 말과 글의 변화, 온유한 말을 하도록 하는 심성의 변화가 우리에게 필요합니다.

넷째, 기도가 화평을 만듭니다. 우리는 기도해야 합니다. 화평은 우리가 이룰 수 없는 것이기 때문입니다. 아무리 노력하고 애쓴다 해도, 화평을 배우고 연습한다 해도, 오롯이 우리의 실력만으로는 결코 이룰 수 없습니다.

우리가 기도해야 하는 또 다른 이유도 있습니다. 기도가 내 심령에 평화를 이루기 때문입니다. 마음에 평화를 가진 자만이 화평하게 하는 자로 살 수 있습니다. 마음의 평화는 기도 가운데 주어지는 선물입니다. 기도는 근심과 염려로 가득한 우리의 마음을 평화롭게 만듭니다. 기도는 마음의 풍랑을 잠재웁니다.

하나님 아버지께서 기도하는 자녀를 도우십니다. 막힌 관계를 뚫어 주시고, 원수를 친구가 되게 하십니다. 아버지의 자녀로서 기도하지 않는 것은 얼마나 큰 손해요 어리석은 일인지 모릅니다. 마음에 평화가 깃들길 원하십니까? 관계에 평화를 만들길 원하십니까? 화평하게 하는 자로 살고 싶습니까? 그러면 기도의 사람이 되어야 합니다.

이렇게 화평케 하는 자의 모습을 하나하나 살피다 보면, 팔복은 서로 연결되어 있음을 다시 한 번 깨닫게 됩니다. 심령이 가난한 자, 애통하는 자, 온유한 자, 긍휼히 여기는 마음을 가진 자는 겸손과 존경과 언사와 기도로 화평을 이루며 살 것입니다. 그러나 사나운 자, 교만한 자, 긍휼이라고는 찾아볼 수 없는 자는 결코 화평을 이룰 수 없을 것입니다.

하나님 자녀의 사명

그렇다면 우리는 어디에서 화평을 이루어야 할까요? 우리가 화평을 이루어야 할 세 가지 영역에 대해 생각해 보려고 합니다. 바로 세상과 가정과 교회입니다.

먼저 세상에서 화평을 이루십시오. 이 세상은 우리가 평화롭게 만들어야 할 사명지입니다. 이 세상에 평화를 만들기 위해 우리는 부름을 받았습니다. 세상에서 우리는 빛과 소금으로 살아야 하며, 예수님을 증거하여 영혼을 구원해야 합니다.

그리스도인들은 이 세상에서 평화와 평강, 샬롬을 만드는 피스메이커라는 사실을 잊지 마십시오. 우리가 가는 곳마다 분쟁이 그치고 미움이 떠나고 오해가 사라져야 합니다. 그곳에 서로를 향한 용서와 포용, 존중과 인정이 세워져야 합니다.

가정과 교회 역시 우리가 피스메이커로 살아야 하는 사역의 장소입니다. 미국의 대법관을 지낸 워렌 버거(Warren Burger)는 미국 사회에 법정 소송이 날로 증가하고 있는 이유를 "가정과 교회가 그 기능을 잃어버렸기 때문"이라고 분석했습니다.

교회가 제 구실을 하고, 그리스도인들이 말씀대로 살려고 노력하던 시대에는 웬만한 충돌과 갈등은 교회에서 말씀과 기도 가운데 해결되었다는 것입니다. 신앙이 기초가 된 건강한 가정이 존재할 때는 가정이 문제를 해결하는 울타리가 되어 주었다는 것입니다. 그러나 교회가 힘을 잃고 가정이 무너지기 시작하면서 사람들의 심성이 무너졌고, 교회와 가정이라는 하나님의 공동체 안에서 아픔이 치유되고 죄성이 변화되지 못했기에, 갈등과 분쟁은 점점 더 늘어나고 점점 더 심해지고 있다는 것이 그의 결론이었습니다.

이 시대의 가정과 교회에 화평하게 하는 자가 필요합니다. 아마 문제가 없는 가정은 없으며, 문제가 없는 교회도 없을 것입니다. 중요한 것은 그 문제를 풀어낼 해결사가 있느냐는 것입니다. 평화를 만들어 내는 피스메이커들이 있느냐는 것입니다.

역사를 살펴보면 아무리 심각한 문제가 있어도 중재자가 있던 시대, 피스메이커가 있던 시대는 어둡지 않았습니다. 그들은 어두운 중에도 빛을 비추는 존재가 되어 주었습니다. 이스라엘의 불순종을 보고 진노하시는 하나님 앞에서 그들을 위해 중보하던 모세를 생각해 보십시오(출 32:11). 나발의 어리석음으로 인해 이성을 잃어버린 다윗의 마음을 진정시켰던 아비가일을 기억해 보십시오(삼상 25:24). 악신에 사로잡힌 사울과 다윗 사이에 화평을 가져오고자 수고했던 요나단을 떠올려 보십시오(삼상 23:18). 또 범죄자 다윗을 다시 하나님과 화목하게 하고자 그의 죄를 담대히 지적했던 선지자 나단은 어떻습니까(삼하 12:7)?

가정과 교회는 이렇게 화평케 하는 자들, 기도하는 중재자들로 말미암아 지켜져 왔습니다. 그런데 이 시대에는 비판하고 책망하는 사람은 많은데 피스메이커가 없습니다. 중재자가 없습니다. 기도의 사람이 희소합니다. 책망하고, 비판하는 것이야 누가 못하겠습니까? 하나님은 화평하게 하는 자를 찾으십니다. 하나님의 나라는 바로 그들을 통해 이루어지는 것입니다.

목회하며 성도들을 심방하고 상담하다 보면 가정마다 염려와 근심을 주고 평화를 깨뜨리는 존재가 있는 것 같습니다. 교회도 마찬가지입니다. 저마다 유독 걸리는 존재들이 있습니다. 우리가 가정과 교회의 근심거리가 되지 않기를 바랍니다. 도리어 모두를 화평하게 하는 자, 피스메이커가 되기를 바랍니다.

이를 위해 무엇보다 가정과 교회의 리더가 중요합니다. 가정에서는 아버지가 화평케 하는 자로서 가정의 중심을 잡으면 좋겠습니다. 아버지가 흔들릴 때는 어머니가 화평케 하는 자가 되어 가정의 평화유지군이 되어야 합니다. 부모가 생존해 있음에도 자녀들이 소년소녀가장처럼 살게 하지 마십시오. 어린 자녀들이 부모보다 더 성숙하여 가정의 평화를 지키기 위해 애쓰는 것은 안타까운 일입니다.

그러나 혹시라도 부모가 화평하게 하는 직책을 잘 감당하지 못한다면, 자녀들이라도 그 직책을 잘 감당해야 합니다. 어떻게든 가정의 화평을 지켜야 하기 때문입니다. 기왕이면 이 말씀을 묵상하고 있는 우리가 가정을 화평케 하는 자가 되면 좋겠습니다.

교회에서는 책임을 맡아 섬기는 자들이 화평케 하는 자가 되어야 합니다. 교회의 리더십들이 화평을 깨는 자가 되고 분란의 중심에 서게 되면, 그 공동체의 미래는 밝지 않습니다. 견뎌 낸다 해도 많은 대가를 치러야 할 것입니다.

오랜 시간 신앙생활을 해 왔고, 교회에서 직책도 맡았다면 화평하게 하는 자로서의 책임감을 느껴야 합니다. '그렇다면 난 새 가족이고, 맡은 일이 없으니 안심이다?' 그렇지 않습니다. 교회 공동체는 모두가 한 몸의 지체로 함께 세워져야 합니다. 그러므로 새 가족도, 아무 직분을 맡지 않은 자도, 화평케 하는 자로서의 역할을 감당해야 합니다. 만약 중직자들이 모범을 보이지 않는다면 새 가족이라도 하나님의 교회를 지키고 세워야 하는 것입니다.

세상, 가정, 그리고 교회. 바로 이곳이 우리가 화평케 하는 자의 사명을 감당해야 하는 곳입니다. 부디 화평함으로 세상을 구원하고, 가정을 지키며, 교회를 세우는 우리가 되기를 바랍니다.

상속자가 되는 특권

화평하게 하는 자는 복이 있나니 그들이 하나님의 아들이라 일컬음을 받을 것임이요 마 5:9

화평하게 하는 자를 향해 예수님은 복을 약속하셨습니다. 화평하게 하는 사람은 하나님의 자녀로 일컬음을 받을 것입니다. 이는 구원의 문제일까요? 화평케 하는 자가 구원을 받게 된다는 의미일까요?

헬라어 칼레오(καλέω)는 그렇게 불리다, 평가되다, 간주되다 등의 의미를 갖고 있습니다. 따라서 하나님의 아들이라 일컬음을 받는다는 말은 하나님의 아들로 인정을 받게 된다는 의미입니다. 누구에게 그렇게 인정을 받을까요?

먼저 하나님께 아들로 인정받습니다. "그래, 너는 내 아들답구나." 이렇게 하나님께서 인정해 주시는 것입니다. 아버지의 인정입니다. 가장 중요한 인정입니다.

또한 사람들이 인정합니다. "저 사람은 정말 하나님의 아들이야." 사람들이 이렇게 인정하게 된다는 말입니다.

누군가에게 인정받는 것은 중요한 일입니다. 인정받으면 자존감이 생기고 용기를 얻게 됩니다. 소망이 생깁니다. 사람에게 받는 인정도 이러하다면, 하나님께서 자기 아들로 인정해 주시는 것은 얼마나 놀라운 특권입니까? 하나님의 아들이라 일컬음을 받는다는 것은 함께하시겠다는 약속이기도 합니다. 너는 나의 자녀이니 아버지인 내가 너를 책임지겠다는 약속입니다.

그러므로 화평하게 하는 자에게 주시는 일곱 번째 복은 놀랍고 든든한 약속입니다. 본문에서 '아들'로 번역된 헬라어는 단순히 아이들을 뜻하는 테크논(τέκνον)이 아니라 휘오스(υἱός)입니다. 전자가 부드러운 애정을 담은 표현이라면, 후자는 존엄과 영예의 신분을 의미합니다. 화평하게 하는 자는 하나님의 아들로서의 존엄과 영예를 얻게 된다는 말씀인 것입니다. 하나님께 중요한 아들, 하나님의 나라에서 존귀한 자라는 뜻인 것입니다.

이기는 그에게는 내가 내 보좌에 함께 앉게 하여 주기를 내가 이기고 아버지 보좌에 함께 앉은 것과 같이 하리라 계 3:21

이것이 하나님의 아들이 누리게 될 은혜요 상입니다. 화평하게 하는 자는 하나님의 승리에 참여하여 이기는 자입니다. 화평하게 하는 자는 창조주요 천지만물을 운행하시는 하나님의 아들입니다. 참새 하나가 떨어지는 것도 그분의 허락이 없이는 불가능한 전지전능하신 통치자의 아들인 것입니다.

이런 장면을 한 번쯤 본 적이 있을 것입니다.

"당신 저 사람 누구 아들인지 알아?"

"누군데?"

"그 유명한 아무개 씨 아들이야."

"그래? 함부로 하면 안 되겠군."

세상에서도 누구의 아들인지는 중요합니다. 그런데 우리는 하나님의 상속자입니다. 누가 이런 특권을 누립니까? 바로 화평하게 하는 자입니다. 하나님의 자녀임을 구별하는 증거 중 한 가지가 화평입니다. 하나님은 평화의 하나님이십니다. 예수님은 죄인을 하나님과 화목하게 하시려고 십자가에서 죽으셨습니다. 부활하신 예수님은 떨고 있는 제자들에게 평강을 주셨습니다. 그러나 사단은 분열과 다툼의 영입니다.

때문에 화평케 하지 못하고 도리어 다투거나 분열시키거나 당을 짓게 만든다면 우리는 하나님의 아들이라 일컬음을 받을 수가 없는 것입니다. 화평케 하는 자인가 아닌가. 이것은 우리의 아버지가 누구인지를 보여 주는 매우 중요한 주제입니다.

화평하게 하는 자가 되기를 소원하는 마음이 생겼기를 바랍니다. 화평하게 하는 자에게 예비된 복을 누리고 싶다는 갈망이 생겼기를 바랍니다. 우리가 가는 곳마다 하나님의 평화와 평강이 임하기를 바랍니다. 나누어진 것이 하나가 되고, 원수가 친구가 되며, 걱정 근심은 물러가고, 샬롬이 이루어지기를 바랍니다. 날마다 어디서나 평화의 씨앗을 뿌리는 사람이 되십시오. 작은 씨앗의 힘을 무시하지 마십시오. 평화의 씨앗은 작지만 크게 자라, 큰 변화와 놀라운 역사를 일으킵니다. 우리가 그 기적을 경험하기를 원합니다.

CHAPTER 14

박해의
복 ①

의를 위하여 박해를 받은 자는
복이 있나니

의를 위하여 박해를 받은 자는 복이 있나니 천국이 그들의 것임이
라 마 5:10

벌써 여덟 번째 복에 이르렀습니다. 예수님은 이 여덟 번째
복을 설명하시면서 다른 일곱 개의 복과는 달리 몇 말씀을 덧붙
이셨습니다.

11나로 말미암아 너희를 욕하고 박해하고 거짓으로 너희를 거슬러
모든 악한 말을 할 때에는 너희에게 복이 있나니 12기뻐하고 즐거
워하라 하늘에서 너희의 상이 큼이라 너희 전에 있던 선지자들도
이같이 박해하였느니라 마 5:11~12

팔복의 마지막 순서인 이 복은 "의를 위하여 박해를 받은 자"

가 누리게 될 은혜입니다. 의를 다룬다는 점에서 자연스레 네 번째 복을 떠올리게 됩니다.

의에 주리고 목마른 자는 복이 있나니 그들이 배부를 것임이요
마 5:6

'의'로 번역된 헬라어 디카이오쉬네(δικαιοσύνη)는 네 번째 복(6절)과 여덟 번째 복(10절)에 동일하게 사용됩니다. 그러나 이 여덟 번째 복은 네 번째 복을 넘어섭니다. 단순히 의로 인한 주림과 목마름이 아니라, 의를 위한 고난과 박해의 삶을 다루고 있기 때문입니다. 저는 이 말씀이 팔복의 결론이라고 생각합니다.

그리스도인의 정체성

화평하게 하는 자가 되라고 말씀하신 예수님은 곧바로 의를 위하여 박해를 받은 자가 되라고 말씀하십니다. 만약 화평하게 하는 자가 첫 번째 복에 등장하고, 의를 위하여 박해를 받은 자가 여덟 번째 복에 등장한다면 그나마 숨을 좀 고를 수 있을 것입니다. 그런데 "피스메이커가 되라. 평화를 만들어 내는 자가되라"는 말씀의 여운이 채 사라지기도 전에 "의를 위하여 박해를 받는 자가 되라"고 말씀하십니다.

저만의 느낌인지는 모르겠지만 화평하게 하는 자, 피스메이커는 왠지 따뜻하고 온유한 사람이 떠오르는 반면 의를 위하여 핍박을 받는 자는 왠지 전쟁에 나선 용감한 투사의 모습이 연상

됩니다. 과연 화평하게 하는 것과 의를 위해 핍박을 받는 것, 이것은 동시에 한 사람의 삶에서 이루어질 수 있는 것일까요? 우리가 삶에서 성취할 수 있는 일일까요?

존 맥아더는 이런 고민에 관련하여 다음과 같은 글을 남겼습니다.

> 팔복의 말씀을 따라 사는 자는 화평케 하는 자가 됨과 동시에 박해를 받는 자가 된다는 사실은 의아한 일일 수도 있다. 하지만 이것은 다름 아닌 예수님의 모습이다. 예수님은 자신이 평강의 왕으로 왔다고 말씀하셨지만, 또한 화평이 아니라 검을 주러 왔다고도 말씀하셨기 때문이다(마 10:34).

앞에서 팔복은 예수님의 성품을 닮고, 예수님을 따라 사는 자에게 허락되는 하늘의 복이라고 이야기했습니다. 그렇다면 우리가 본받고자 하고, 또 따르고자 하는 예수님은 어떤 분이셨습니까?

예수님은 평화를 주시는 왕으로 이 땅에 오셨습니다. 미움과 다툼이 있는 곳에 샬롬을 만드시는 피스메이커로 사셨습니다. 동시에 예수님은 의를 위해 핍박을 받기도 하셨습니다. 먼저 그의 나라와 의를 구하는 삶이 어떤 것인지 모범을 보여 주셨으며, 하나님의 구원을 이루기 위해 죽기까지 순종하신 분이십니다.

예수님의 삶이 그러했다면, 화평하게 하는 일과 의를 위하여 핍박을 받는 일은 예수를 닮고 예수를 따라가는 사람들에게서도 동시에 일어날 수 있는 일입니다. 누군가는 화평하게 하는 자로만 평생을 살고, 또 누군가는 의를 위하여 핍박을 받는 자로만 평생을 사는 것이 아닙니다. 이 두 가지는 한 사람의 생애 가운데 일어나는 일입니다. 이 둘 모두가 그리스도인의 정체성이라는 것입니다. 그리스도인들은 누구든 화평케 하는 자인 동시에, 의를 위하여 핍박을 받는 자들인 것입니다.

세상의 길, 예수의 길

"의를 위하여 박해를 받은 자" 왜 이것이 그리스도인들의 정체성일까요? 왜 참된 하나님의 자녀들, 진정한 그리스도인들은 핍박을 받는 자일 수밖에 없는 것일까요?

오랫동안 고난의 터널을 통과하고 있는 어느 목사님의 책을 읽었습니다. "나의 고난은 이렇게 끝났다"라는 승리의 간증집이 아니라, 지금도 계속되고 있는 아픔의 이야기를 담은 책입니다. 언제 끝날지 모르는 무거운 짐을 지고 지금도 묵묵히 목회를 하고 있습니다. 그 책의 추천사가 인상적이었습니다.

하나님을 기쁘시게 하는 사람은 언제나 사단을 슬프게 합니다. 사단을 슬프게 하면 언제나 환난이 있고 핍박이 있습니다. 초대 교회 교인들이 성령을 받고 거듭나고 교회가 부흥하자 사단이 슬펐습니다. 그래서 초대 교회 교인들은 엄청난 핍박을 받게 됩니다. 그들은 예루살렘을 벗어나 사방으로 흩어지게 되었습니다. 그러나 그 핍박은 오히려 사단을 더 곤란하게 만들었습니다. 흩어진 성도들은 가는 곳마다 교회를 세우고, 하나님의 나라를 증거했기 때문입니다.

이 글에서 답을 발견했습니다. 하나님을 기쁘시게 하는 사람은 사단을 슬프게 합니다. 사단은 자기를 슬프게 하는 사람을 괴롭힙니다. 진정한 그리스도인들은 의를 위하여 핍박을 당하는 자일 수밖에 없는 것입니다. 그들은 하나님을 기쁘게 하는 사람들이기에 사단으로부터 미움받는 사람들입니다.

제가 대학생 때는 학생운동이 한창이던 시대였습니다. 눈앞에서 최루탄이 터지고, 학교 수업이 중단되고, 학생들이 몽둥이로 맞고 전경들의 손에 끌려가는 일이 비일비재했습니다. 멀리 있었던 일이 아니라 바로 제 삶 한가운데에서 일어난 일이었습니다.

매일 그런 현실에 부딪치면서, 정의란 무엇인가? 무엇이 진리인가? 우리는 어떻게 살아야 하는가? 이 같은 고민을 할 수밖에 없었습니다. 당시 젊은이들이 유달리 훌륭하고 생각이 깊었기 때문이 아니라 그것이 삶의 현실이었기 때문입니다. 매일 부대끼는 현실이 고민할 수밖에 없게 만들었습니다. 요즘 젊은이들은 직업과 진로에 대해서 더 많은 고민을 하겠지만, 당시에는 역사와 진리와 정의라는 주제에 대해 고민하지 않을 수가 없었던 것입니다.

하지만 정의를 부르짖는 그들에게 찾아온 것은 영광이 아닌 고난과 투옥이었습니다. 한번 생각해 보십시오. 그 젊은이들은 완전한 의인도 아니요, 그들이 추구하고 주장했던 정의 역시 완전한 것이 아니었습니다. 이처럼 불완전한 이 세상의 의를 추구하는 이들도 핍박받고 고통을 당한다면, 하나님의 나라와 그의 의를 구하는 사람들에게 아무런 핍박이 없을까요? 이 세상에서 아무런 손해를 보지 않고 자기를 죽이지 않고서도 신앙생활을 잘 할 수 있을까요?

예수님을 따라 의롭게 살고자 하는 자는 이 세상에서 손해를 보고 고난을 당할 가능성이 많습니다. 아니, 필연적입니다. 이 세상이 정의롭지 않기 때문입니다. 부정과 부패, 비리와 거짓, 시기와 질투가 있는 곳이 이 세상이기 때문입니다. 하나님의 의를 따르는 삶은 모두가 환영하는 삶일 수가 없는 것입니다. 그런 세상에서 하나님의 의는 불편할 수밖에 없습니다. 예수의 길은 세상의 길, 죄인의 길과는 다르기 때문입니다. 하나님의 의는 하나님인지 세상인지, 분명한 선택을 하라고 요구하기 때문입니다.

[10]그가 세상에 계셨으며 세상은 그로 말미암아 지은 바 되었으되 세상이 그를 알지 못하였고 [11]자기 땅에 오매 자기 백성이 영접하지 아니하였으나 요 1:10~11

예수님을 생각해 보십시오. 자신이 창조한 세상에 오셨음에도 불구하고 세상은 그분을 알아보지 못했고, 자기 백성들조차 예수님을 영접하지 않았습니다. 도리어 예수님을 대적했고, 누명을 씌워 십자가에 못 박았습니다.

예수님은 참으로 억울하게 핍박을 당하셨습니다. 그분이 핍박을 받으시고 죽기까지 하신 이유는, 하나님의 나라와 의를 선포하시고 새 포도주를 새 부대에 담으려 하셨기 때문입니다. 하나님 나라의 법과 질서를 가르치셨기 때문입니다. 하나님의 의로운 기준으로 세상의 죄를 드러내셨기 때문입니다. 물론 책망하고 벌하기 위해서는 아니었습니다. 살리기 위해서였습니다. 예수님은 구원하기 위해 오셨습니다.

그러나 세상은 예수님이 선포하시는 하나님의 의와 하나님의 나라를 감당할 수 없었습니다. 새 포도주도, 새 부대도 불편했습니다. 그냥 지금 그대로 살기를 원했습니다. 세상은 말씀 앞에서 죽는 것이 사는 길인지를 몰랐고, 예수를 따르는 것만이 참된 소망임을 알지 못했습니다. 세상은 예수님을 핍박했고 결국에는 예수님을 죽였습니다. 의를 위하여 죽기까지 박해를 받으신 것입니다.

예수님을 닮고자 하는 사람도 그런 일을 당할 수밖에 없습니다. 그 정도는 다르겠지만 의를 위하여 사는 자, 예수를 따르는 자는 핍박을 당하는 것입니다. 이 말씀을 묵상하며 다시 한 번 생각했습니다. '그리스도인은 고난을 각오해야 하는구나. 예수 믿는 자에게 고난과 핍박이 있는 것은 이상한 일이 아니구나. 오히려 고난이 없는 것이 이상한 일이구나.'

만일 우리가 진정한 그리스도인이라면, 말씀을 따라 살기 위해 노력하고 있다면 핍박과 헌신을 각오해야 합니다. 주님께로 부터 위로와 은혜만 받으려 하는 것이 아니라 주님을 위해 살고 자 해야 하는 것입니다.

고난과 핍박은 누구에게나 두려운 일입니다. 예수님이 당하신 고난과 십자가, 순교자들의 삶, 믿음을 지키기 위해 신앙 선배들이 감당했던 희생들, 생각만 해도 두렵습니다.

어쩌면 속았다는 생각이 들지도 모릅니다. '복 받으려고 교회에 나왔는데 고난과 핍박이라니. 살기 힘든 세상에서 위로와 평안을 얻기 위해 교회에 나왔는데 고난이 웬 말이며 핍박이 웬 말이냐. 내가 교회를 잘못 선택한 것 같다. 아니, 신앙을 갖는 것 자체를 다시 생각해 봐야겠다.'

혹시라도 이런 생각을 하는 사람이 있을지 모르겠습니다. 이해합니다. 그러나 교회를 떠나고 예수를 떠나는 것은 더 신중하게 생각해야 합니다. 예수님을 따라 걷는 인생이 복된 인생이며, 그 길만이 생명의 길이기 때문입니다. 그 길만이 나와 우리 가정이 사는 길입니다. 교회가 살고 나라가 사는 길입니다. 고난이 두려워서 쉽게 포기할 일이 아닙니다.

한 가지 걱정하지 않아도 될 것은, 우리 중 대부분이 의를 위해 투옥되고 순교까지 할 수 있는 수준의 믿음을 가지지 못했기 때문에, 하나님께서 우리에게 지금 당장 그런 헌신과 핍박을 요구하실 가능성은 많지 않다는 것입니다. 하나님은 아무 이유와 목적 없이 우리의 소중한 것을 가져가시거나 생명을 요구하지는 않으십니다. 너무 염려하지 않기를 바랍니다.

우리는 고난과 핍박에 초점을 두기보다 예수님이 그러한 자에게 복이 있다고 말씀하셨다는 사실에 주목해야 합니다. 주님은 핍박이 아니라 복에 대해 말씀하고 계신 것입니다. 그래서 이 말씀은 여전히 '팔복'입니다. 이 세상이 주는 가짜 복을 버리고 진짜 복을 소유하라고, 영원하며 변하지 않는 하늘의 복을 취하라고 말씀하시는 것입니다.

예수님은 마지막 여덟 번째 복을 선포하시면서 우리에게 선택을 요구하십니다. "세상이 주는 안락함과 복을 택할 것이냐? 아니면 고난이 있더라도 나를 따르는 길, 하늘의 복을 선택할 것이냐?" 이렇게 묻고 계십니다. 우리의 선택은 무엇입니까? 우리는 어느 길로 가야 합니까?

이 여덟 번째 복은 하나님의 나라와 그의 의를 위해 핍박을 받는 사람들을 위한 위로와 격려입니다. 주님을 따르며 하나님의 의를 위하여 사는 자는 반드시 하늘의 복을 누리게 될 것이지만, 이 세상에서는 고난과 핍박을 피할 수가 없음을 예수님은 알고 계십니다.

연약한 우리 인간에게 핍박과 고난을 견디며 믿음을 지키는 것은 쉬운 일이 아닙니다. 예수 때문에 어려움을 겪고, 신앙 때문에 손해를 보고, 하나님의 나라와 의를 위해 자존심 버리고 나를 죽이는 것, 쉽고 만만한 일일까요? 그렇지 않습니다. 그 무엇보다 어려운 일입니다. 저는 예수님이 팔복을 마무리하시면서 그 어려운 길을 가고자 하는 자들을 위로하고 계신다는 생각이 들었습니다.

"나를 닮고, 나를 따르면 반드시 하늘의 복이 허락된다. 팔복은 나를 따르는 자들에게 허락되는 하늘의 은혜이다. 나의 길은 좁고, 나의 길은 세상의 길과 다르다. 너희는 환영받지 못하고 고난을 당할 것이다. 그러나 의를 위하여 핍박을 받는 자는 복이 있다. 천국이 너희 것이다."

이렇게 힘을 내라고 하십니다. 어렵고 힘겨워도 포기하지 말고 끝까지 믿음의 길을 가라고 격려하십니다.

오직 의를 위하여 핍박 받는 자만이

여기에 이르러서 '하나님의 의'에 대해 다시 돌아봅니다. 저는 하나님의 의가 팔복에 묘사된 예수님의 성품 전체를 의미한다고 생각합니다. 심령의 가난함에서부터 화평하게 하는 것에 이르기까지, 하늘의 복을 누리는 자의 성품들 하나하나가 하나님의 의가 어떤 것인지를 보여 주고 있다는 말입니다.

그러한 예수님의 성품을 추구하고 닮아 가는 삶은 이 세상에서 환영받고 성공하는 삶이 아닐 수 있습니다. 마지막 때가 다가올수록 예수님을 따라 사는 삶은 더 힘들지도 모릅니다. 그렇다면 "의를 위하여 박해를 받은 자"는 누구입니까? 그들은 예수님을 닮고자 하는 사람들입니다. 예수님을 따라 살고자 하는 사람들입니다. 예수님의 성품을 닮고, 예수님이 가신 길을 따라가면 핍박이 찾아오기 때문입니다.

예수님은 오직 "의를 위하여" 핍박받는 자가 복이 있다고 말씀하셨습니다. 모든 핍박받는 자가 다 복된 것이 아닙니다. 모든 고난당하는 자가 복되다고 말씀하지 않으셨습니다. 고난과 핍박 자체가 복의 조건이 아닙니다. 신앙은 가학적인 것이 아닙니다. 오직, 의를 위하여 핍박받는 자만이 이 여덟 번째 복을 누리게 됩니다.

내가 잘못해서 고난당하는 것은 복이 아닙니다. 그것은 오히려 회개해야 할 일입니다. 성경은 내가 잘못해서 처벌을 받는 것과 의를 위하여 박해를 받는 것은 전혀 다른 일이라고 말합니다. 오만하거나 이기적이거나 악한 삶을 살았기 때문에 세상으로부터 앙갚음을 당하거나 부끄러움을 당하는 자는 이 복을 누릴 권리가 없다고 주장합니다. 그러므로 그리스도인들은 고난을 당할 때 먼저 자기를 돌아보아야 합니다.

> [15]너희 중에 누구든지 살인이나 도둑질이나 악행이나 남의 일을 간섭하는 자로 고난을 받지 말려니와 [16]만일 그리스도인으로 고난을 받으면 부끄러워하지 말고 도리어 그 이름으로 하나님께 영광을 돌리라 벧전 4:15~16

베드로는 자신의 죄로 인해 고난당하는 것은 부끄러운 일이지만 그리스도인으로서 고난을 받는다면, 그리스도를 사랑하는 마음으로 살려고 애를 쓰다가 고난을 받는다면 영광스러운 일이라고 말합니다. 물론 죄인인 우리에게는 순수하게 주님만을 위해서 받는 고난이란 없을지도 모릅니다. 모든 일에, 모든 생각과 말에 우리의 더러운 죄성이 묻어 있을 테니까요.

오직 예수님의 고난만이 순도 100% 의를 위한 고난입니다. 죄 없으신 예수님의 모든 고난은 100% 순수하게 의를 위하여 받으신 핍박이었습니다. 그러나 우리의 고난과 핍박은 100% 순결한 고난, 오직 의를 위하여 받는 핍박이라고 말할 수는 없을 것입니다. 우리는 당당할 수 없고, 큰소리칠 수 없는 죄인들이기 때문입니다. 큰소리치는 죄인, 정죄하는 죄인만큼 꼴불견은 없습니다.

그럼에도 예수님은 죄를 지은 여인을 보고도 "너희 중에 죄 없는 자가 저 여인을 쳐라. 나는 저 여인을 정죄하지 않겠다"라고 말씀하셨습니다(요 8:7, 11). 인간의 가혹한 평가들과는 달리 하나님은 너그럽게 평가해 주십니다. 하나님은 긍휼히 여기시는 분이기 때문입니다. 구원하고 살리고자 하시는 분이기 때문입니다.

그런 주님이시기에 더러운 죄가 묻어 있고, 악한 생각이 묻어 있어도, 우리의 보잘것없는 헌신과 충성을 의를 위한 헌신으로 받아 주신다고 확신합니다. 주님을 사랑하는 마음으로 살다가 받는 크고 작은 모든 핍박을 의를 위하여 받는 핍박으로 여겨 주신다는 것입니다. 죄인들은 각박하고 비판적이지만, 거룩하고 완전하신 하나님은 우리를 후히 대해 주십니다.

하나님은 아브라함을 믿음의 사람이라 부르셨지만, 그는 믿음이 없는 행동을 많이 했던 부족한 자였습니다. 하나님은 다윗을 내 마음에 합한 자라고 하셨지만, 그는 간음했고 살인했던 죄인이었습니다. 하나님은 참으로 인자하십니다. 그러므로 의롭게 사는 일을 포기하지 마십시오. 대단한 성인들이나 순교자들만이 의를 위하여 박해를 받는 것이 아닙니다. 긍휼이 풍성하신 하나님은 우리 같은 부족한 죄인들도, 의를 위하여 핍박받는 자로 여겨 주십니다.

'의를 위한 핍박'이 가슴에 와닿지 않는다면 '예수를 위한 핍박'으로 바꾸어 읽는 것도 좋습니다. 우리는 '의'라는 추상적인 개념을 위해서가 아니라 예수님을 위해 살고 예수님을 위해 죽는 자들이기 때문입니다.

> 나로 말미암아 너희를 욕하고 박해하고 거짓으로 너희를 거슬러 모든 악한 말을 할 때에는 너희에게 복이 있나니 마 5:11

분명 10절에서 "의를 위하여"라고 말씀하신 예수님이 11절에서는 "나로 말미암아"라고 바꾸어 말씀하십니다. 의를 위한 핍박은, 결국 예수를 위한 핍박인 것입니다.

이 세상에는 사상을 위해 죽는 사람, 자기 신념과 철학을 위해 고난받는 사람들이 있습니다. 자신의 종교적 신념을 위해 생명을 아낌없이 버리는 사람들도 있습니다. 그러나 우리는 어떤 사상을 위해서가 아니라 예수를 위해 박해를 받고 예수를 위해 죽는 사람들입니다. 오스왈드 챔버스(Oswald Chambers)는 "예수님이 제시해 주신 어떤 원칙에 헌신하는 것과 예수님께 헌신하는 것은 다르다"라고 말했습니다. 그렇습니다. 제자들은 추상적인 개념에 헌신하는 사람들이 아니라 예수 그리스도께 헌신하는 사람들입니다.

사랑이 헌신하게 한다

그렇다면 이러한 헌신은 어떤 사람들이 할 수 있습니까? 예수를 사랑하는 사람들입니다. 의를 위하여 핍박받는 자는 율법을 사랑하고 전통과 원칙을 고수하는 자가 아니라, 예수님을 사랑하는 사람입니다. 이들은 먼저 예수님의 사랑을 받은 사람들입니다. 그 사랑 때문에 감격하고 감사하는 사람들입니다. 그러므로 의를 위하여 핍박받는 자는 차가운 사람이 아니라 따뜻한 사람입니다. 사랑의 사람이요 감사의 사람입니다.

의를 위하여 핍박받는 자는 머리에 띠를 두르고 싸우는 투사가 아니라 화평하게 하는 사람입니다. 그리스도인은 따뜻해야 합니다. 심성과 생각이 깊어야 합니다. 말과 행동이 부드러워야 합니다. 예수님처럼 온유해야 합니다. 사납고 거친 것은 우리에게 어울리는 모습이 아닙니다. 가정에서 이러한 따뜻함과 온유함이 시작되어야 합니다. 교회에서 더 풍성히 나누어져야 합니다. 그것이 직장과 사회로 퍼져 가야 합니다.

오직 예수님을 사랑하는 자만이 예수님을 위해 박해를 받을 수 있습니다. 마가복음 14장에는 이 사실을 아주 잘 보여 주는 한 여인이 나옵니다. 그녀는 자신의 소중한 옥합을 깨뜨려 예수님의 발을 씻겼습니다. 그러자 어떤 이들이 그녀에게 화를 냅니다. 비싼 것을 허비했다며 조롱을 합니다. 그것은 예수를 위해 받는 핍박이었습니다.

그녀는 왜 그것을 감수했을까요? 자신이 너무도 큰 은혜를 입었다는 것을 알았기 때문입니다. 그 사실에 감사했기 때문입니다. 예수님을 너무나 사랑했기 때문입니다. 그녀는 그 무엇도 아깝지 않았습니다. 자기를 죽이는 것, 물질적인 손해를 보는 것, 사람들의 조롱을 받는 것 정도는 기꺼이 감당할 수 있었습니다. 희생과 헌신과 핍박의 고통보다 예수님을 사랑하는 마음이 더 컸기 때문입니다.

예수님의 은혜를 입은 자입니까? 그 은혜에 감사하고 있습니까? 예수님을 사랑합니까? 신앙생활은 예수님의 사랑을 받고 나도 예수님을 사랑하는 것입니다. 은혜를 입지 않은 자, 감사함이 없는 자는 결코 의를 위해 핍박받는 자가 될 수 없습니다. 예수님을 사랑하지 않는 사람은 의를 위해 핍박받는 자가 될 수 없습니다.

저는 부족한 것이 참 많은 사람입니다. 얼마 전에도 몇몇 분들과 대화하면서 '내가 참 부족하구나' 생각했습니다. 부족한 자를 일꾼으로 삼으신 아버지의 깊은 뜻이 무엇인지, 주님 앞에 가면 꼭 여쭈어 보고 싶습니다. "주님, 왜 저를 일꾼 삼으셨나요?" 하지만 예수님을 참 사랑한다는 사실만큼은 분명하게 고백할 수 있습니다.

믿음과 사랑이 좀 다른 것 같습니다. 제 믿음이 부족하다고 생각하지만, 제가 예수님을 사랑한다는 것은 확신합니다. 예수님 생각을 많이 합니다. 자주 "예수님 어떻게 하면 좋을까요?" 하고 물어봅니다. 기쁜 일도 슬픈 일도 주님과 나눕니다. 운전하다가도, 걸으면서도, 잠들기 전에도 기도합니다. 형식도 없이 자유롭게 주님과 대화합니다. 여러모로 부족하지만, 예수님을 사랑한다는 것만큼은 고백할 수 있습니다. 그렇게 고백할 수 있어서 감사하고 좋습니다. 그 고백을 할 때 마음이 평안해집니다.

정말 예수님을 사랑합니까? 하루하루 순간순간 예수님 생각을 많이 합니까? 예수님과 자주 대화합니까? 예수님을 사랑하는 사람만이 예수님을 위해, 의를 위해 핍박받는 자가 됩니다. 핍박받으려고 일부러 애쓸 필요가 없습니다. 예수님을 사랑하면 예수님을 따르게 되고, 예수님을 따르게 되면 핍박은 찾아오기 때문입니다. 예수님이 당하신 고난이 우리의 고난이 되는 것입니다.

부족한 것이 너무나 많지만, 죄인이며 연약한 존재이지만, 만약 제가 주님을 위해서 고난을 당하고 핍박도 받을 수 있다면 그 이유는 하나입니다. 제 믿음이 대단하기 때문이 아니라 제가 주님을 사랑하기 때문일 것입니다. 예수님이 제게 베푸신 사랑을 알고, 큰 은혜에 감사하기 때문일 것입니다. 예수님을 사랑합니까? 정말 예수님을 사랑합니까?

부활하신 예수님이 제자들에게 확인하고 싶으셨던 것이 바로 사랑이었습니다. 예수님은 베드로에게 "나를 위해 죽을 수 있겠느냐? 너의 재물을 팔아 나에게 바칠 수 있겠느냐? 나를 위해 직장도 명예도 포기할 수 있겠느냐? 네 인생을 나를 위해 사용할 수 있겠느냐?"라고 묻지 않으셨습니다. 단지 이렇게 물으셨을 뿐입니다. "네가 나를 사랑하느냐?"(요 21:6)

예수님은 베드로에게 세 번이나 이렇게 물으셨습니다. 이 질문은 형식과 율법에 대한 질문이 아니라 관계에 대한 질문입니다. 오늘도 예수님은 우리에게 같은 질문을 물어 오십니다. "네가 나를 사랑하느냐?" 우리의 대답은 무엇입니까? 만약 우리가 "저는 주님을 믿습니다. 주님을 위해 이런저런 일을 하려고 합니다"라고 대답한다면 다시 물으실 것입니다. "귀하고 고맙구나. 그런데 너는 나를 사랑하느냐?"

내가 누군가를 진정으로 사랑하는지 아닌지는 자신이 압니다. "아내를 사랑합니다"라고 말할 수는 있지만, 진짜 아내를 사랑하는지 아닌지 남편은 아는 것입니다. 마찬가지입니다. "예수님을 사랑합니다"라고 말할 수는 있지만, 진짜 예수님을 사랑하는지 아닌지는 자신이 압니다. 나는 예수님을 사랑합니까?

"네가 나를 사랑하느냐"라는 질문은 "너의 마음에 무엇이 가득하냐"라는 질문과도 같습니다. 사랑하면 그 사람 생각으로 가득합니다. 사랑하는 사람이 기뻐하는 일을 하고 싶어집니다. 그 사람이 웃는 것을 보고 싶습니다. 우리 안에는 무엇이 가득합니까? 예수님 생각으로 가득한가요?

의미 있는 고난

얼마 전 수양관에 다녀왔습니다. 그 지역 젊은이들의 연합 수련회에 말씀을 전하기 위해서였습니다. 많은 인원이 참여한 것은 아니었지만, 그래도 열한 개 교회 청년들이 참여했습니다. 은혜로운 시간이었습니다. 말씀을 전하면서 오히려 제가 은혜

받고 힘을 얻었습니다. 한 사람의 젊은이라도 예수님을 만나고, 예수를 위해 사는 자가 되기를 기도했습니다. 앞으로도 이런 일에 저를 사용하여 주시기를 기도했습니다.

한 청년이 식사 시간에 제게 간증을 했습니다. 자기를 만든 것은 부모님의 신앙이었다는 고백이었습니다. 그는 정말 속 썩이는 말썽쟁이 아들이었다고 합니다. 누군가가 "이번에 우리 아들이 이런 좋은 대학에 갔어요"라고 자랑하면 부모는 "그래요? 우리 아들은 교회에 열심히 다녀요"라는 것밖에는 자랑할 것이 없었다고 합니다.

부모님은 다른 것을 요구하지 않았지만 신앙이 가장 중요하다는 것, 예배를 빠져서는 안 된다는 것, 예수 위해 사는 사람이 되라는 것만은 확실하게 가르쳤다고 합니다. 청년은 그 신앙이 자기를 지켜 주었다고 했습니다. 부모에게 고마워했습니다. 예수님을 사랑하는 사람이 되자 효자가 된 것입니다. 그 청년은 연합 수련회를 열심히 섬기는 리더 중 한 사람이었습니다.

가정에서 신앙 교육이 중요하게 여겨지기를 바랍니다. 교회에만 기대서는 안 됩니다. 가정의 뒷받침이 없이 교회가 할 수 있는 일은 아주 적습니다. 예수를 위해 헌신하고 고난받는 사람을 길러 내는 가정이 되기를 바랍니다. 그러면 부모를 존경하는 마음은 저절로 따라옵니다. 그런 자녀의 인생을 주님께서 책임져 주신다고 확신합니다.

예수님은 의를 위하여 박해를 받은 자가 복이 있다고 말씀하셨습니다. 이들은 예수님을 사랑하는 사람들입니다. 예수님을 너무나 사랑해서, 받은 은혜에 너무나 감사해서, 예수를 위해 기꺼이 핍박받는 자들입니다. 이들은 예수님의 성품을 닮아 가는 자들이요 예수님을 따라 사는 사람들입니다. 이들은 자신들의 죄와 허물 때문에 처벌받는 것이 아니라, 예수를 위해 살다가 예수님이 당했던 그 고난과 핍박을 당하는 복된 사람들입니다. 예수의 고난에 참여하는 자들인 것입니다.

아무 일도 하지 않는 사람은 아무 핍박도 받지 않습니다. 그러나 예수를 위해 무슨 일을 하려고 하면 핍박을 받게 됩니다. 세상을 거스르고, 익숙한 것을 바꾸려고 하면 핍박과 반대에 부딪칩니다. 예수님이 그러셨습니다. 예수님은 새 포도주를 새 부대에 담고자 하셨습니다. 세상은 그것을 거부했지만 말입니다.

예수님은 가만히 계실 수도 있었습니다. 틀린 줄 알지만, 더 좋은 것을 알고 있지만, 가만히 계실 수도 있었습니다. 그러나 그러지 않으셨습니다. 진리를 선포하시고, 잘못된 습관과 전통에 도전하셨습니다. 그 결과 핍박을 받으셨습니다. 십자가에 죽으셨습니다. 그렇게 뿌린 의의 씨앗들이 열매를 맺게 되었습니다. 그 희생과 고난이 헛되지 않았습니다. 예수님의 고난과 죽음이 우리를 살려 냈기 때문입니다.

어차피 인생은 힘들고 험난한 여정입니다. 그렇다면 의미 없는 헛고생, 내가 잘못 살아서 당하는 고통이 아니라 의를 위한 고난, 예수를 위한 고난을 받는 우리이기를 바랍니다. 그들에게는 하늘의 복이 예비되어 있습니다.

CHAPTER 15

박해의
복 ②

천국이 그들의 것임이라

예수님을 사랑하여 닮기 원하고 따라 살고자 하는 자는 박해를 당할 수밖에 없습니다. 그 사실을 이미 아셨던 예수님은 제자들에게 이렇게 말씀하셨습니다.

16보라 내가 너희를 보냄이 양을 이리 가운데로 보냄과 같도다 그러므로 너희는 뱀같이 지혜롭고 비둘기같이 순결하라 17사람들을 삼가라 그들이 너희를 공회에 넘겨주겠고 그들의 회당에서 채찍질하리라 18또 너희가 나로 말미암아 총독들과 임금들 앞에 끌려가리니 이는 그들과 이방인들에게 증거가 되게 하려 하심이라 마 10:16~18

예수를 따르고, 예수의 일을 하는 제자들에게 만만치 않은 핍박이 기다리고 있다는 말씀입니다. 고난을 예고하시는 예수님의 마음이 많이 아프셨을 것 같습니다. 부모에게는 자신의 고통보다 자식의 고통이 더 아픈 법이기 때문입니다. 사랑하는 자녀들이 겪어야 할 모든 고난을 미리 다 알고 계시는 예수님은 얼마나 아프셨을까요?

> ¹⁰의를 위하여 박해를 받은 자는 복이 있나니 천국이 그들의 것임이라 ¹¹나로 말미암아 너희를 욕하고 박해하고 거짓으로 너희를 거슬러 모든 악한 말을 할 때에는 너희에게 복이 있나니 ¹²기뻐하고 즐거워하라 하늘에서 너희의 상이 큼이라 너희 전에 있던 선지자들도 이같이 박해하였느니라 마 5:10~12

우리는 앞날을 알고 싶어 합니다. 자신의 일뿐만 아니라, 남의 일에도 호기심이 많습니다. 하지만 저는 주님이 알려 주시는 만큼만 알고 믿음으로 살아가는 것이 복된 삶이라고 생각합니다. 몰라도 되는 것을 알려다가 불행해지고, 말이 생기고, 싸움이 일어납니다. 그러므로 남의 삶에 대한 호기심을 버리고, 내 삶에 충실한 것이 복된 삶입니다. 아버지는 자녀가 꼭 알아야 할 것을 다 알려 주십니다. 우리는 그것만 잘 알면 됩니다.

하지만 하나님이신 예수님은 자신의 일도, 제자들의 일도, 세상의 끝도 아셨습니다. 성경을 읽으며 '육신을 입고 이 땅에서 사셨던 예수님에게 다 안다는 사실은 무거운 짐과 아픔이 아니었을까' 하는 인간적인 생각이 들었습니다. 자녀들의 고난을 보아야 하고 예고해야 하는 예수님의 심정이 어떠셨는지, 천국 가면 여쭤보고 싶습니다.

눈을 들어 주를 보다

예수님은 자신을 따르는 자를 세상이 가만두지 않을 것이라고 말씀하셨습니다. 그러나 그것이 끝이 아닙니다. 단지 박해에 대한 예고로 말씀을 매듭짓지 않으셨습니다. "너희는 내 이름으로 인하여 미움을 받을 것이다. 그러나 견디는 자는 구원을 얻을 것이다. 때로는 피해야 한다. 내가 곧 다시 올 것이다. 그때까지 잘 견뎌야 한다(마 10:22~23)"라고 말씀하셨습니다. 그러면서 매우 중요한 말씀을 덧붙이십니다.

> 몸은 죽어도 영혼은 능히 죽이지 못하는 자들을 두려워하지 말고
> 오직 몸과 영혼을 능히 지옥에 멸하실 수 있는 이를 두려워하라
>
> 마 10:28

예수님은 우리를 핍박하는 자들을 두려워하지 말라고 말씀하셨습니다. 정말 두려운 분은 몸과 영혼을 지옥에 던지실 수 있는 하나님이시기 때문입니다. 세상이 나를 힘들게 하고 원수가 나를 괴롭힌다고 해도, 하나님이 나를 사랑해 주시고 인정해 주시면 두려울 것이 없습니다. 그러나 온 세상이 나를 환영해도, 하나님이 나를 인정하지 않으시고 악인이라 평가하신다면 참으로 두려운 일입니다. 우리는 누구의 인정을 받아야 합니까? 누구를 두려워하며 살고 있습니까?

답은 분명합니다. 어떻게 살아야 할지를 고민할 필요가 없다는 말입니다. 핍박을 두려워하는 것이 아니라 하나님을 두려워해야 합니다. 우리를 괴롭히는 원수를 두려워하는 것이 아니라 하나님을 두려워해야 하는 것입니다.

하나님을 두려워하라는 말은 한편으로는 하나님을 의지하라는 말과 같습니다. 하나님을 의지하는 믿음이 없이, 하나님께서 주시는 위로와 소망이 없이, 고난을 이겨 낼 수 있는 사람은 아무도 없기 때문입니다.

> ⁵⁵스데반이 성령 충만하여 하늘을 우러러 주목하여 하나님의 영광과 및 예수께서 하나님 우편에 서신 것을 보고 ⁵⁶말하되 보라 하늘이 열리고 인자가 하나님 우편에 서신 것을 보노라 한대 행 7:55~56

사람들은 스데반을 돌로 쳤지만, 그는 자신에게 돌을 든 자들을 용서하는 기도를 드립니다. 스데반도 인간이기에 핍박과 고난이 두렵지 않았을 리가 없습니다. 그럼에도 그는 의를 위해 박해를 받았습니다. 자신을 돌로 치는 사람들을 용서하며, 그들을 위해 기도까지 했습니다.

이 말씀에는 그가 어떻게 그럴 수 있었는지 그 비결이 기록되어 있습니다. "하늘이 열리고 인자가 하나님 우편에 서신 것을 보노라" 그는 하나님의 영광과 예수님을 보았던 것입니다. 예수 그리스도를 본 사람, 하나님의 영광을 본 사람, 은혜를 입은 사람은 믿음으로 고난을 견디며 믿음의 경주를 완주할 수 있는 것입니다.

스데반 이야기가 거창하다고 느낄 수도 있을 것입니다. 나와는 거리가 멀게 느껴질 수도 있을 것입니다. 그런데 그렇지 않습니다.

저와 제자 훈련을 했던 집사님은 파산하여 신용 불량자가 되었고, 장애를 가진 자녀가 있었습니다. 매일의 삶이 쉽지 않았습니다. 자녀를 돌보며 생계를 위해 일을 해야만 했습니다. 훈련받을 형편도 헌신할 형편도 아니었습니다. 하지만 그분은 2년간의 훈련을 완주했고, 고난 중에 함께하시는 하나님의 은혜에 감사했습니다. 자신은 초라하지만, 하나님은 위대하심을 믿고 하루하루를 성실히 살았습니다. 고난이 그분을 꺾지 못한 것입니다.

어떻게 이런 일이 가능했을까요? 하나님의 은혜가 그분 안에 있었기 때문입니다. 스데반이 보았던 그 예수님을 그분도 만났기 때문입니다. 우리는 스데반이 보았던, 그 집사님이 누렸던 이런 하나님의 영광과 신앙의 기쁨을 맛보고 있습니까? 그것을 누리고 있습니까?

세상이 감당할 수 없는 믿음

이 시대에도 예수를 위해 희생과 손해를 감수하고 자기를 부인하며 주를 따르는 성도들이 있습니다. 그들은 예수님을 사랑하고 하나님만 두려워하기에, 세상에서 고난을 당하고 손해를 보고 의를 위하여 핍박받는 사람들입니다. 그들은 스데반처럼 하나님의 영광을 보고 하늘의 복을 사모하기에, 눈앞의 두려움을 이기는 사람들입니다. 예수님은 그런 자들이 복되다고 하십니다. 천국은 그런 자들을 위해 예비되어 있는 것입니다.

그럼에도 불구하고 주님을 닮고, 주님을 따르며 고난과 아픔을 감내하는 것은 쉬운 일이 아닙니다.

나로 말미암아 너희를 욕하고 박해하고 거짓으로 너희를 거슬러 모든 악한 말을 할 때에는 너희에게 복이 있나니 마 5:11

예수님은 사람들이 예수를 믿고 따르는 자들을 향해 욕하고, 박해하고, 거짓으로 악한 말을 할 것이라고 말씀하셨습니다. 거짓으로 악한 말을 하는 것은 있지도 않은 말을 지어내는 중상모략입니다. 바울과 제자들이 당했던 일입니다. 명백한 사단의 일입니다.

마지막 날이 다가오면 어떤 악한 일이 일어날지 우리는 알지 못하지만, 그날이 오기 전까지는 육체적인 핍박보다 정신적, 언어적 핍박이 훨씬 더 많으리라 생각됩니다. 마지막 날에 가까이 다가가면 다가갈수록 육체적인 핍박도 가해질 것입니다. 그러나 그 전에 먼저 욕하고, 거짓으로 악한 말을 퍼트려 하나님 자녀들의 명예를 더럽히고, 고통스럽게 만드는 일이 일어날 것입니다.

하나님 앞에서 나를 정직히 돌아볼 때 사악하게 살지 않았음에도 불구하고 그런 일이 일어난다면, 예수를 위해 받는 핍박이라 생각해도 됩니다. 영광스러운 일입니다. 그것을 견뎌 내야 합니다. 하나님 앞에서 모든 시시비비가 가려질 날이 있습니다. 하나님은 함부로 말한 자들을 심판하시고, 수치당한 자들을 높이신다고 약속하셨습니다. 그때까지 참음으로 기다리고 견디는 것이 믿음의 경주를 하는 것입니다.

한 가지 짚고 넘어갈 것이 있습니다. 믿는 자들을 누가 핍박하는 것입니까? 어디에서 이런 핍박을 당합니까? 당연히 세상에서, 하나님을 모르는 사람들에 의해서, 사단에 의해서 핍박을 당하게 될 것입니다.

그런데 교회 안에서도 이런 핍박이 있을 수 있습니다. 우리 모두가 죄인이기 때문입니다. 지상 교회가 불완전하기 때문입니다. 교회 안에도 세상이 있기 때문입니다. 예수님이 교회 안에도 알곡과 가라지가 있다고 말씀하셨기 때문입니다. 교회 안에 있지만 예수를 모르는 사람, 그저 예수를 아는 척하는 사람들이 욕하고 박해하고 거짓으로 악한 말을 할 수 있습니다. 스데반도, 바울도, 제자들도, 선지자들도, 심지어 예수님도 자기 백성에게 핍박을 받았습니다. 종교 지도자들이 핍박의 우두머리였습니다.

교회는 의를 위하여 살고자 하는 자를 핍박하는 곳이 되어서는 안 됩니다. 도리어 예수를 위해 살고자 하다가 고난당하고 박해를 받는 자들이 위로받는 곳이어야 합니다. 주님을 닮고 따르고자 하는 사람들이 모여서 서로를 격려하는 곳이어야 합니다. 그러므로 우리는 교회에서 사단의 일이 일어나지 않도록 기도해야 합니다.

¹⁵그러므로 너희가 선지자 다니엘이 말한 바 멸망의 가증한 것이 거룩한 곳에 선 것을 보거든 (읽는 자는 깨달을진저) ¹⁶그때에 유대에 있는 자들은 산으로 도망할지어다 마 24:15~16

사단은 멸망의 가증한 것을 거룩한 곳에 세우려 할 것입니다. 이는 어떤 가증스러운 물건이 교회에 세워질 것이라는 말이 아니라 세속적인 가치관이 교회에 스며들고, 사단의 일이 하나님의 공동체에서 일어날 것이라는 말씀입니다.

마지막 때에는 눈에 보이는 멸망의 가증한 것이 교회에 버젓이 세워지는 일도 일어날 것입니다. 사단의 일이 무엇입니까? 작고 약한 자를 돌보셨던 예수님, 온유하고 겸손한 예수님과 다른 길을 걸어가는 것입니다. 거짓으로 악한 말을 하고, 하나 됨을 파괴하고, 말씀을 가벼이 여기는 것입니다. 하나님을 전혀 두려워하지 않는 것입니다.

사단은 쉽게 포기하지 않을 것입니다. 교회 안에 자기 사람을 만들고, 포섭하려고 기회를 노릴 것입니다. 그럴수록 우리는 자신을 지켜야 합니다. 교회를 위해 기도해야 합니다. 교회가 의를 위하여 핍박받는 자들의 공동체가 되도록 기도해야 하는 것입니다.

생각해 보면 의를 위하여 사는 자가 핍박을 당하는 것은 참으로 이상한 일입니다. 그들이 전하는 복음은 좋은 소식입니다.

팔복이 말하는 예수님의 성품을 가진 사람이 내 가까이 있다는 것은 복된 일입니다. 우리는 악한 이웃보다 선한 이웃을 원하지 않습니까? 이치상으로는 사람들이 예수를 닮은 자, 예수를 따라 의롭게 살려는 자를 미워할 이유가 전혀 없습니다. 그럼에도 예수님은 제자들에게 핍박을 예고하셨습니다. 왜 그렇습니까?

팔복의 삶의 방식이 세상의 삶의 방식과 다르기 때문입니다. 다 노는데 혼자 공부하면 왕따를 당하지 않습니까? 영적인 것도 마찬가지입니다. 의를 위하여 사는 사람을 세상은 가만두지 않습니다. 욕하고 배척하고 괴롭힙니다. 죽이려 합니다. 청교도 설교가 토마스 왓슨(Thomas Watson)은 "경건이 고난을 막아 주지 않는다. 경건은 우리에게 십자가를 허락할 것이다"라고 했습니다. 그러니 팔복의 결론이 '박해'인 것은 당연한 일입니다. "팔복을 추구하는 삶을 살면 세상이 너희를 미워할 것이다. 핍박할 것이다. 마지막 때가 다가올수록 더 심해질 것이다." 이것이 팔복의 결론입니다.

하루는 어떤 사람이 순교자 터툴리안(Tertulian)을 찾아왔습니다. 그가 이렇게 말했습니다.

"저는 이미 그리스도 앞에 나왔지만, 어떻게 살아야 할지 모르겠습니다. 지금 저의 직업은 하나님 앞에서 옳지 않은 직업이 분명하지만 먹고 살아야 하지 않겠습니까? 예수님의 가르침대로 살면 제가 살 수가 없습니다."

그러자 터툴리안이 대답했습니다.

"꼭, 살아야겠습니까?"

참으로 놀라운 질문이지 않습니까? 터툴리안은 살기가 힘들다는 사람에게 왜 사는지를 묻습니다. 터툴리안은 비기독교 가정에서 태어났는데 기독교인들이 예수를 위해 핍박받고, 순교당하는 것을 보고 회심한 사람입니다. 그런 그에게는 고난을 당하고 어려움을 당해도 지켜야 할 믿음이 있었습니다.

터툴리안이 했던 말, "꼭, 살아야겠습니까?"는 충격적입니다. 마치 "예수를 위해서 죽으면 안 되겠습니까? 어려움을 당하면 안 되겠습니까?"라고 묻는 것 같습니다. 이를 보며 저는 '아, 나는 살려고 하는구나. 죽으려 하지 않고 살려고 하는 것이 나의 문제이고, 한계이구나'라고 생각했습니다. 의를 위해 핍박받는 자가 되려면 살려고 하는 것이 아니라 예수를 위해 죽으려고 해야 한다는 것입니다.

우리는 예수를 위해 자기를 부인할 수 있습니까? 예수를 위해 손해를 보고, 자존심을 꺾고, 심지어는 죽을 수 있습니까? 의를 위하여 핍박받은 자들은 주를 위해 기꺼이 죽으려는 사람들입니다. 세상이 감당할 수 없는 믿음의 사람들인 것입니다(히 11:38).

팔복으로 사는 기쁨

예수님은 주를 위해 받는 핍박과 죽음을 기뻐하고 즐거워하라고 말씀하셨습니다. 그게 가능한 일일까요? 우리는 왜 핍박 속에서도 기뻐하고 즐거워할 수 있을까요?

첫째, 박해가 믿음을 증명하기 때문입니다. 박해는 그 자체로 우리의 믿음을 드러내는 증거가 됩니다. 12절 말씀은 믿음으로 고난당하는 자들을 선지자와 같은 자리에 둡니다. 우리의 믿음이 그 정도 수준이 아닌데도 그토록 높이 평가해 주는 것입니다. 누가는 이렇게 기록합니다.

> 22인자로 말미암아 사람들이 너희를 미워하며 멀리하고 욕하고 너희 이름을 악하다 하여 버릴 때에는 너희에게 복이 있도다 23그날에 기뻐하고 뛰놀라 하늘에서 너희 상이 큼이라 그들의 조상들이 선지자들에게 이와 같이 하였느니라 눅 6:22~23

박해가 있다는 것은 우리가 누구에게 속했는지를, 우리가 누구의 자녀인지를 세상으로부터 인정받는 것이기 때문에 기뻐해야 한다는 말씀입니다. 박해를 받는다는 것은 우리가 예수님을 잘 따라가고 있다는 분명한 증거입니다. 마태와 누가만 그렇게 말하고 있는 것이 아닙니다. 성경 전체가 그 사실을 예언하며 강조합니다.

> 무릇 그리스도 예수 안에서 경건하게 살고자 하는 자는 박해를 받으리라 딤후 3:12

> 너희가 세상에 속하였으면 세상이 자기의 것을 사랑할 것이나 너희는 세상에 속한 자가 아니요 도리어 내가 너희를 세상에서 택하

우리가 세상에 속했다면 세상은 우리를 사랑할 것입니다. 자기 것이기 때문입니다. 자기 나라를 위해 우리를 이용할 수 있으니 핍박하고 죽이려 하지 않을 것입니다. 그러나 우리가 세상을 거절하고 세상을 멀리하면 세상은 우리를 미워하게 됩니다. 자기 것이 아니기 때문입니다. 자기 일에 방해가 되기 때문입니다.

그렇다고 걱정할 필요는 없습니다. 우리는 하나님의 것이기에 하나님께서 우리를 사랑해 주십니다. 자녀들을 책임져 주시고, 보호해 주십니다. 의를 위하여 당하는 핍박과 고난은 나의 소속과 자녀 됨을 증명합니다. 이 사실을 믿음으로 바라볼 때, 고난 중에도 기뻐하고 즐거워할 수 있습니다. 내가 주님의 것이기 때문에 세상이 나를 버리는 것, 그것이 의를 위한 핍박이기 때문입니다.

둘째, 박해를 넘어서는 약속된 은혜가 있기 때문입니다. 그것을 10절은 "천국이 그들의 것"이라고 표현하고, 12절은 "하늘에서 너희의 상이 큼"이라고 설명합니다.

천국은 팔복에서 두 번 언급됩니다. 심령이 가난한 자가 누리는 첫 번째 복과 의를 위하여 박해를 받는 자가 누리는 여덟 번째 복입니다. 첫 번째와 여덟 번째, 즉 팔복은 천국으로 시작하여 천국으로 끝난다고 해도 과언이 아닙니다. 우리의 궁극적인 복은 천국입니다. 이 땅에서 누리는 세상의 복이 아니라 천국이 우리의 복인 것입니다.

'천국'이라는 단어에서 첫 번째 복과 여덟 번째 복은 만납니다. 천국은 마음이 가난한 자에게 거저 주어지는 선물인 동시에, 주님을 위해 고난받은 자에게 주어지는 상급입니다. 천국은 공짜이면서 동시에 아주 비싼 값을 치러야 얻을 수 있는 곳이라고 말할 수 있습니다. 심령이 가난한 자가 얻는 것이 천국이니 하나님의 나라는 공짜입니다. 그러나 복음의 증인들과 예수를 위해 살았던 믿음의 사람들이 들어간 곳이 천국이니, 하나님의 나라는 비싼 대가를 요구하는 곳이기도 합니다.

바울을 부러워하던 사람이 이야기했습니다.

"나도 바울처럼 되면 좋겠다. 하나님께서 인정해 주시고, 많은 사람에게 인정받는 사람이 되면 좋겠다."

그러자 하늘의 음성이 들렸습니다.

"그렇다면 바울처럼 매를 맞아야 한다. 굶어야 한다. 감옥에 갇히기도 해야 한다."

그렇습니다. 천국은 공짜입니다. 그러나 공짜가 아닙니다. 예수님은 천국이 주님을 위해 사는 자, 예수를 위하여 핍박받는 자의 것이라고 말씀하십니다. 함부로 살다가 죽기 직전에 "나는 예수를 믿습니다"라고 말만 하면 들어가는 싸구려 같은 곳이 아니라는 것입니다.

반드시 감옥에 가고 순교하라는 말이 아닙니다. 예수님 때문에 억울한 일을 당하는 것이 박해입니다. 자기를 죽이고, 손해를 보는 것이 핍박입니다. 하고 싶은 말을 삼키고, 다른 사람의 말을 들어 주는 것이 의를 위해 사는 삶입니다. 얼마든지 때려치울 수 있는데 그렇게 하지 않고 끝까지 견디는 것이 예수를 위한 고난입니다.

얼마 전 순교적인 삶에 대해 묵상했습니다. 순교도 힘들지만, 순교적으로 사는 것은 더 힘듭니다. 매일의 일상에서, 가정과 직장과 교회에서 자기를 부인하고 십자가를 지고 사는 것이 순교적인 삶입니다. 그것이 의를 위해 고난당하는 것입니다. 하나님은 그런 이에게 천국을 허락하십니다.

궁극적으로 천국은 미래의 일입니다. 우리는 장차 아버지의 집에 이르게 될 것입니다. 그러나 미래의 일이라고 해서 가벼이 여겨선 안 됩니다. 이 땅에서 보내는 시간과, 하늘에서 보내게 될 시간은 비교할 수 없습니다. 이 땅에서 지내는 짧은 시간을 재미있게 보내려고, 영원을 포기해서는 안 되는 것입니다. 현재의 고난은 장차 우리에게 나타날 영광과 비교할 수 없기 때문입니다(롬 8:18).

동시에 천국은 현재의 일이기도 합니다. 천국은 하나님이 임재하시고 다스리시는 곳입니다. 의를 위하여 핍박받는 자의 마음에 주님이 임재하십니다. 하나님은 예수를 위해 고난받는 자와 함께하십니다. 하나님과 동행하며 이 땅에서도 천국을 누리게 되는 것입니다. 의를 위하여 박해를 당하는 자는 하나님과의 깊은 관계 속에 들어가게 됩니다. 예수님의 고난에 동참함으로, 누구보다도 주님 가까이에 있게 되는 것입니다. 예수님은 그 마음과 생각을 평강으로 인도하십니다. 천국을 맛보게 하십니다. 천국을 이루십니다.

셋째, 박해가 우리의 마음을 정화하기 때문입니다. 핍박과 고난 중에 있을 때 그리스도인들의 마음은 오직 한 가지에 집중하게 됩니다. 바로 하나님입니다. 건강하고 평안하고 모든 것이 잘 돌아갈 때 우리의 마음은 분산됩니다. 하나님께 집중하지 못하고 하나님만 생각하지 않습니다.

그러나 고난이 생기고, 나의 힘으로 해결할 수 없는 한계에 부딪치게 되면 우리에게서 불필요한 것들이 하나하나 제거되고 하나님만 남습니다. 병들고, 파산하고, 고통 중에 처하면 우리는 그제야 '내가 의지할 분은 하나님밖에 없다'는 것을 깨닫게 되는 경우가 많습니다. 예수를 위하여 받는 고난과 핍박이 우리를 정화시키고 순결하게 만들기 때문입니다.

이것은 의를 위하여 핍박받는 자가 누리는 복 중의 복, 최고의 은혜입니다. 그래서 믿음의 사람들은 이렇게 찬송합니다. "주 예수보다 더 귀한 것은 없네. 예수밖에는 없네." 이 찬송을 진심으로 부르는 사람의 마음은 천국입니다.

고난당하기 전의 우리 마음은 예수밖에 없는 마음이 아닙니다. 아주 많은 것들이 마음속에 있습니다. 생각이 복잡합니다. 바로 이 지점에서 첫 번째 복을 누리는 심령이 가난한 자와 여덟 번째 복을 누리는 의를 위하여 박해를 받는 자는 만나게 됩니다. 의를 위하여 박해를 받는 자의 심령은 가난해지기 때문입니다. 그래서 이 두 사람이 누리는 복도 같습니다.

천국이 그들의 것임이라 마 5:10

진정한 복을 누려라

예수를 위하여 박해를 받은 자는 천국에서 상이 크다고 말씀하셨습니다. 솔직히 그 상이 뭔지는 잘 모르겠습니다. 가 봐야 알겠습니다. 하지만 상이 크다고 하셨으니 분명 상이 있을 것입니다. '크다'로 번역된 헬라어 폴뤼스(πολύς)는 풍성하다, 넘치다, 충만하다 등을 의미합니다. 이렇게 상이 큼을 강조하셨으니 반드시 분에 넘치는 좋은 것을 주실 것입니다.

예수님은 핍박을 당한 자녀들을 따뜻하게 맞아 주시고, 잘했다고 칭찬해 주실 것입니다. 그 상을 바라보고 기대하라고 말씀하셨으니 우리는 그 상을 기대해야 합니다. 어떤 이는 이렇게 반문할지도 모릅니다. "상 받으려고 신앙생활을 하는 것이 기복신앙과 뭐가 다릅니까?"

다릅니다. 동기로서의 상과 결과로서의 상은 차원이 다릅니다. 상을 받으려고 어떤 일을 하는 것과 어떤 일을 하다 보니 상을 받는 것은 다르다는 말입니다. 저는 예수님이 이렇게 말씀하시는 것 같습니다. "상을 받으려고 하는 일이 아니겠지만, 나는 상을 주지 않을 수가 없구나. 나를 위해 핍박받은 너희에게 상을 주고 싶다." 이것이 주님의 마음 아닐까요?

우리는 초대 교회 성도들이 당했던 종류의 핍박이나 이슬람

권과 북한의 성도들이 당하는 종류의 박해가 없는 세상에서 삽니다. 신앙생활을 무척 자유롭게 합니다. 마음 내키는 대로 교회에 나올 수도 있고, 안 나올 수도 있습니다. 하고 싶은 대로, 하고 싶은 만큼 하면 됩니다. 그렇다면 그만큼 더 신앙이 성숙하고 성장하게 되었을까요?

안타깝게도 이런 자유를 가진 우리에게 오히려 감사와 기쁨이 더 부족한 것은 아닌가 하는 생각이 듭니다. 핍박 중에 있는 성도들에게는 감사와 기쁨이 있습니다. 그들은 예배를 드릴 수 있다는 것만으로도 만족합니다. 시설이 부족하고, 자리가 불편하고, 설교가 엉성하고, 성가대가 없어도 고난 중에 있는 성도들은 예배드릴 수 있다는 사실만으로도 감격하고 감사합니다.

그런데 자유롭게 신앙생활을 하는 사람들이 불평을 더 많이 합니다. 더우면 덥다고, 추우면 춥다고, 길면 길다고, 짧으면 짧다고, 이런저런 이유로 불평하고 감사하지 못합니다. 하지만 신앙의 자유를 빼앗기고 예배의 특권을 빼앗기면 알게 됩니다. 예배드릴 수 있는 것이 얼마나 감사한 일인지, 나 혼자가 아니라 함께 예배드릴 수 있다는 것이 얼마나 축복인지를 말입니다. 박해를 받는 자에게 더욱 큰 은혜가 있는 것입니다.

박해를 받는 자는 모든 것을 잃은 사람처럼 보입니다. 그러나 하나님은 그들이 복이 있다고 말씀하십니다. 천국을 소유하고, 하늘의 풍성한 상을 받는 자이기 때문입니다. 그들은 가장 중요한 것을 소유한 다 가진 자들입니다. 오히려 이 땅에서 자기를 위해 사는 자들은 언젠가 그 모든 것을 잃게 되는 날이 있을 것입니다. 그러므로 자기를 위해 사는 것은 어리석은 일입니다. 바울은 말했습니다.

> 9무명한 자 같으나 유명한 자요 죽은 자 같으나 보라 우리가 살아 있고 징계를 받는 자 같으나 죽임을 당하지 아니하고 10근심하는 자 같으나 항상 기뻐하고 가난한 자 같으나 많은 사람을 부요하게 하고 아무것도 없는 자 같으나 모든 것을 가진 자로다 고후 6:9~10

이는 그리스도인들을 묘사하는 말이요, 의를 위하여 박해를 받는 자들을 묘사하는 말입니다. 우리는 지는 자 같으나 이기는 자요, 가난한 자 같으나 부요한 자입니다. 죽는 자 같으나 사는 자입니다. 그 사실을 깨달으면 기뻐할 수 있습니다.

여덟 번째 복은 팔복의 결론입니다. 팔복을 따라 살면 박해를 당하게 되기 때문입니다. 세상은 팔복을 따라 사는 사람을 감당하지 못합니다. 예수님 닮은 사람, 예수님처럼 사는 사람, 예수님을 사랑하는 사람, 세상은 그런 사람을 불편해 합니다. 그래서 핍박합니다. 토해 냅니다.

우리는 세상의 소유가 아니라 하나님의 소유이기에 손해를 보고 어려움을 겪을 수도 있습니다. 말씀에 순종하며 예수님을 따라 살면, 사단이 활동하기 시작합니다. 자기 나라에 걸림돌이 되기 때문입니다. 그러나 하나님은 자신의 백성을 지키십니다. 그것을 믿어야 합니다. 하나님이 지키시고 돌봐 주시는 인생이 복된 인생입니다. 진정한 복입니다.

나의 죄로 인해 책망받고 고난받는 인생을 살아서는 안 됩니다. 의인을 괴롭히는 악한 인생을 살아서도 안 됩니다. 우리는 예수를 위해 살아야 합니다. 천국을 소유하고 예비된 하늘의 상급을 받는 자가 되어야 합니다.

교회마다 의를 위하여 박해를 받는 자들로 채워지기를 바랍니다. 주님을 위해 살면서 받은 은혜를 간증하고, 주님 위해 살다가 당한 고난을 서로 위로하는 곳이 되기를 바랍니다. 의를 위해, 예수를 위해 함께 고난받는 믿음의 친구들로 가득한 공동체이기를 바랍니다.

그때 우리의 교회는 천국이 될 것입니다. 교회는 천국이어야 합니다. 천국은 하나님의 임재가 있고 하나님의 사랑이 가득한 곳입니다. 교회는 그런 곳이어야 합니다. 힘든 인생길이지만, 천국을 맛보며 살기를 소망합니다. 의를 위하여 기꺼이 고난과 아픔도 감내하는 팔복의 삶을 통하여 우리의 삶과 교회에 하나님의 나라가 이루어지기를 간절히 소망합니다.

모든 은혜의 하나님 곧 그리스도 안에서 너희를 부르사 자기의 영원한 영광에 들어가게 하신 이가 잠깐 고난을 당한 너희를 친히 온전하게 하시며 굳건하게 하시며 강하게 하시며 터를 견고하게 하시리라 **벧전 5:10**

팔복의 사람, 팔복의 교회

하나님께서 한 개인이나 공동체에 어떤 말씀을 주실 때는 이유가 있습니다. 하나님께서 저에게 어떤 말씀을 들려주실 때 항상 이유가 있음을 잘 알고 있습니다. 그만큼 말씀을 잘 들으려고 노력합니다. 말씀 안에 언제나 제게 주시는 하나님의 음성이 있기 때문입니다. 팔복을 묵상하면서 이 여덟 가지 복을 사모하게 되었기를 바랍니다. 우리의 소원과 기도가 달라졌기를 바랍니다.

사람은 누구나 복 받기를 원합니다. 누구나 행복한 삶을 추구합니다. 그래서 '복'이라는 주제는 언제나 사람들의 관심을 끕니다. 한편으로는 참 위험한 주제이기도 합니다. 복이 아닌 것을 복으로 알고, 그것을 추구하는 인생을 살면 그 결과가 치명적이기 때문입니다. 따라서 이 길이 나를 어디로 인도하는지 잘 살피고, 길을 잘 선택해야 합니다. 누군가가 복에 대해 이야기하면 그가 말하는 복이 과연 어떤 것인지를 주의 깊게 살펴야 합니다.

팔복은 진정한 복을 누리는 비결에 대한 말씀입니다. 무엇이 진정한 복인지, 누가 복된 자인지에 대한 예수님의 교정 작업입니다. 세상에 살면서 우리의 마음과 생각은 날마다 오염되기 때문입니다. 날마다 거짓을 보고 듣다 보면 영향을 받게 되고 헷갈리게 되기 때문입니다. 말씀이 나를 만들어 가야 하는데, 잘못된 세상의 소리와 편견들이 나를 만들어 가는 경우가 적지 않습니다. 예수님은 세상의 소리와 편견에 영향을 받은 하나님 자녀들의 마음과 생각을 교정해 주십니다. 그것이 팔복입니다.

팔복은 예수님을 닮으라는 말씀입니다. 예수님 닮으면 이런 복을 누리게 된다는 말씀입니다. 팔복의 주제는 변화와 성숙이라 말해도 과언이 아닙니다. 예수를 제대로 믿는 사람인가 아닌가를 증명하는 것은 변화와 성숙밖에 없습니다.

팔복을 묵상하면 예수님을 생각하지 않을 수 없습니다. 팔복이 묘사하는 분은 바로 예수님이기 때문입니다. 예수님을 묵상하면 그분을 사랑하게 됩니다. 예수님을 사랑하는 것, 그것이 신앙의 핵심입니다. 어떤 사람을 좋아하면 가까이 있고 싶고, 따라 하게 됩니다.

K-pop의 인기가 대단해서 자신이 좋아하는 한국 가수들의 삶을 연구하고 따라 하는 젊은이들이 많다고 합니다. 노래를 완벽하게 부르고 춤을 따라 하는 것은 기본이고, 그 가수와 같은

옷을 입고 같은 음식을 먹으며 그들이 즐기는 것을 함께 즐긴다고 합니다. 그야말로 일심동체입니다.

그들은 왜 그렇게 합니까? 그 가수를 너무 사랑하기 때문입니다. 누가 시키지 않아도 사랑 때문에 그리합니다. 사랑하는 가수를 닮고 싶은 것입니다. 똑같이 하고 싶은 것입니다. 우리는 어떻습니까? 사랑하는 예수님을 닮고 싶어 합니까? 따라 하고 있습니까? 늘 함께 있고 싶습니까? 그분을 닮아 가며 변화되고 있습니까?

내가 하는 말이 아니라, 내가 하는 사역이 아니라, 삶의 변화만이 나의 신앙을 증명합니다. 물론 예수님처럼 완전한 존재가 될 수는 없습니다. 아무리 훈련을 받고 성숙해진다고 해도, 다시 실수하고 넘어지는 것이 연약한 우리입니다. 그래도 포기하면 안 됩니다. '나는 또 넘어지는구나. 어차피 나는 안 되는구나. 막 살아 버리자' 하지 말라는 것입니다.

예수를 올바로 믿기 위해 힘쓰다 보면 조금씩 달라지기 시작합니다. 나만 아는 것이 아닙니다. 가족이 알고, 친구가 압니다. "너 좀 이상해진 것 같다. 좀 달라졌다"라는 말을 듣게 됩니다. 내 안에 생명이 심겨졌기 때문입니다. 성령님이 계시기 때문입니다.

미전도 종족을 향한 부르심을 따라 복음을 전하는 정민영 선교사님이 그 부족과 함께 살며 사역하고 있을 때 일입니다. 하루는 족장이 부족장과 리더들을 데리고 와서 물었습니다.

"무슨 일이 있습니까?"

의아한 선교사님은 되물었습니다.

"왜 그런 질문을 하십니까?"

그러자 족장이 대답했습니다.

"당신이 변했습니다. 뭔가 달라졌습니다. 분명 무슨 일이 있습니다."

선교사님은 깜짝 놀랐다고 합니다. 실제로 무슨 일이 있었지만 아무도 알지 못하는 자신의 내면에서 일어난 일이었습니다. 그것을 원주민들이 안다는 것이 놀라웠습니다. 그렇습니다. 작은 변화라도 삶으로 드러나게 되어 있습니다. 삶이 변화되는 것, 예수님을 닮는 것, 그것이 팔복의 은혜를 누리는 비결입니다. 그때 우리는 삶으로 전도하게 됩니다.

말씀의 능력은 실로 대단합니다. 기관 사역을 하는 분이 저에게 나눈 이야기입니다. 말씀의 능력을 체험했다고 하셨습니다. 내용인즉 말씀을 나누고 함께 예배드리기는 하지만, 이런 사람도 바뀔 수 있을까 싶은 생각이 드는 사람들이 있었다고 합니다. 그런데 그들도 변화되더라는 것입니다. 얼굴색이 바뀌고 마음이 바뀐다는 것입니다. 말씀이 그렇게 만들더라는 것입니다. 자신은 은근히 '저 사람이 바뀌겠나' 하고 생각했는데, 하나님께서 말씀을 통해 일하시는 것을 보며 오히려 자신이 믿음을 갖게 된다는 간증이었습니다.

말씀은 능력이 있습니다. 말씀은 우리의 성품과 생각을 바꿀 수 있습니다. 우리의 절망을 소망으로 바꿀 능력이 있습니다. 누군가가 예수를 믿고 구원을 얻게 할 수 있습니다. 그러므로 새롭게 살고 싶다면 말씀을 들어야 합니다. 말씀을 읽어야 합니다.

말씀을 가려 가며 듣지 마십시오. 말씀 앞에 귀를 닫고 마음을 닫고 저항하지 마십시오. 무슨 말씀이든 내게 주시는 말씀으로 믿고 귀를 기울여 들으십시오. 말씀이 나를 마음대로 깨어부수고 빚어내도록 하나님 앞에서 항복하십시오. 은혜를 사모하십시오. 그러지 않으면 나만 손해입니다.

> 3심령이 가난한 자는 복이 있나니 천국이 그들의 것임이요 10의를 위하여 박해를 받은 자는 복이 있나니 천국이 그들의 것임이라
> 마 5:3, 10

팔복은 천국으로 시작하여 천국으로 마무리됩니다. 팔복의 출발점도, 종착점도 천국입니다. 천국은 우리의 본향이며 영원한 집입니다. 우리가 돌아가야 할 곳입니다. 이 땅의 집은 임시 거처에 불과합니다. 여행 중에는 설렘과 즐거움이 있지만, 집으로 돌아와서야 우리는 쉼을 누립니다. 내 침대에서 비로소 깊이 잠이 듭니다. 그리고 말합니다. "역시 집이 최고야!"

과거에 여행을 많이 했습니다. 세미나를 인도하고, 설교하기 위해 많은 곳을 다녔습니다. 남미 같은 곳으로 떠나면 2~3주 지나야 집으로 돌아오게 되는데, 달력에 X자를 그으며 하루하루 집으로 돌아갈 날을 기다립니다. 그렇다고 집이 크고 넓지 않았습니다. 침대나 이불도 좋은 것이 아니었습니다. 하지만 집으로

돌아온 날 가장 깊은 잠을 잡니다. 여행의 피로를 풀고 쉼을 얻습니다. 사랑하는 가족이 있는 나의 집이기 때문입니다.

천국이 이와 같습니다. 그곳은 우리가 돌아가야 할 집입니다. 아버지가 우리를 기다리는 곳입니다. 참된 안식과 평안이 있는 곳입니다. 그곳에는 아픔도 눈물도 없습니다.

> 3내가 들으니 보좌에서 큰 음성이 나서 이르되 보라 하나님의 장막이 사람들과 함께 있으매 하나님이 그들과 함께 계시리니 그들은 하나님의 백성이 되고 하나님은 친히 그들과 함께 계셔서 4모든 눈물을 그 눈에서 닦아 주시니 다시는 사망이 없고 애통하는 것이나 곡하는 것이나 아픈 것이 다시 있지 아니하리니 처음 것들이 다 지나갔음이러라 계 21:3~4

우리는 집을 향해 가고 있는 사람들입니다. 어제보다 오늘 더 가까이 다가갔습니다. 하루하루 시간이 흐를수록 본향에 더 가까이 다가가는 희망적인 사람들이 그리스도인입니다. 어떤 사람은 죽어서 그 집에 이를 것이고, 만약 주님이 속히 오신다면 살아서 아버지를 뵐지도 모릅니다.

그러니 죽는 것도 너무 두려워하지 마십시오. 천국이 더 좋습니다. 아버지 집이 진정한 우리의 안식처입니다. 천국은 우리가 얻게 될 최고의 선물이며, 최고의 복입니다. 그래서 팔복의 시작과 끝이 천국입니다. 하늘에서 받을 상이 크기에 기뻐하고 즐거워하라고 하십니다.

분명 예수님을 사랑하고, 주님을 위해 살면 손해 보고 고난 당합니다. 하지만 천국에서 그 눈물이 씻겨질 것입니다. 모든 것이 새롭게 될 것입니다. 이 땅에서의 아픔과 상처는 기억도 나지 않을 것입니다. 우리는 그 나라를 소망하며 사는 순례자입니다.

그 소망을 우리만 아니라 세상과 나누어야 합니다. 세상이 어떻게 하나님을 볼 수 있을까요? 보이지 않는 하나님을 세상이 어떻게 볼 수 있습니까? 하나님은 당신의 자녀들이 이룬 공동체를 통해 하나님을 이 세상에 보여 주고자 계획하셨습니다. 주님이 뜻하신 교회의 모습과 사명을 회복해야 합니다. 세상이 교회를 보며 예수님의 성품을 볼 수 있어야 합니다. 교회가 팔복의 공동체가 되어야 합니다.

심령이 가난한 교회는 복이 있나니
천국이 그들의 것임이요
애통하는 교회는 복이 있나니
그들이 위로를 받을 것임이요
온유한 교회는 복이 있나니
그들이 땅을 기업으로 받을 것임이요
의에 주리고 목마른 교회는 복이 있나니
그들이 배부를 것임이요
긍휼히 여기는 교회는 복이 있나니
그들이 긍휼히 여김을 받을 것임이요

예수께 진정한 복을 배우다

마음이 청결한 교회는 복이 있나니
그들이 하나님을 볼 것임이요
화평하게 하는 교회는 복이 있나니
그들이 하나님의 아들이라 일컬음을 받을 것임이요
의를 위하여 박해를 받은 교회는 복이 있나니
천국이 그들의 것임이라

우리가 팔복의 사람이 되기를 소원합니다. 예수님 닮은 사람, 예수님 위해 사는 사람이 되기를 소원합니다. 그리하여 약속하신 복들을 누리게 되기를 바랍니다. 한 사람도 빠짐없이 함께 팔복의 사람이 되기를 바랍니다. 팔복의 가정, 팔복의 교회가 되기를 소원합니다. 하나님은 오늘도 사랑하는 당신의 자녀들이 이 은혜, 이 복 누리기를 간절히 원하십니다.

깊이 읽는 여덟 가지 복, 김남준, 생명의말씀사
산상설교, 마틴 로이드 존스, 베드로서원
산상설교, 화종부, 복있는사람
산상수훈, 옥한흠, DMI
산상수훈으로 오늘을 살다, 글렌 H. 스텐슨, DMI
예수님이 가르쳐 주신 복 팔복, 이정익, S포럼
아더 핑크 산상수훈 강해, 아더 핑크, CH북스
오스왈드 챔버스의 산상수훈, 오스왈드 챔버스, 토기장이
이덕주의 산상팔복 이야기, 이덕주, 홍성사
존 스토트의 산상수훈, 존 스토트, 생명의말씀사
팔복, 맥스 루케이도, 베드로서원
팔복, 존 맥아더, 생명의말씀사
팔복 예수님의 세계관, 전성민, 성서유니온선교회
팔복 해설, 토마스 왓슨, CLC
하나님 나라 윤리 우리 시대의 산상 설교, 데이비드 거쉬 외, 비아토르